教育部人文社会科学研究规划基金项目"飞行场景中复杂运动因果关系的捕获研究"（19YJA190009）资助
陕西师范大学优秀著作出版基金和学科建设经费资助

PILOT'S SPATIAL ABILITY
Plasticity and Penetrability of Cognitive Calculation

飞行员空间能力
认知计算的可塑性与渗透性

晏碧华 ◎ 著

科学出版社
北京

内 容 简 介

视觉空间能力对飞行安全和飞行技能的高预测效度一直受到关注,被视为飞行员最主要的认知特征,是飞行员心理品质中的核心要素。本书梳理了空间能力和飞行员空间能力相关研究,讨论了飞行员静态空间能力和动态空间能力的认知加工优势,分析了飞行员空间能力的计算特性、认知可塑性和认知渗透性,同时分析了飞行员空间能力专长特征,总体上探索了飞行员空间能力形成的认知加工机制和飞行实践对空间能力的作用。

本书适用于心理学、航空医学、工效学、人因学、人工智能等领域的学生阅读,也可以为相关专业的研究者、管理者和从业者提供参考。

图书在版编目(CIP)数据

飞行员空间能力:认知计算的可塑性与渗透性 / 晏碧华著. —北京:科学出版社,2021.6
ISBN 978-7-03-068922-1

Ⅰ. ①飞… Ⅱ. ①晏… Ⅲ. ①飞行人员-空间-能力-研究 Ⅳ. ①F560.9②B848.2

中国版本图书馆 CIP 数据核字(2021)第 100052 号

责任编辑:孙文影 冯雅萌 / 责任校对:杨 然
责任印制:李 彤 / 封面设计:润一文化

科学出版社 出版
北京东黄城根北街 16 号
邮政编码:100717
http://www.sciencep.com
北京建宏印刷有限公司 印刷
科学出版社发行 各地新华书店经销

*

2021 年 6 月第 一 版 开本:720×1000 1/16
2021 年 6 月第一次印刷 印张:15 1/4
字数:277 000
定价:99.00 元
(如有印装质量问题,我社负责调换)

序 言

　　安全是航空发展的基础，是航空事业发展永恒的主题。当前，航空飞行是人们社会生活的重要组成部分，航空安全已经成为一个影响社会稳定的公共安全概念。航空安全是一项系统工程。一百多年来，随着航空科学的发展，航空业已经建立起宏大的航空科学技术体系，航空器的可靠性在不断提高，造成航空事故和事故征候的原因与形态也主要从机械故障等因素转换为人的因素。人的因素是航空安全中最活跃和最关键的环节，而由人的因素引起的航空事故和事故征候是尚未得到彻底、深入解决的难题。关注人的因素的影响，致力于对人的因素进行控制，必将对提高航空安全水平产生重要影响。在诸多关于人的因素的研究中，对飞行员在飞行活动中的生理、心理与行为进行科学、准确的评估和测量是航空心理学的主要内容之一。

　　在欧美，航空心理学研究开展较早，且已在飞行员心理选拔与训练、飞行设备界面优化设计、人机环境的交互效率等方面取得相应成果。在国内，航空心理学经过30多年的发展，在空间认知、飞行员心理品质、航空安全文化、航空人因工效等方面都取得了可喜的成果，为我国航空安全管理和航空器可靠性设计提供了较好的参考依据。关于飞行员的因素的研究，既重视飞行员在相应航空安全文化氛围中的协同工作能力，也重视个体知识、能力、技能、人格、情绪等的重要性。视觉空间能力对飞行安全的重要性毋庸置疑。视觉空间能力一直是认知心理学、人工智能、心理测量学等多个学科的研究热点，其受教育、社会经济等因素的影响相对较小的智能本质促进了许多科学发明创造的出现。空间能力的检测也是飞行员选拔和筛查的重要内容，飞行员良好的空间认知技能和其成功率密切相关。

　　《飞行员空间能力：认知计算的可塑性与渗透性》一书的作者多年来一直以飞行员空间能力为研究方向，在相关领域有着较为扎实的研究基础，对空间能力和飞行员空间能力的研究有较为独到的见解。该书提出的空间能力的认知计算观以及飞行员空间能力的认知可塑性和认知渗透性特性，在理论上有利于我们深入理解飞行员空间能力的认知加工特性和飞行实践对空间能力的影响机制，明确空间能力领域中的哪些因素在何种性质、何种程度上与飞行安全有关。在实践上，由于关于飞行员空间能力的专门研究对飞行员选拔、训练和再筛选等具有多重功效，该书还可以为飞行员选拔与飞行训练及如何通过空间能力的提升来增加飞行安全行为提供科学依据和技术支持，最终为促进航空安全管理实践服务。

该书是作者所在团队出版的航空心理学领域系列书籍之一，书中观点明确且具有一定的创新性，内容较为翔实，具有较强的科学性、应用性和可读性，可为特殊职业人员的选拔、训练与管理提供新的思路，也对航空安全管理、应用心理学、人因工效等领域的相关研究者有一定参考价值。

中国心理学会会士　游旭群

2020年2月

前 言

本书系笔者在三项教育部人文社会科学课题研究成果的基础上，引入笔者的恩师游旭群教授的早期部分研究成果，经系统整理、充实和提炼后形成。三项课题分别是教育部人文社会科学青年基金"飞行员动态空间能力加工优势模型"（09YJCXLX016）、教育部人文社会科学研究规划基金"飞行员运动空间心理物理映射探究"（14YJA190012）及"飞行场景中复杂运动因果关系的捕获研究"（19YJA190009）。

本书整体上呈现了有关空间能力与飞行员空间能力的研究，分析了飞行员空间能力形成的认知加工机制。全书共九章。第一章介绍了飞行员心理品质与空间能力、飞行员空间能力与飞行绩效、飞行空间定向与飞行安全。第二章介绍了视觉空间能力的概念、分类及研究历史，以及空间能力的心理测量学、差异心理学、认知心理学与认知神经科学研究。第三章介绍了动态空间能力的内涵、任务开发、任务解决策略、个体差异研究。第四章介绍了视觉空间的认知计算观，提出了视觉表征计算和动态视觉表征计算并进行了论述。第五章从认知可塑性开始介绍了行为与脑的可塑性、视觉空间能力的可塑性及其实践意义。第六章通过对飞行员和普通被试进行对照，总结性地介绍了飞行员静态空间能力（static spatial ability）可塑性研究，分析了飞行员表象旋转、视觉空间关系判断、视觉特征提取加工、视觉表象扫描加工、静态空间定位任务的可塑性特点和计算优势。第七章通过四个任务，即相对到达时间任务、动态空间表征建构任务、空间定向动态任务、动态定位任务呈现了飞行员动态空间加工优势，分析了飞行员动态空间表征计算优势及可塑性。第八章提出了一个观点，即动态空间加工的认知渗透性，并探讨了飞行员动态空间加工的认知渗透性和飞行场景中的认知渗透。第九章介绍了飞行员空间能力专长、专长特征尤其是情境预测特征及飞行员空间能力专长的养成与训练。

本书的特点是从静态和动态两个维度对空间能力进行了分类叙述，在述评现有研究的基础上突出了飞行员空间能力的认知加工特性，提炼出了三个主要观点：认知计算观在视觉计算观和表象表征计算的基础上，明确提出动态视觉在线计算和动态空间表征计算，用以表达静态空间能力和动态空间能力的计算本质；认知可塑性表达了飞行员空间能力因练习和训练而展现的发展特性，并强调空间任务的性质与其可塑性密切相关；认知渗透性则是为了表达飞行员因训练而获得的空间能力专长的认知灵活性和适应性特点，这尤其表现在动态空间领域。本书明确了飞行员空间认知技能的功能增强是由飞行员的认知经验、高水平认知过程、认知策略等带来的深刻影响，凸显了飞行训练与实践对空间能力提升的作用，强化了"实践促进能力"的观点。

空间能力研究博大精深，各个学科的研究视角独具特色。有关空间能力的研究内容很多，本书只是笔者在多年的实证研究基础上提炼出来的一些看法，在研究范式上也主要是展现将飞行员和普通组进行对照研究后得到的有关飞行员空间能力优势加工特征的研究结果，并分析其认知加工特性。本书并没有面面俱到，没有陈述有关空间智能的所有内容，仅提供一个研究视角以了解空间能力的智能本质，希望能对共同研究空间智能的人工智能、设计、工程等相关领域的科学研究和实践工作有一定的参考作用，为特殊职业人员的选拔、训练与管理效率的提升提供有益的思考。

本书的出版并非笔者一人之力所能。在此对教育部社会科学司表示衷心感谢！谨向长期教导和鞭策我的恩师游旭群教授致敬！本书在撰写过程中综述了本领域其他学者的研究成果，在此表示感谢。还有帮助笔者整理书稿的王雨莹、郭森、董超武、孔研、张军恒、高羽晨熙等硕士研究生，在此一并致谢。最后，要特别感谢科学出版社孙文影、冯雅萌等编辑为本书的顺利出版所付出的辛勤劳动与努力！

由于笔者学术水平有限，本书难免存在不足之处，恳请读者和同行不吝指正！

晏碧华

2020年2月

目 录

序言（游旭群）

前言

第一章　飞行员空间能力与飞行安全 ·· 1
第一节　飞行员心理品质与空间能力 ·· 1
第二节　飞行员空间能力与飞行绩效 ··· 15
第三节　飞行空间定向与飞行安全 ·· 21

第二章　视觉空间能力 ·· 33
第一节　空间能力的概念、分类及研究历史 ······························ 34
第二节　空间能力的心理测量学研究 ··· 40
第三节　空间能力的差异心理学研究 ··· 57
第四节　空间能力的认知心理学与认知神经科学研究 ·················· 65

第三章　动态空间能力 ·· 73
第一节　动态空间能力的含义及任务 ··· 73
第二节　动态空间能力的相关研究 ·· 84

第四章　视觉空间认知计算 ··· 92
第一节　视觉计算 ·· 92
第二节　视觉表征计算 ··· 98

第五章　视觉空间能力的可塑性 ··· 108
   第一节　行为与脑的可塑性 ··· 108
   第二节　视觉空间能力可塑性的效应检验 ····················· 116

第六章　飞行员静态空间能力可塑性 ····························· 123
   第一节　飞行员静态空间能力可塑性研究 ····················· 123
   第二节　飞行员静态空间能力的计算优势及其可塑性 ···· 137

第七章　飞行员动态空间加工优势研究 ·························· 142
   第一节　飞行员动态空间能力加工水平初步检测 ··········· 142
   第二节　飞行员客体特征与运动特征加工 ····················· 145
   第三节　飞行员动态空间表征建构 ································ 151
   第四节　飞行员动态空间定向 ······································ 154
   第五节　飞行员动态空间定位 ······································ 157
   第六节　飞行员动态空间能力计算优势及可塑性 ··········· 161

第八章　动态空间加工的认知渗透性 ····························· 165
   第一节　动态空间认知渗透性的内涵与表现 ················· 165
   第二节　飞行场景中的认知渗透性 ································ 177

第九章　飞行员空间能力专长及其养成训练 ··················· 183
   第一节　飞行员空间能力专长 ······································ 183
   第二节　飞行员空间能力专长的养成与训练 ················· 197

参考文献 ··· 211

第一章
飞行员空间能力与飞行安全

空间能力是飞行员认知能力的基本组成部分，是飞行员心理品质模型的重要内容。空间认知是飞行员主要的认知特征。在航空心理学研究领域，视觉空间能力对飞行技能的高预测效度一直受到关注，良好的空间能力不但是飞行员飞行、巡航或者作战的需要，也使飞行员节省了心理能量而将其用于其他作业，减少了认知负荷和降低了产生失误的危险性。在多个空间因素中，飞行空间定向和飞行安全的关联性受到广泛关注，空间定向障碍的克服与训练也是航空心理学的核心研究主题。本章将论述飞行员心理品质与空间能力、飞行员空间能力与飞行绩效、飞行空间定向与飞行安全等内容。

第一节 飞行员心理品质与空间能力

心理品质是个体认知、情绪、动机、行为、技能、人格等各方面素质的综合体现（黄希庭，1991）。飞行能力（flight ability）指飞行员能顺利完成飞行活动所必需的各种心理品质的有机综合，其实质就是飞行心理品质。由于飞行活动的特殊性，飞行职业对认知能力的要求远远高于普通职业。任何能力总是在活动中表现出来并且是保证该项活动得以顺利完成的基本条件。飞行这一特殊的职业客观上需要飞行员具备良好的注意力、判断力、决策力、空间定向能力等一系列心理品质，这些心理品质集中到个人身上所形成的个性心理特征系统就是飞行能力。本书沿用"心理品质"一词。本节从阐述航空安全中人的因素的重要性开始，呈现飞行员心理品质模型与内容、飞行员心理品质中的空间能力、空间能力是飞行员的主要认知特征等内容。

一、航空安全中人的因素

安全是航空发展的基础，是航空事业发展的永恒主题，没有安全作为保障，航空业的发展就无从谈起。从某种意义上说，航空的发展史就是一部不断提高航空器和航空运营安全性的历史，也是一部减少和消灭各类、各层次安全事故的历史。在当今社会条件下，航空飞行是人们社会生活的重要组成部分，航空安全成为一个影响社会稳定的公共安全概念。

航空安全是一项系统工程，而人是其中最活跃和最关键的因素。这里的人员涉及飞行人员、管理者、空管员以及地面维修与服务人员等，其中，飞行员的作用毋庸置疑。中国工程院院士刘大响曾说过，如果说发动机是飞机的"心脏"，那么飞行员便是飞机的"灵魂"。随着航空科学的发展，航空业已经建立起宏大的航空科学技术体系，建立了基本完备且能满足各种复杂环境下安全飞行要求的设计与制造标准，并根据千变万化的实际飞行情况，构建了充分考虑人机系统特点的使用和操纵规程与方法，飞机本身的可靠性逐步增强，造成航空事故的原因从航空器自身技术性能制约等因素转换为人的因素，且两者此消彼长，在事故与空难中，人的因素的占比呈现出明显升高的趋势。

在世界航空史上，人因失误（human error）导致了大量飞行事故的发生。随着飞机的自动化程度越来越高，飞行工作对飞行员的体能负荷要求逐渐降低，取而代之的是心理负荷逐渐升高，从而导致航空人因失误的发生概率不断升高。波音商用飞机集团1998年的调查显示，因机械、电子等设备故障引起的事故率从20世纪初的80%下降到3%（Boeing，1998）。相反，由飞行员人因失误导致的飞行事故或事故征候却在逐年增加，甚至这种人因失误占到了整个事故成因的60%～80%（Wienger，David，1988；O'Connor et al.，2007），更有研究者认为，所有事故追根溯源都是人因失误（Hunter，2005；Dekker，2007）。

因此，对一切与飞行员失误相联系的因素进行确认和分析，对影响飞行员安全状况的生理、行为和心理素质状态进行科学、准确的测量和评估，使其准确、恰当、充分、可接受地完成其所承担的绩效标准范围内的工作任务，并成功完成飞行作业就显得非常重要。

传统研究重点强化人的因素中个体知识、能力、技能、人格、情绪等的重要性，也就是飞行员个体心理品质的重要性。在诸多涉及航空事故的空难案例中，事故原因涉及飞行员的决策和判断能力、情绪控制、情境意识、机组资源管理等多个方面（乔善勋，2018）。例如，在情绪和人格差异上，我们可以区别出成功的飞行员一般具备果断、积极和沉稳的性格，糟糕的飞行员则具有好大喜功、鲁莽、精神迟缓等特点。优秀的飞行员不仅需要具备扎实的技术，还需要有良好的心理品质和协同工作能力等。

对飞行员的协同工作能力的研究是航空安全文化研究的重要内容（游旭群等，2008）。在飞行员选拔与训练史上，人们虽然设法通过不断改善和提高飞行员选拔系统的有效性来降低人因失误的发生率，但研究者对飞行事故的调查和分析结果显示，个体心理素质的加强及其飞行技术水平的提高并不是解决航空人因失误的根本手段。由于受自身先天生理和心理资源的制约，飞行员在飞行驾驶中发生人因失误在所难免，即无论个体的心理和飞行技术条件如何，飞行员所发生的人因失误均可被认为是一种正常的生理心理现象。可以将人因失误发生的根本原因归结为飞行员自身的心理素质以及企业文化方面的某些不足，尤其是在航线飞行员的人因失误研究中，航空企业文化因素占据重要的位置（姬鸣，2016）。进入20世纪80年代，驾驶舱资源管理（cockpit resources management）概念的提出为人们从团队角度上克服和避免各种飞行失误的发生提供了可能。经过10年左右的发展，驾驶舱资源管理又进一步扩展为以交流、协作为基础的机组资源管理（crew resources management，CRM）。航空安全的维护已从强调个体自身的生理心理素质转变为以团队为主要特征的航空安全管理的新模式时代（游旭群等，2008）。

姬鸣（2016）总结了飞行员人因失误的心理机制，其中认知机制包括飞行需求的基本认知和空间定向能力，以及情境意识与前瞻性记忆等，社会认知机制包括危险态度等的作用，人格机制部分主要阐述了个体的风险容忍、心理控制源和主动型人格的作用，文化因素机制部分主要从航空安全文化角度进行了论述。姬鸣还对飞行员驾驶舱任务管理中的人因失误机制进行了探讨，强调了任务优先和任务中断在其间的作用。可见，影响飞行安全的人的因素是多样的。为了有效应对人因失误，姬鸣认为可以从飞行员心理选拔与训练、机组资源管理，以及航线操作安全检查等方面加以控制。

由人的因素引起的失事和事故尚未得到彻底、深入的解决。关注人的因素的影响，致力于对人的因素的控制，必将对航空安全水平的提高产生重要的影响。本书将关注飞行员心理品质中的空间能力研究，分析飞行员空间能力形成的认知加工机制。在航空心理学研究领域，视觉空间能力对飞行技能的高预测效度一直受到关注，视觉空间能力是飞行员最主要的认知特征，是飞行员心理品质中的核心要素。空间能力的检测也是飞行员选拔和筛查的重要内容。本书对飞行员空间能力的分析，一方面有利于深入理解飞行员空间能力的认知加工特性，另一方面也可以明确空间能力领域中的哪些因素在何种性质、何种程度上与飞行安全有关，为飞行员选拔与飞行训练及如何通过空间能力的提升来增加飞行安全行为提供科学依据，并为进一步完善现有飞行员的心理素质、促进航空安全水平的提高提供理论支持。

二、飞行员心理品质模型

飞行职业特点对飞行员的心理结构与品质提出了特定的要求。对飞行员心理品质的研究集中在飞行员选拔领域。飞行员心理选拔源于第一次世界大战前后，20世纪60年代以后，随着科学技术的迅速发展，世界各国在飞行员心理选拔的理论与实践方面均有了新突破和新进展。特别是空军，对心理选拔工作更加重视，一些国家的空军选拔淘汰率高达60%，选拔内容、方法也更加科学与实际，心理选拔已成为一个必不可少的选飞条件。总体来看，国外选拔的总符合率在75%左右（傅双喜，2000）。

在内容上，飞行员选拔从一开始即有三个基本的理论要点：智力/才能、心理运动能力/速度、人格/性格。对于智力/才能，通常通过一组认知能力测验来评价飞行认知能力。心理运动能力是人类操作活动的基本心理品质，通常通过在仪器上操作完成心理运动能力测试。人格研究经历了从早期的王牌飞行员特质的描述，到使用人格调查表来预测飞行成绩。按照发展的观点，选拔之初参照的心理品质标准不一定适合一个成熟的飞行员，因此，实际上，除了招飞阶段以外，对现役飞行员也应开展心理品质研究，这些研究成果均可为飞行员的心理选拔提供重要的理论依据和参考框架。表1-1整理了有关飞行员心理品质特性的部分重要研究。

表 1-1 飞行员的心理品质特性

时间	作者/著作	国别	飞行员心理品质
1930	Fleishman	美国	操纵动作的精细性、空间定向能力、肢体运动协调能力、鉴别反应能力、对速度或频率变化的感知和反应能力、运动辨别能力
1955	Placid 等	法国	情绪控制、果断性、目测力、战斗精神、反应迅速、纪律性、判断品质、自信、主动精神、动机特点
1956	《飞行员和航天员心理选拔》（Психологический отбор Пилотов и Астронавтов）	苏联	较高天赋；神经过程快而强；情绪稳定；注意分配广、转移快、范围大和稳定性高；实践型思维，有随机应变能力；良好的记忆力；良好的空间和时间概念；知觉范围、速度和准确性好；坚强的意志；对飞行有兴趣
1961	Sells	美国	驾驶员：判断力（智力、警觉性、注意力、远见、预先计划和预测性），记忆力，对速度和距离的判断，注意分配能力，做决定及行动的速度和情绪控制。领航员：迅速和准确的数字计算能力，预见和计划能力，定向能力，想象力和理解抽象概念的能力，灵活和准确的工作习惯，工作细致性，情绪控制能力等
1980	《最大限度增加战术战斗机人员飞行经验》（Maximize Tactical Fighter Pilot Experience）	美国	敢闯敢打、自信、善于寻找战机、知难而进、高超技能、空中射击准确、有备无患、反应敏捷、警觉性高、遇事头脑冷静、有领导才能、富有幽默感、善于利用一切条件取胜、遵守纪律、有协作精神、保持上进心、有献身精神、胸有大志、身体耐力强、目视能力强、计划周密等
1987	《航空医学》（Aero Medicine）	英国	学识——报考人的知识水平；才能——报考人可能的潜在能力；个人品质——飞行动机和心理稳定性等，特别是领导能力和强烈的飞行动机
1958	曹日昌、陈祖荣等	中国	感知判断力（深度、速度和平衡），注意力（注意分配、转移和强度），动作能力（动作协调、动作速度、动作准确性），情绪意志和思想认识力
1962	荆其诚	中国	注意分配、手足动作协调、动作量控制与飞行成绩有较高的相关；选择反应，时间、空间定向，知觉广度，图形辨认等也在一定程度上反映了飞行能力水平；此外，情绪、意志、性格等心理特征也与飞行能力有关
1984	陈祖荣	中国	飞行能力是各种与飞行有关的心理品质的综合，是在生活、学习及工作的锻炼中逐渐形成的，所以，它一方面相对固定，另一方面也可以逐渐改变。飞行能力与大脑基本功能特性有一定关系，但主要决定于实践活动的锻炼
2000	武国城等	中国	①纸笔测验：主要测量短时记忆、归纳推理、表象旋转、加法计算、仪表认读和方位判断等基本认知能力。②人机对话测验：测量短时记忆能力、加法速算能力、知觉运动能力、剩余注意能力。③个性测验：测量外向敢为性、忧虑多疑性、稳定理智性、刚毅进取性和自信沉着性
2000	傅双喜	中国	飞行员心理品质被操作化定义为认知能力、心理运动能力、情绪稳定性和人格特征、成就动机等几大基本要素的组合，检测方法相应地趋向于少而精
2001	李珠、孙景泰	中国	在11项心理学指标中，把贡献最大的动作协调性、飞行意志、注意力分配、精力和胆量5项指标组成心理品质模型，并应用该模型来预测飞行能力
2008	陕西师范大学心理学院与中国南方航空股份有限公司	中国	专门针对航线飞行特性研制心理选拔系统，该系统包括三大模块内容：航线飞行员基本能力检测、航线飞行员特殊能力检测、航线飞行员人格检测

资料来源：苗丹民，刘旭峰. 2010. 航空航天心理学. 西安：第四军医大学出版社. 引用时有增删。

可见，心理品质检测是飞行员选拔和检测中非常重要的组成部分，心理品质成为飞行员选拔、淘汰的主要依据。此外，随着认知心理学的兴起，通过分析飞行员在"人-机-环境"系统中的地位和作用，飞行员选拔强调了飞行员作为系统监控者的信息加工功能。飞行信息的收集与综合加工处理的能力被认为是飞行能力的核心。心理选拔方法已经由典型的离散型分项检查和典型的综合法（仿真或模拟机选拔）逐渐过渡到两者相互结合的折中法。因此，在心理品质结构模型的构建上，其内容和检测方法相应地趋向于少而精，即寻求能对飞行绩效有高预测力的核心心理品质因子是近年来心理选拔的一个研究方向。

三、飞行员心理品质内容

从上述回顾中已知，飞行员心理品质可以大体分为三部分：基本认知能力/智力，特殊认知能力/心理运动能力，人格（包括认知特征、情绪特征、意志特征等）。基本认知能力和特殊认知能力是指飞行员在完成飞行中进行信息加工、飞行操作任务的心理条件，可被认为是"硬"心理品质。

（一）基本认知能力

基本认知能力即最基本的认知能力/智力和信息加工能力，是人们在认知过程中表现出来的综合能力，指接收、加工、储存和应用信息的能力，即个体在基本活动中表现出来并能顺利完成该项活动所必须具备的心理品质，集中体现了个体潜在的智力因素，包括观察力、注意力、记忆力、想象力和思维能力等。对于飞行职业，飞行认知能力（flight cognitive ability）是飞行人员维护飞行安全、顺利完成飞行任务最为核心的因素，是飞行员生理心理品质以及飞行技术水平的综合体现（Hoermann, 1998; 丹笑颖等, 2004）。

由于飞行活动的特殊性，飞行职业对认知能力的要求远远高于普通职业。飞行员面对大量信息，对任何信息的延误处理都有可能导致决策失误。随着飞机自动化程度的逐渐提高，飞行员的心理负荷不断增加，这将提高对飞行员的记忆、信息加工和逻辑思维等的智能要求。现代航空技术的发展及成套装备的日趋完善，使得现代飞行器械的稳定性和可靠性有了显著提高，同时还使飞行员从传统的体力型工作方式向认知、监控的方向转变，短时间内完成对大量信息的综合加工、做出准确判断的决策过程已成为现代飞行活动的主要特征，这对飞行员的记忆、信息加工和逻辑思维等飞行认知能力提出了更高的要求。

在基本认知能力研究上，大部分研究者通常通过一组认知能力测验来评价飞行认知能力。在国内，20世纪60年代，我国的军事飞行员选拔就已经发展出注意广度、视觉鉴别、运算能力、地标识别和图形记忆5个维度的飞行基本能力测验（武国城，2002）。随后，国内的"筛选-控制"选拔体系从分级加算、判断规律、译码解数、执行指令、序列规律、选词配对、模拟输入、模拟刻度、识别异图、分割图形、判断方向和译码检字等12个方面对飞行基本认知能力进行测验（李良明，1993）。在傅双喜（2000）开发的心理选拔测验中，基本能力包括识符检数测验、比较刻度测验和判断方向测验。

在民航飞行学院于1996年开发的民航飞行学员心理选拔纸笔测验中，认知能力测试包括译码速度、图形再认、心理空间旋转、空间表象和隐藏图形等。20世纪90年代后期，在中国民航引入的德国宇航中心的飞行员纸笔测试系统中，数学、英语、机械、物理、记忆、空间定向、心算性等几项测验就属于认知能力倾向性测验（罗晓利，2003）。

丹笑颖等（2004）采用李德明等（2001）编制的基本认知能力测验软件检测了飞行员基本认知能力的特点，该软件包括数字鉴别、心算、汉字旋转、数字工作记忆、双字词再认、三位数再认及无意义图形再认等，发现飞行员的汉字旋转、数字工作记忆、短时记忆和数字鉴别能力显著高于常模，研究者认为，这说明飞行员属于基本认知能力较高的人群。

陕西师范大学的陕西省行为与认知神经科学重点实验室与中国南方航空股份有限公司航空卫生管理部（2008）合作开发的航线飞行员心理选拔系统，确立了航线飞行基本认知能力的三个维度，即数量空间表征能力、图形逻辑推理能力、空间知觉及记忆能力，并对民航飞行员的基本认知能力进行了界定，即它是指飞行员对各种飞行信息进行综合加工和管理机组资源的水平，是飞行员对地空目标、飞行状态、位置以及自身与飞行环境之间空间关系加以识别和判断的一种认知过程，不仅表现在对方向的识别和判断上，而且包括对飞行的速度和高度以及飞机姿态的判断和控制。

上述基本认知能力主要包括观察力、注意力、工作记忆能力、判断力、决策力和数学逻辑推理能力。注意力是主体心理活动指向刺激并对其做出选择应答的一种意识调节状态，不仅对运动技能的形成和发展起着监控、调节的作用，还是飞行员有效实施驾驶技能的关键。工作记忆能力是一种对信息进行暂时加工和储存的系统和能力，工作记忆能力被认为是思维、判断和决策能力的关键成分，飞行行为离不开工作记忆的参与（Tsang，Johnson，1989）。判断是人们对事物的辨别或断定，也是对事物发展情况有所断定的思维形式，而决策是人们在问题发生后，根据判断所做出的处理决定、方法和预案的过程。因此，判断和决策是一个收集信息、处理信息的认知过程，必然会受信息的完整性、时间的紧迫性、条件的变更性及人的心理素质可靠性等诸多主客观条件的限制。在应激情况下，飞行员要想得到一个有效的判断和决策是十分困难的，因此飞行员必须具备建立以风险为首、时间为序的判断和决策意识，以及及时反馈决策效果的能力。数学逻辑推理能力主要是考察被测者对数量关系的理解及发现各数字之间规律的能力，高分和低分体现了一个人抽象思维的发展水平。对于飞行员而言，能够在没有给定细节的条件下捕捉到客体关系的一般特性，这种能力显得尤为重要。

（二）特殊认知能力

特殊认知能力即飞行特殊能力，主要就是指心理运动能力（psychmotor ability），是指个体意识对躯体精细动作和动作协调的支配能力，是从感知到运动反应的过程及其相互协调活动的能力。因此，它包括感知活动、反应活动以及两者间的协调，其基本特性包括反应灵活性、准确性、反应速度和控制能力等。心理运动能力测验主要是在特殊装置的仪器上完成的，在航空心理学中被称为仪器检测，也就是通过仪器检测候选者内在的心理操作能力和外在的运动活动协调能力，检测其对正确感知后得出的指令的执行能力和决策能力。游旭群和姬鸣（2008）认为，飞行特殊能力的主要要素是空间认知能力，如空间定向、空间旋转等要素。

飞行特殊能力不仅涉及对机舱内各种仪表、操作器械和高度、速度、方向等飞行环境信息的注意、知觉与记忆，以及利用这些信息进行空间定位与定向，而且包括在上述信息加工过程的基础上采取各种飞行操作以对飞机飞行姿态进行迅速而精确的控制。因此，飞行员选拔测试应该能有效选出那些知觉速度快、注意广度大而且稳定、记忆准确而且容量大、空间定向与定位以及心理转换能力强的个体。

从飞行实践来看，心理运动能力是形成飞行技能的重要心理因素之一。在飞行过程中，飞机在三维空间中快速航行，飞行员必须快速而又准确地识别飞机的姿态和高度等飞行信息，并及时采取相应的飞行操作，所有这些都对飞行员的空间定向、心理旋转和空间方位等与飞行相关的特殊空间能力提出了较高要求。因此，心理运动能力检测一直是飞行员心理选拔和鉴定最为重要的手段之一。例如，德国汉莎航空公司和德国航空航天中心联合开发的飞行员心理选拔系统中将飞行能力测试具体划分为两方面：基本知识测试和心理感知能力测试。后者主要包括感知速度、注意分配及转换、视听觉记忆和空间定向能力测试，可被认为是对飞行特殊能力的测试。另一个非常著名的选拔测验就是德国汉莎航空公司和西班牙航空公司联合开发的心理选拔系统，该系统分为基本知识和操作能力两个维度，其中的操作能力测试包括记忆测验、感知觉与注意能力测验、空间表象能力测验、心理运动能力测验、多重任务测验以及错误倾向测验等，这种操作能力测试相当于对飞行特殊能力的测试。

从国内的发展情况来看，20世纪60年代，在基本认知能力检测的基础上，国内学者提出了大地标、黑红数字、旋转跟踪、灯光信号、手足动作反应和手足动作协调6项用于检测飞行学员飞行能力的仪器检查方法（转引自：武国城，2002；王辉等，1992）。傅双喜（2000）开发的飞行特殊能力为单一维度，主要是在计算机控制下的仿真座舱里测试飞行所需要的心理运动能力。

在陕西省行为与认知神经科学重点实验室与中国南方航空股份有限公司航空卫生管理部（2008）合作开发的航线飞行员心理选拔系统中，航线飞行特殊能力由以下四个成分组成：①知觉速度与辨别能力，应用于快速、准确地识别和辨认飞机座舱内各种仪表的读数以及舱外环境变化的各种信息，对于航线飞行员在飞行情景中及时采取相应的各种操作和控制飞行姿态具有十分重要的意义。②注意广度与稳定性，应用于在完成各类航线飞行任务的过程中，从广阔的视野中准确、及时地捕捉关键信息以及长时间地专注于各种飞行任务和飞行活动。③短时记忆和工作记忆能力。在该系统中，飞行基本能力部分的短时记忆考察的是加工与提取功能，而飞行特殊能力部分的工作记忆考察的是执行功能。④飞行相关的特殊空间能力。各种飞行员心理选拔测验都十分重视对空间认知能力的测量与评价，并且把空间认知能力看作各种飞行能力的核心。

（三）人格

人格、情绪、意志、飞行动机等是飞行员职业的社会适应性特征，集中表现为人格特征，可被看作"软"心理品质。传统上，人格选拔也是飞行员选拔内容中的重要组成部分。由于人格内容不是本书阐述的内容，故在此略去。

在智力/认知、心理运动能力、人格三个领域的选拔与测验中，研究者通过考察这些因素对飞行员训练成绩的影响来检验其测验效度。Hunter 和 Burke（1994）采用元分析方法发现，飞行训练成绩与认知测验的相关是 0.19，与心理运动能力的相关是 0.30，与人事档案评定的相关是 0.26，而与人格的相关则仅为 0.12，人格测验的预测效度很低。可见，开发效度较高的人格测评工具是提升选拔系统和检测系统整体效度的重要突破点。

值得一提的是，飞行员人格系统选拔最易受文化背景的影响，旨在实现职业社会适应性选拔的人格测试是最能体现文化差异的部分。因此，建立根植于本民族文化的有效、可靠的选拔测试工具是必要的。对于民航飞行员来说，机组资源管理概念的提出和研究极大地扩展了飞行员人格系统心理品质的研究。机组资源管理技能测验是对一个有效机组成员所应具有的主要心理品质的考察与评价，着重甄别飞行候选人是否具有良好的机组协调、交流协作等方面的潜能。陕西省行为与认知神经科学重点实验室与中国南方航空股份有限公司（2008）建立的航线飞行员心理选拔系统，探索了中国文化背景下适应飞行的人格特性，首次提出了基于航线飞行机组资源管理的"飞行情境人格"的构念，并进一步提出了"飞行特质"和"飞行情境人格"的"整体人格"选拔理念，将机组资源管理潜在技能的检测引入航线飞行员的选拔中。

（四）综合选拔测验内容

除了成套的心理品质测试外，Hardman 提出了情境意识（situational awareness，SA）的概念，将它定义为飞行员在飞行中对自身和飞机的连续知觉及做出预见并完成任务的能力，其核心就是认知、判断和决策（Hartman，Secrist，1991）。在此基础上，Hedge 等（2000）开发了机组成员反应风格的情境测验（Situational Test of Aircrew Response Style，STARS），这套机组资源管理技能测验的建立旨在考察飞行候选人在问题解决、决策、复杂情境中的反应方式、沟通能力、机组管理能力和人际交往有效性等方面的特质。Hunter（2003）编制了情境判断测验（Situation Judgment Test，SJT），以检测个体差异和个人能力结构，评价个体在管理中的洞察力和判断力以及人际技能方面的潜能。实质上，这些主要在航线飞行领域开发的测评与选拔工具并不能替代传统的心理品质与能力选拔系统。

四、飞行员心理品质模型中的空间能力

空间能力测试一直是飞行员心理品质模型研究及飞行员选拔的重要内容，基本上所有的选拔系统都包括空间能力测试。在"飞行员心理品质模型"部分的内容中我们已经发现，大部分心理品质模型包括空间能力测试，下面举例说明。

20 世纪 30 年代，美国军队 α 测验投入使用，确立了智力作为一个选拔因素的地位。1941 年，美国空军开始使用智力和飞行能力测试的联合测试，即航校学员入学资格测验，1944 年增添了飞行动机及飞行素质等评估内容，航校学员入学资格测验更名为美国空军资格考试（Army Air Force Qualifying Examination，AAFQE）。美国空军军官职业资格测验（Air Force Officer Qualifying Test，AFOQT）后来取代了 AAFQE，并且几乎每两年修订一次。AFOQT 在 1953 年首次被开发出来，其内容和形式随着时间发生了变化，所有美国空军军官候选人在进入机组人员培训之前都要通过 AFOQT（Drasgow et al.，2010）。AFOQT 包括学业能力（语言能力、数学能力）及空间能力、知觉速度和技术知识。AFOQT 分数是颁发奖学金的依据，并使申请人有资格获得军官任命和机组专业化训练。AFOQT 包括许多版本，如 AFOQT-M 式测验包括机械知识、机械原理、航空知识、表象操作、仪表理解、杆舵定向和个人生平资料，其中的多个内容，如表象操作、定向等均为空间能力测试内容。

AFOQT 中得到广泛使用的 Q 类子测试（1994—2005 年）常用于官员任命与机组人员培训选择。这个子测验在操作分类中包括更多的空间和感知速度测试，表 1-2 是 Q 类与 S 类、T 类子测试的对比。学业子测试包括语言类比（verbal analogies，VA）、算术推理（arithmetic reasoning，AR）、阅读理解（reading comprehension，RC）、数据解释（data interpretation，DI）、单词知识（word knowledge，WK）和数学知识（math knowledge，MK）。空间子测试包括机械理解（mechanical comprehension，MC）、电迷宫（electrical maze，EM）、组块计数（block counting，BC）、旋转模块（rotated blocks，RB）和隐藏图形（hidden figures，HF）。知觉速度子测试包括刻度读数（scale reading，SR）和表读数（table reading，TR）。

表1-2 AFOQT中的学业子测试、空间子测试与知觉速度子测试
（以Q、S和T类子测试为例）

测试		AFOQT			测试描述
		Q	S	T	
学业子测试	语言类比（VA）	×	×	×	评估推理和识别词语之间关系的能力
	算术推理（AR）	×	×	×	评估理解以文字问题表示算术关系的能力
	阅读理解（RC）	×		×	评估阅读和理解段落的能力
	数据解释（DI）	×			评估从图表和图形中解释数据的能力
	单词知识（WK）	×	×	×	通过使用同义词来衡量理解书面语言的能力
	数学知识（MK）	×		×	评估使用数学公式、术语和关系的能力
空间子测试	机械理解（MC）	×			评估机械知识和对机械功能的理解
	电迷宫（EM）	×			提供基于迷宫路径选择的空间能力评估
	组块计数（BC）	×		×	通过分析一组方块的三维呈现来评估空间能力
	旋转模块（RB）	×	×		通过要求心理旋转和操纵物体来测量空间能力
	隐藏图形（HF）	×			通过检测嵌入在复杂绘图中的简单图形来测量空间能力
知觉速度子测试	刻度读数（SR）	×			测量快速读取刻度盘的能力
	表读数（TR）	×	×	×	评估快速准确地从表中提取信息的能力

注："×"代表该子测验包括此项测试。

与此同时，英国皇家空军、加拿大皇家空军、德国空军和美国民航局也编制了一系列智力和能力倾向测验，涉及广泛的测验内容。作为人类智力的基本组成部分，空间能力是这些智力和能力倾向测验的重要组成内容。

在各国研究者提出的飞行员心理品质模型（表1-1）中，空间定向能力、速度感知、运动辨别能力都是空间能力的组成部分。苏联的别列戈沃伊等（1956）出版的《飞行员和航天员心理选拔》一书中提出了飞行员最重要的10项心理品质模型，其中，良好的空间和时间概念、知觉范围大、速度和准确性好等是选拔要素，并明确提出应对飞行员候选者的空间能力进行测试。在Sells和Berry（1961）的模型中，领航员迅速和准确的数字计算能力是首要的，其次是预见和计划能力、空间定向能力、情绪控制能力等，此外也明确了空间能力的重要性。

20世纪50年代末60年代初，我国老一辈研究者曹日昌认为，飞行员应具备的心理特点有感知觉判断能力（深度、速度和平衡）、注意能力（注意分配、转移和强度）、动作能力（动作协调、动作速度、动作准确性）、情绪意志和思想认

识能力。其中的深度知觉和速度知觉均是空间能力因子。荆其诚在飞行员心理品质模型中提出了空间定向、图形辨认等测评内容。武国城等（2000）用不同的基本认知测试和人机测试分别检验了候选者的表象旋转、方位判断以及知觉运动能力，这些均属于空间能力测试内容。

1997年，中国人民解放军空军联合中国科学院心理研究所、第四军医大学、北京大学、北京师范大学等单位组成阵容强大的研究组，研制出了适合我国国情的军事飞行员心理选拔评价系统。1999年，该评价系统在全空军推广使用，并被正式颁布为国家军用标准，即"军标"。军标心检一平台的基本能力测试主要有知觉速度、编码速度、注意分配、短时记忆、记忆搜索、隐藏图形、心理旋转、速度估计、注意广度、数字估计、识符检数、选词配对、填写数据、比较刻度数值、查找特殊图形、图形组合、加法计算、找规律填数、判别方向等36类测试题，其中有多项涉及空间能力的测试，如知觉速度、心理旋转、图形组合、判别方向等。军标心检二平台的特殊能力测试主要测评心理运动能力和动态空间能力，如靶子追踪等。

在航线飞行系统中，民航飞行学员心理选拔智能测验中的基本认知能力测试限于简短的纸笔测试，主要包括知觉速度和空间定向任务，这两项都是重要的空间能力内容。航线飞行员心理选拔系统（陕西省行为与认知神经科学重点实验室，中国南方航空股份有限公司航空卫生管理部，2008）中的基本认知能力包括数量空间表征能力、图形逻辑推理能力、空间知觉及记忆能力，该系统充分肯定了空间能力在飞行员基本认知能力中的重要性。另外，该系统同时强调运动和操作过程中的空间认知能力处于飞行特殊能力的核心地位。

游旭群和姬鸣（2008）采用理论分析、专家访谈和文献综述等方法编制了航线飞行能力倾向选拔测验，先后对参加中国南方航空公司飞行员选拔的954名高三学生进行了测试，结果表明，航线飞行一般能力由注意分配能力、工作记忆能力、判断力、决策力和数学推理能力构成，而飞行特殊能力由心理表象旋转和空间定向能力构成，如图1-1所示。游旭群和姬鸣（2008）认为，高空间认知能力对于飞行员在应激状态下灵活处理突发事件有着极为重要的作用，而心理表象旋转和空间定向则是其中必不可少的飞行认知因素。

可见，空间能力是飞行员飞行能力结构和飞行员心理品质模型的核心要素。历史上的各种飞行员心理选拔测验都十分重视对空间能力的测量与评价，并将其作为飞行员心理品质中不可或缺的内容。

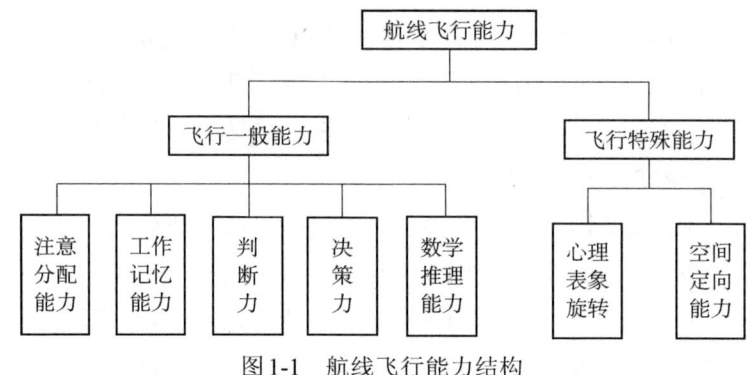

图 1-1 航线飞行能力结构

资料来源：游旭群，姬鸣. 2008. 航线飞行能力倾向选拔测验的编制. 心理研究，1（1）：43-50.

五、空间能力是飞行员的主要认知特征

从上述对飞行员心理品质内容的探索中我们可以看到，基本认知能力/智力和特殊认知能力/心理运动能力中均包含不同水平的视觉空间能力。空间能力的测量与评估是飞行员心理品质评估的重要内容。丹笑颖等（2004）和刘旭辉等（2004）通过对飞行员各种能力系统进行分析和测试发现，飞行员最主要的认知特征是比较强的空间定向能力，并认为空间定向能力是飞行能力结构中最核心的要素。刘旭辉等（2004）还发现，飞行员的心理旋转能力与他们的空间定向能力密切相关。陕西师范大学与中国南方航空公司（2008）合作开发的航线飞行员心理选拔系统也特别强调空间认知能力对飞行员的重要作用，认为这是人脑对物体空间特性的反映，包括大小知觉、形状知觉、方位知觉、距离知觉等，是由多种感官联合协调活动的结果。视觉在空间知觉中起着特别重要的作用，运动觉、听觉和平衡觉也常协同参加感知空间的活动。同时，作为一名飞行员，其必须具备良好的空间方位更新能力。飞行员不仅要能及时、准确地记住并判断某一时刻他自己在空间中的具体方位以及在不同方位的具体事物，而且要能在想象空间中及时更新自己在变化空间中的具体方位。

空间智力是人类智力的基本组成部分，同样，视觉空间认知能力是飞行员飞行能力结构的核心要素。空间能力历来是飞行员心理品质选拔的重要组成部分。从选拔的角度分析，应重点考察和评价那些与飞行职业紧密相关的视觉空间认知能力并将其作为选拔系统中的核心要素。因此，找到对飞行能力和飞行绩效具有高预测率的空间因子，一直是航空认知心理学家的重要任务。

第二节　飞行员空间能力与飞行绩效

飞行员空间能力的重要性体现在对飞行安全的影响上，飞行活动的特异性需要飞行员具备较高的空间能力，而具备良好的空间能力无疑会促进飞行员安全绩效的提升。本节将介绍空间能力与飞行活动、空间能力与飞行绩效等内容。

一、空间能力与飞行活动

空间能力对飞行员的重要性和飞行实践活动特点密切相关。与其他活动相比，飞行活动具有很大的特异性，尤其是飞行活动的异境性，即飞行是在三维空间中进行的一种活动，需要多项空间能力的参与，视觉空间认知能力是从事飞行职业所必需的。在飞行中，各种仪表和舷窗外视景可帮助飞行员判断飞机的位置。根据认知心理学的观点，个体会对三维外部空间形成一个内部的视觉表象空间体系（同构），然后按照这个内部表象体系的空间坐标来调节自己在环境中的活动，确定所知觉的物体空间方位，以及在心理上对物体的空间关系进行操作，即解决复杂空间问题中的心理操作过程同飞行人员在实际操作中的信息加工过程是相似的。对于航天员来讲，舱外是漆黑的太空，外界可依赖的视觉信息更少。在舱内，航天员依靠仪表指示来判断飞船的姿态，执行出舱活动时空间认知能力就显得格外重要了。

空间认知能力是由准确知觉世界的能力、对知觉到的事物进行改造或修正的能力，以及重建视觉经验（即使在有关物体刺激不在的情况下）的能力所构成的（有关空间能力的概念在本书第二章将详细叙述），其重要的智能体现就是表象及表象操作能力。这不是一个初级的知觉过程，涉及比较、判断、推理和再认等一系列加工过程。这种表象操作被称为能动的认知活动，而这种特殊的认知活动对于某些特定的职业，特别是飞行实践活动，具有重要的实际意义。在飞行实践中，为了做好操纵飞机的动作，飞行员必须形成一个当前飞行状态的表象，并用这个表象同规定的飞行状态进行比较。也就是说，要想驾驶好飞机，必须事先建立整个飞行状态和飞机空间状态的表象。飞行员不仅要了解飞机的空间状态（根据仪表读数和智力判断），而且必须十分清晰地把它表象出来，使直接感知与以符号形式取得的认知一致。即使在云层中无法看清天地线时,飞行员也必须在头脑中保持各种明确的飞行状态和正确的空间位置判断。

在飞行实践活动中,良好的空间表象能力是飞行人员进行空间定向的基础,一个合格的飞行员必须能感知自己与外部世界的位置关系,感知外部世界客体所在位置以及与主体所在位置的距离、方向、方位及客体的大小和外形等。对这些空间信息的搜索、记忆、整合、形成概念的过程便是空间认知能力的表现形式。

二、空间能力与飞行绩效

飞行员良好的空间认知能力和其成功率密切相关。多年来,研究者寻求发现对飞行职业非常重要的空间能力因子,用于飞行员选拔测验和飞行训练(Dror et al.,1993;游旭群,晏碧华,2004)。有多方面研究发现空间能力和飞行能力的相关性。

(一)认知单侧化成套测试及其预测率

飞行员的视觉空间认知特征与其飞行能力之间有内在联系(Gordon et al.,1982),这种联系具有一定的预测价值。Gordon 等认为,必须在飞行员选拔中重视个体的空间认知能力,探索空间认知能力与选拔飞行人员之间的关系,以进一步降低飞行学员的技术停飞率,不断完善心理学测验方法,提高其对选拔飞行人员预测的准确性。这些相关工作在 20 世纪 80 年代初期的美国空军和以色列空军中得以良好地开展。

作为神经心理学家,Gordon 等(1982)经过多年的研究编制出了一套检查认知特性的测验——认知单侧化成套测验(Cognitive Laterality Battery,CLB)。CLB 由两套测验构成:一套是视觉空间认知能力检查量表;另一套是评定言语连续性能力的量表。Gordon 等对视觉空间认知能力的测查主要由以下四个分测验构成:①定位(location)测验,主要是通过对一系列呈现刺激位置的判断,考察被试确定物体空间位置关系的能力;②定向(orientation)测验,通过呈现一组经过旋转的二维图形和三维图形,检验被试对这些经过改变的刺激模式进行心理操作的能力(或心理旋转能力);③图画完形(form completion)测验,要求被试能够准确地将一些残缺不全的图画识别出来;④积木连接(touching blocks)测验,主要考察被试的空间组合能力和空间记忆能力。

根据 Sperry 的大脑机能单侧化理论，Gordon（1986）认为，人类的视觉空间认知能力通常是同大脑右半球活动相联系的特殊职能，而抽象逻辑性的知觉、记忆以及言语连续性技能则被认为是同大脑左半球活动相关。半球加工信息模式的不同以及能力总体水平的差异可能同作业成绩的变化有关。Godron 提出了认知特征（cognitive profile）一词，用以描述个体在人类言语和视觉空间两大认知功能方面所表现出的相对优势特征。与认知功能的总体水平一样，不同半球的信息加工模式也可能同人类作业绩效的变异有关。Gordon 等考察了不同职业群体的认知特性，发现和其他职业相比，飞行员和飞行管制人员的视觉空间认知能力非常高。这些研究结果表明，一些特定职业人员的认知技能反映了一种特殊职业任务的要求，有必要将职业成就同人们的特殊认知能力相匹配（Gordon，Leighty，1988）。

从理论上看，个体空间认知能力与飞行所需要的特殊心理品质有着密切的相关性。那么在实际选拔飞行员当中，这种符合的程度究竟有多大呢？早期，以色列空军运用空间认知测验的一项研究表明，歼击机飞行学员的视觉空间测验成绩显著高于因技术不佳而被迫退出的那些学员。而被教员评定为"天生的"飞行员，通常在视觉空间测验上取得了相当优异的成绩（Gordon et al.，1982）。为了进一步阐明视觉空间认知技能和技术停飞率之间的关系，Gordon 采用 CLB 对美国海军航空兵的 600 名飞行学员进行了调查，研究发现，视觉空间认知能力和飞行学员的毕业率之间有着紧密的联系。进一步，Gordon（1986）在美国海军航空兵和以色列空军的飞行学员中发现，飞行学员的空间认知分数每增大一个标准差，其飞行毕业的概率就会增大两倍，而不论其言语认知的水平如何。

（二）国内有关 CLB 预测力的研究

在国内，游旭群和苗丹民（1991）以认知心理学的理论方法和大脑半球功能单侧化理论为基础，综述了空间认知技能在选拔军事飞行员中的重要作用。他们强调，对飞机飞行姿态的表象能力和在三维空间中的定向能力对于飞行员来说是非常重要的，这些视觉空间认知能力同飞行实践有着十分紧密的联系，并进一步强调应该把这种空间认知特性作为选拔和鉴定飞行人员心理品质的一个重要标准，以提高选拔预测中的准确性。

刘宁等（1994）探讨了飞行学员空间认知特征与飞行能力的关系，研究采用认知能力评估测验，检验了 88 名飞行学员及 100 名陆军学院学员的空间认知特征及其与飞行能力之间的关系。其中，空间认知能力测验采用经修订的CLB，飞行能力根据飞行绩效评估得分共分为三个水平。他们的研究结果表明，飞行学员组的四项视觉空间认知测验（三维定向、图画完形、积木连接和定位测验）得分均显著高于对照组，并且在飞行学员中，飞行技术水平越高的飞行学员，其空间认知测验成绩也越好，但在四项语言序贯性测验成绩中，有三项无显著性差异。因此，他们认为，飞行学员的认知特征与对照组有明显差异，这种差异主要体现在飞行学员有显著的空间认知特征，且表现为飞行技术越好的飞行学员，其空间认知能力越强，提示空间认知能力对飞行绩效有一定的预测价值。

宗玉国和游旭群（1997）在不同的调查群体中也发现，某种特定的空间认知操作水平与飞行能力之间有紧密关系。他们调查的78名受试者均为海军现役歼击机飞行员，采用的认知任务来自认知分化测验，而飞行技术水平的评定方法是，运用有23个项目的飞行员飞行技术水平评定量表，请飞行指挥员采用五级评分制评分，并对评定量表中的修饰词均以模糊数学的方法做了经验的赋值工作，根据被评飞行员平时的实际技术水平，以该评定量表中的项目为依据，客观、准确地逐条评价。结果发现，在高飞行技术水平的飞行员中，具有典型空间认知特征的飞行员人数多于具有一般飞行技术水平的飞行员。研究证明，具有高飞行技术水平的飞行员往往倾向于具有较为典型的空间认知特征。

游旭群等（1995）采用Gordon编制的CLB和评定飞行错觉水平的区间模糊统计方法，探讨了飞行员认知功能特点同飞行错觉水平之间的关系，研究结果表明，轻度错觉组飞行员的视觉空间认知分数明显优于重度错觉组飞行员，因此，空间认知能力对于飞行员形成良好的飞行空间定向能力、降低错觉具有重要的意义。在这里，飞行错觉是用飞行空间定向能力来表达的，研究其实测试的是空间能力之间的关系，一方面说明飞行错觉本身就是空间能力的一种表达，空间认知能力是参与飞行空间定向的一个主要认知因素，另一方面说明空间能力之间的关联性是非常强的。游旭群等（1995）又强调，虽然从结果中可以认为空间认知能力的水平是导致飞行员飞行错觉水平差异的主要原因，但是，不能忽视飞行经验对飞行错觉水平的影响，长期飞行实践中所形成的空间定向经验可以在一定程度上弥补其空间认知上的不足。

游旭群和于立身（2000）采用CLB、团体隐藏图形测验（Group Embedded Figures Test，GEFT）以及飞行定向水平（飞行错觉水平）的模糊评价技术，来评价飞行员的认知特征、场独立性（field independence，FI）和飞行空间定向水平之间的关系。其中，CLB分别包括空间能力的测试和言语能力的测试，结果发现，高水平的视觉空间认知能力及较强的场独立性特征可以较好地预测飞行定向水平。飞行定向错觉较轻组的飞行员表现出了良好的视觉空间信息组织、加工和较强的场独立性。研究得出的重要结论是：良好的视空间信息加工水平和特定的元认知技能对于减少飞行空间定向障碍、保持良好的定向水平具有重要的作用。视觉空间能力和场独立性构成了预测飞行错觉水平的有效指标。

场独立性是指个体在识别客体间关系特征、对非结构情景的组织以及在认知上重建问题的能力。具有场依存性特征的个体在问题表征上则更多地受先导组织结构特点的制约，具有较为典型的场独立性特征的个体在诸如空间透视、变形、图画完形以及地图学习等方面能够更有效地进行决策（Kent-Davis，Cochran，1989）。场独立性个体在对信息的监控、加工及组织方面表现出了良好的元认知技能特点，这种优势特征无疑有助于飞行员正确处理来自各个感觉通道方面的信息，从而达到维持良好定向水平的目的。按照 Witkin 等（1977）的观点，凡不受或很少受视觉环境因素影响者则具有场独立性特征。具有较强场独立性特征的飞行员能够充分而有效地利用自身内部良好的认知参照系，排除或校正来自不同感觉通道的各种错误信息，从而获得一个准确反映内外环境的空间关系，并且在飞行职业中，场独立性特征较强的飞行员通常也具有一个良好的情境意识水平和对运动物体的追踪及判断能力（Endsley，Bolstad，1994），因而有助于飞行员建立起良好的空间定向能力，场独立性是最适合军事飞行员职业的认知风格。

（三）空间能力与飞行绩效的关系

许多研究者将空间能力视为一般智力的核心（Carroll，1993），并且难以将空间能力与流体智力区分开，而一般智力能较好地预测军事训练的成功或工作绩效甚至军事航空绩效（Olea，Ree，1994）。这从一个侧面反映了空间能力对航空绩效的预测性。

航空飞行是特定的高度专业化的职业领域，该领域经常涉及对几乎没有或完全没有相关工作经验的候选者或申请人进行培训（Hunter，Burke，1994）。因此，能力测试在确定飞行员培训的适用性方面发挥着重要作用。一项针对11个国家的元分析（Martinussen，1996）以及其他研究（Maroco，Rui，2013）都进一步支持了空间能力对预测飞行员训练成功的有效性和普遍性，空间能力也已显示出可以用来预测美国空军飞行学员的训练等级（Carretta，Ree，1995）。与非飞行员相比，有经验的美国空军飞行员表现出更好的数量空间关系以及更高的心理旋转能力（Dror et al.，1993；King et al.，2013）。空间能力还被证明在抵抗空间迷失方面起着一定作用（Webb et al.，2012）。

Johnson等（2017）探讨了空间能力和知觉速度测试对空军飞行员飞行训练结果的预测作用，他们强调，几十年来，空间能力和知觉速度测试一直是美国空军航空训练选拔系统的主要内容。他们的元分析结果表明，相对于语言、数学和技术知识测试的预测有效性，空间能力、航空知识和知觉速度测试能更好地预测飞行员的飞行绩效，而学业能力（语言、数学等）测试是课堂学习成绩的最好预测因子。他们的增量效度分析结果表明，虽然空间能力相对于学业能力和技术能力而言缺乏增量效度，但知觉速度在预测飞行员飞行绩效方面的增量效度高于学业能力和技术能力。因此，他们认为，空间能力和知觉速度测试具有一定的相似性，它们不同于语言和数学能力测试，学业和空间或知觉速度能力测验是分离的因素，并且知觉速度和整体空间能力相关，可以被认为是空间能力的一个方面。Johnson等（2017）总结认为，与空间能力或知觉速度相比，语言和数学能力对传统学业成绩的高预测的有效性始终如一，而空间能力、航空知识和知觉速度对动手型飞行员的飞行绩效有高预测性，这些绩效包括基本标准化操作程序以及飞行绩效等级等。

在国内，为研究飞行员安全绩效的变化趋势以及飞行员的空间能力与安全绩效的关系，王永刚和李苗（2015）运用多层线性模型方法对206名飞行员进行调查，对飞机快速存取记录器（quick access recorder，QAR）数据和飞行员心理选拔笔试数据进行分析。其中，QAR译码数据按时间序列记录了所有航线飞行员入职以来在全部飞行实践中发生的所有安全等级事件，飞行员心理选拔笔试数据来自选拔时的认知能力测试，包括加减法变换运算、按字母规律检出数目、分割图形、判别方向、人体罗盘旋转5部分，其中分割图形表征被试的空间视觉化能力，判别方向表征被试的空间定向能力，人体罗盘旋转表征被试的空间关系能力，这些均是空间能力评估任务。研究结果表明，空间关系能力对入职1~4年的飞行员的安全绩效下降速率有显著的影响，而空间视觉化能力与空间定向能力的影响不显著。该研究容易引起质疑的是用飞行员参加选拔时的空间能力数据来预测其随后几年职业生涯的安全绩效，可能在时效性上会有所不足。另外，研究者对该测试中所选择的空间任务能不能代表典型的空间因子也有争议，比如，判别方向能不能表征被试的空间定向能力问题。

总之，通过对不同空间能力的飞行员进行对比，并探讨其空间能力和飞行技能、飞行绩效的关系，我们可以得到飞行员空间能力的职业发展特点，探索飞行实践对不同空间能力因子的作用，确认空间能力对飞行能力和飞行绩效的预测力，最终提炼出我们应该重视并引入选拔和训练过程中的核心空间能力因子和空间任务，这样方可提高选拔与训练效率乃至飞行绩效。

第三节　飞行空间定向与飞行安全

飞行空间定向涉及多感官，即视觉器官、前庭器官、本体感觉器官的协同配合，和我们将在第二章讲述的单一视觉感官的视觉空间任务不同，且飞行空间定向和飞行安全息息相关，空间定向障碍也是航空医学的重大课题。因此，本书将对飞行员这一重要的核心心理品质做单独介绍。本节将介绍飞行空间定向、飞行空间定向障碍、飞行错觉的模糊计算技术、飞行定向障碍与飞行安全、空间定向障碍的训练与克服。

一、飞行空间定向

（一）飞行空间定向的概念

乔善勋（2018）介绍了一个因为空间迷失而造成空难事故的案例。

埃及闪光航空（Flash Airlines）的604号波音737型客机航班在2004年1月3日从埃及起飞，飞往法国戴高乐机场，飞机起飞不久后便在红海坠毁，事故造成148人遇难，无人幸存。在事故分析时，调查员在飞行数据上发现，604号航班在红海上空向右转之前，曾经发生了非常诡异的事情。机身首先回正，然后机头开始上扬，空速开始明显降低，此时驾驶舱中没有人指出这一现象，推测是机长发生了空间迷失。

空间迷失的原因在于内耳，604号航班起飞又是在夜里，人在漆黑的海洋上空，很难辨识地平线的位置和准确感知飞机所处的飞行状态，如果飞行员内耳的液体在流动或者头部倾斜，很有可能产生某种幻觉，例如，当飞机转弯时，飞行员会误认为飞机处于平飞状态。当时机长采用手动模式驾驶飞机，且后来发现客机在向左转时，操纵杆却向右偏移。客机在爬升过程中开始转向，如果缺乏参照物，很难仅凭感觉判断飞机的位置，因此调查结果认为，机长在较长时间内处于空间迷失状态。

案例中，飞行员发生了空间定向障碍，从而导致事故的发生。诸多研究者认为，飞行员最主要的认知特征是有比较强的空间定向能力，并认为空间定向能力是飞行能力结构中最核心的要素（丹笑颖等，2004；刘旭辉等，2004；游旭群等，1995；游旭群，于立身，2000）。飞行空间定向是确保飞行质量、维护飞行安全所必须的一项心理品质。

飞行空间定向（spatial orientation）是飞行人员对地空目标、自身飞行状态、空间位置以及自身与飞行环境之间空间关系进行识别和判断的一种认知过程。它是以人类视觉、前庭和本体感受器等人类的基本感觉系统为先决条件，以飞行员对所接收的视觉信息、仪表信息、前庭和本体信息的整合加工为核心，并在相应训练的基础上所形成和发展起来的一种非常重要的飞行心理品质，是人类定向活动中的一种特殊表现形式（游旭群，于立身，2000）。在飞行中，飞行定向不仅仅表现为飞行员对飞行方向的识别，还表现为飞行员对自身速度和相对高度以及飞行器飞行姿态的判断和控制。

（二）空间定向的感觉系统

在飞行过程中，飞行员依赖于视觉系统、前庭系统以及本体感受系统来获知空间定向的信息。

1. 视觉系统

人和动物对外界信息，诸如物体的大小、颜色、状态、光线的明暗等进行感知，从中获取有利于个体生存与发展的信息，这种信息叫作视觉信息。在人和动物所获取的所有信息中，视觉信息的占比为80%以上。外围视觉系统主要涉及有关视野的无意识处理，而中央视觉系统则专门研究对象和模式识别（Previc，2004）。

视觉是飞行中最重要的感官，因为它能让飞行员迅速确定他们在空中的位置。同样，在进行定向活动时，视觉信息也是最重要的一种信息，对定向活动具有较大的决定性作用。不过，在没有可靠的外部姿态或动作提示的情况下飞行，只有有意识的思维才能使飞行员通过使用聚焦视觉和对飞行仪器的注意来确定正确的方向。虽然可以通过飞机仪表和间接显示来建立空间定向，但其认知需求水平较高。

在飞行定向的过程中，由于视觉易受各种因素的影响，飞行员也容易产生错误，比如，当视觉环境退化或在夜间飞行时，由于当前环境无法满足视觉定向系统工作所需的环境条件，视觉就容易出错。另外，由于人的注意的特点，飞行员的视觉注意有时被引导到驾驶舱之外，注意力分散的可能性很大。飞行员在驾驶舱外看到的东西可能会误导自己，从而引起视觉错觉，而缺乏对关键飞行参数的扫描（如姿态、空速、高度或垂直速度）可能会导致定向错误。Parmet 和 Gillingham（2002）的研究发现，在恶劣的气象条件下进行编队飞行时，飞行员更有可能出现定向错误。Previce（2004）认为，出现这一现象的原因是，在恶劣的气象条件下，飞行员无法通过领队飞机获取定向信息，而视觉系统的缺失意味着飞行员需要依赖前庭系统，但前庭系统在飞行中的可靠性通常较低。

2. 前庭系统

人体的平衡系统主要由前庭系统构成。前庭系统位于人的内耳中。前庭系统接收的信息会经过前庭神经的传递，被传送至脑干内与之相对应的前庭神经核或者小脑，在这里，前庭系统信息、视觉信息以及本体觉信息等感觉信息一起被整合加工处理，进而被传送至高级的脑内神经中枢，最终形成个体的主观意识。

空间定向取决于充分的感觉输入、完整的知觉统合和恰当的动作输出控制（Clark，Rupert，1992），视觉系统、前庭系统、本体感受系统缺一不可，相互补足和部分补偿。当处于地面时，视觉所传达的信息与前庭系统所传达的信息是协调一致的，在这种情况下，定向一般是准确的。但离开地面后，由于所处环境变成了三维空间，除了重力的作用外，人还会受到各种加速度及其引起的惯性力的作用，由此获取到的信息可能是不准确的，还可能会与视觉信息产生矛盾。比如，在可见度不佳的条件下，视觉系统接收的信息不再可信，前庭系统、本体感受系统接收的信息就会占据决定性地位，由于这些感觉信息往往不准确，因此就会导致定向错误。反之，如果有足够的外部视觉参考，任何令人迷惑的前庭输入都会被忽略。

3. 本体感受系统

人体的运动器官（如肌、腱、关节等）处于运动或静止的不同状态时，其器官本身会产生感觉，这种感觉叫本体感觉。比如，闭上眼睛后，个体依然可以感知到自身身体各个部位存在的位置，这就是一种本体感觉。姿势第一原则（posture first principle）认为，当身体平衡与空间定向发生冲突时，精神资源会被调度起来用以重新定位方向并恢复稳定状态（Shumway-Cook et al., 1997）。不过，这种优先可能会占用资源，从而降低次要任务的质量。

在飞行活动中，重力和惯性力会形成重力-惯性力合力，这种合力作用于飞行员，会使其产生一种自身垂直感，但这种垂直感不一定垂直于地面，而是垂直于飞机座舱的底板。由于飞行员习惯的定向是座舱底板和座椅均与重力垂直且与地面平行，因此其所产生的知觉与视觉接收到的飞行状态不符。Gawron（2004）的研究结果表明，一些行为，如晃动头部或调整座椅等，有利于飞行员在错误的方向感知中重新集中注意力，以此来抵消空间定向的错误。

可见，飞行空间定向的知觉错误通常由一个或多个原因造成：①感觉通道的局限性，主要表现在处理来自环境刺激中的位置转变和运动信息（特别是惯性和视觉）上；②来自一个或多个感觉通道中信息的丢失（由于病理或缺乏有效的刺激）；③多感觉通道信号的不正确整合。其中，来自一个或多个感觉通道中信息的丢失以及多感觉通道信号的不正确整合，是与空间飞行的方向、感知和感觉运动障碍最相关的因素。

（三）飞行空间定向的认知特征

在早期，空间定向活动被当作一种感知觉过程进行研究，但自20世纪80年代后期开始，研究者逐渐开始探讨定向过程中的高级认知加工及其机制，比如，定向过程中的信息整合和加工就是高级认知加工。游旭群等（1995）认为，良好的空间表征有助于飞行员空间定向，良好的空间认知能力或空间认知表征使得优秀的飞行员能够对来自各种感觉通道的信息进行迅速而准确的加工、判断，从而获得一个能正确反映主体与客体空间位置的关系。而要获得一个准确的空间位置关系，个体必须利用其已有的认知结构和空间概念来建立一个反映外界环境的认知坐标系（Just，Carpenter，1985）。然而，该坐标系的建立是以良好的空间表征水平为基础的。因此，良好的空间表征是正确反映外部环境的核心。因而可以认为，飞行员空间定向能力的大小直接取决于其对各种信息的即时加工和表征水平。

飞行空间定向的认知特征涉及空间参照系，研究者借用物理学来定义位置、角向和运动的坐标系，被称为"参考系"。图1-2所示的是人类身体坐标系。通常，由于身体垂直于地面，人可以很好地根据这种静止的或固定的参照系进行定位、定向判断。一般来说，这种静止的或固定的参照系通常采用外在引力环绕作为静态框架，如重力的作用。在飞行时，尤其是在爬升和降落时，由于Z轴和重力偏移，也就有视觉场景上下矢量相对于观察者的Z轴的偏离，因此和在空中平稳巡航相比，在爬升和降落时可能会发生更多的飞行事故（姬鸣，2016）。

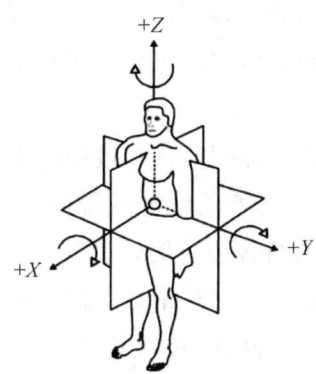

图1-2　人类身体坐标系

游旭群和于立身（2000）认为，飞行员能够利用已有的认知结构和良好的空间表征对感知觉线索进行迅速而准确的分析和加工，飞行员是这些初级信息的主动加工者而非简单的信息接收者。此外他们还发现，场独立性的飞行员在飞行定向中能够充分发挥其元认知技能方面的优势，从而就能迅速而准确地判断和加工感觉通道接收的种种信息，同时，由于飞行员具有良好的内部认知参照系，错误的空间信息就能被排除和校正。

考虑到飞行员在同时执行的任务（例如，驾驶飞机的自动任务和扫描视野的感知任务）期间的行为效率，需要强调中央执行系统和注意控制的作用。中央执行系统以目标为导向，管理所有的心理和运动活动，还负责监督感知过程。它负责计划一个行动，监视信息的选择及信息在工作记忆中的处理与执行，并负责多任务处理、信息更新等。低效率的中央执行机制会导致建立不准确的心智模型，如飞行员和飞机在太空中的位置、姿态和运动的心智模型，这时也意味着发生了定向障碍（Bednarek et al.，2013）。

Bednarek等（2013）探讨了影响飞行员产生虚假地平线错觉的认知因素，引入的主要变量有认知风格（主要是场依赖性），以及执行功能、工作记忆和注意在其间的作用。他们让66名军事飞行员在飞行模拟器上完成了实验任务，并完成了一些计算机化的任务，以评估他们的工作记忆和注意过程。结果发现，倾斜云对场依赖性飞行员的飞行性能精度的影响最大，场依赖性个体受环境线索的影响更大，更容易产生视觉错觉。空间定向障碍的认知预测因子在场依赖、场独立以及中间型飞行员之间存在差异。场独立、场依赖认知风格是影响视觉错觉产生的重要因素。他们研究发现场独立性飞行员对视觉错觉的抵抗力更强，这主要是因为他们的注意力和工作记忆的效率更高，以及他们倾向于使用更深层次的信息处理方式，对认知过程的控制效果更好。可见，飞行员具有高效的认知机制，可以维持情境意识，避免空间定向障碍。

定向障碍对认知以及对定向障碍后认知过程的影响也得到研究者的重视，在这些研究中，被试暴露在令人迷惑的运动或程序中，并被要求完成各种认知测试。当被试处在一个不正常的身体姿势时，其认知任务绩效会受到影响。Gresty等（2008）在实验室环境中测试了三种错觉条件刺激下的认知表现：头部旋转、视交叉和Coriolis错觉条件（一种同时刺激多个半规管的严重定向障碍）。在这三种条件下，被试被要求在笔记本电脑上完成有关空间能力和选择反应时的测试，结果发现被试的空间能力下降。Webb等（2012）探讨了失定向如何影响飞行员的认知，要求36名飞行员在定向飞行（即定向条件）和迷失方向飞行（即非定向条件）的情况下完成工作记忆和数学处理任务，结果发现，失定向条件下的测试准确性明显低于定向条件。Strózak等（2018）探讨了飞行错觉中的选择性注意和工作记忆特点，利用模拟机让飞行员在迷失方向和控制条件下完成6个不同的飞行程序，并同时执行听觉选择性注意（持续时间辨别）任务和听觉工作记忆任务，结果发现，在发生错觉条件下，飞行员的飞行绩效都较差。可见，错觉可能会损害选择性注意和工作记忆过程。

二、飞行空间定向障碍

（一）空间定向障碍的定义

飞行过程中的空间巡航是一项复杂而艰巨的认知任务，需要持续监测系统参数和环境。尽管受过广泛的训练，经验丰富的飞行员仍然会遇到一些视觉或前庭干扰线索，导致空间方向的丧失。空间定向障碍（spatial disorientation，SD）指进行飞行活动时，飞行员对其自身（相对于地球表面来说）所处的位置、所做的运动以及飞行器或飞行员个体的当前姿势等信息所做出的一种错误感知（Benson，1999），即指丧失正确判断飞机和飞行员相对于地面或其他飞机的位置和运动的能力（Stott，Benson，2016）。在飞行过程中，飞行员依赖于其视觉、前庭觉以及本体感觉来获取空间定向信息，但这些感觉系统易受各种错觉的影响，比如，视觉上的大小及距离错觉，对旋转和倾斜的错误感知（Parmet，Gillingham，2002），加之实际飞行环境中有种种不确定因素，飞行员很可能会错误地判断其感觉系统输入的信息，由此导致空间定向障碍。

有多种因素可以增加飞行员对空间定向障碍的敏感性，包括环境、心理和生理因素。环境因素包括不明朗的视觉环境和夜间飞行等，这会减少周围视觉线索提示的数量并降低其质量。认知因素包括空间能力和工作负荷。空间因素，如快速而轻松地更新方向的能力以及仅根据认知线索来构造方向的能力，可能与方向障碍的敏感性有关（Boer，1991），而增加的工作负荷可能会导致飞行员无法感知飞行中不断变化的方向信息。

（二）空间定向障碍的分类

空间定向障碍最常见的实际表现形式就是飞行错觉。目前，空间定向障碍的常见分类方法有如下几种。

1. 按空间定向障碍的形态分

按照空间定向障碍的形态来区分，可将空间定向障碍分为倾斜错觉、俯仰错觉、倒飞错觉、反旋转错觉、视性距离（高度）错觉、相对运动、速度错觉、方向错觉、辨认错觉、时间错觉等。

在飞行活动中，如果飞行员感觉到飞机有坡度，但实际上仪表并没有显示飞机出现坡度，或飞行员主观感觉到的坡度与仪表显示的坡度不一致，就认为飞行员产生了倾斜错觉，这种情况最常发生，其中，虚假地平线错觉（false horizon illusion）是指飞行员在飞行时倾向将水平面（如地平线或云层的顶部）用作参考点，而这些特征在不处于飞行状态时会被误认为是水平的。例如，倾斜的云让飞行员改变了飞机的姿态，以保持他们认为是直线的航向，实际上，当他们开始偏离预期航向并以一定程度的倾斜飞行时，空间定向障碍就产生了。在飞行员长时间关注驾驶舱内的任务后，当其向外看时，也会出现这种错觉。研究者认为，这是由注意力分散不佳导致的（Gibb et al.，2011）。

Holmes 等（2003）报道，在所有错觉中，飞行员最常引用"倾斜"（leans）、"由大气条件造成的地平面损失"（loss of horizon due to atmospheric conditions）、"误导性的高度提示"（misleading altitude cues）和"地平面倾斜"（sloping horizon）作为空间定向障碍产生的原因。在他们的研究中，视觉错觉导致了75%

的空间定向障碍病例。

俯仰错觉指仪表显示飞机实际为平飞状态，但飞行员在主观感觉上认为飞机是上升或下降的，其发生率较高。如果仪表指示飞机处于正飞状态，而飞行员主观感觉上飞机处于倒飞状态，那么可认为飞行员发生了倒飞错觉。如果在转弯后，飞行员主观觉得飞机在反方向旋转，而实际上仪表显示的飞行状态已经为直线飞行，则飞行员发生了反旋转错觉，这在转弯过程中发生率较高。视性距离（高度）错觉指飞行员错误判断了距离和高度，比如将实际的远距离判断成了近距离，将实际较高的高度判断为较低。此外，还有相对运动、速度错觉、方向错觉、时间错觉等。

在最常见的俯仰错觉和倾斜错觉中，如上述埃及闪光航空的604号航班飞行事故，飞行员在飞机转弯时可能会突然将头向上或向下倾斜（例如，查看显示器或设置开关）。这种头部运动会刺激半规管，并且与飞机转弯运动相结合，可以使飞行员产生翻滚的感觉，从而导致其失去对飞机的控制。线性加速度会刺激前庭耳石，并且可以使飞行员产生俯仰或倾斜的幻觉，也就是"躯体重力"错觉，可能会导致飞行员将飞机撞向地面。

2. 按空间定向障碍感觉信息通道分

按照空间定向障碍感觉信息通道，可将空间定向障碍分为前庭本体性飞行错觉、前庭视觉性飞行错觉和视性飞行错觉。

前庭本体感受器受到其自身生理特点、功能障碍或病理变化的影响，在各种加速度作用中或者作用后，在视觉功能受限、仪表视觉空间定向系统不牢固、仪表视觉信息减弱的情况下，前庭本体信息占据了认知的主导性和支配性地位，而这种信息反映的空间变化往往是错误的，此时引发的飞行错觉就是前庭本体性飞行错觉。而这种错误的空间变化信息还会使飞行员在飞行活动中通过视觉"看到"的飞机飞行状态和外界环境，与实际的飞机飞行状态和外界环境不一致，这种飞行错觉即前庭视觉性飞行错觉。

在飞行活动中，当视觉系统接收的信息和其他感觉系统接收的信息不一致时，飞行员很少能意识到此时所接收的信息是不一致的，而是会和往常一样，匹配感受到的视觉信息和已有的空间知觉条件，但这种匹配无疑是错误的，此时就会产生飞行错觉，这种错觉被称为视性飞行错觉。

3. 按空间定向障碍认知机制分

按照空间定向障碍认知机制，可将空间定向障碍分为 I 型（不可认知型）（unrecognized）、II 型（可认知型）（recognized）、III 型（不可抵御型/无法工作型）（incapacitating）（Parmet，Gillingham，2002；Previc，2004），这也是目前常用的一种空间定向障碍的分类方式。

I 型（不可认知型）是指，飞行员并不能意识到自身发生了空间定向错误，且认为感觉系统接收的信息被良好地反映于飞行器活动中。这是最常见的空间定向障碍。

II 型（可认知型）是指，飞行员意识到了空间定向障碍的发生，但仍可以对飞行器进行良好的控制，或选择将控制权转移给另一位飞行员。

III 型（不可抵御型/无法工作型）是指，飞行员意识到发生了空间定向障碍，但无法对飞行器进行控制以摆脱定向障碍。这种类型最少。

三、飞行错觉的模糊计算技术

对于飞行错觉的研究，研究者采用了多层次的研究路线，既注重生理和环境的特点，又重视从主观认知水平所做的分析（于立身，1994）。游旭群等（1994）从飞行错觉发生的类型和频率出发，尝试对飞行员在实际飞行中所产生的错觉水平或空间定向能力做出基本的评定。他们认为，对飞行错觉的研究多是从产生飞行错觉的机制入手，尤其是从生理学角度进行的探讨很多，而对飞行错觉水平的评估性研究显得不足。飞行错觉的产生是人的生理因素、心理因素以及这两者交互作用的结果，应该可以用一个回归模型来表述这一思想，以进一步评估飞行错觉水平。

不同的飞行错觉使飞行员偏离实际飞行状态的程度和对飞行安全的危害程度是不同的，而错觉发生的频率也同飞行员的飞行空间定向能力具有密切的关系，因此，考察飞行员在实际飞行中所产生的错觉类型和相应的频率就应该能够对其飞行错觉水平做出基本的评定。

游旭群等（1994）采用区间模糊统计方法，对34名海军歼击机飞行员的飞行错觉的类型（倾斜错觉、俯仰错觉、方向错觉、反旋转错觉和倒飞错觉）和频率（从无、偶尔、时有、经常、总是）做了经验性的赋值工作，分别计算出这些模糊概念（除"从无"外）的心理量表值和模糊度。其中，飞行错觉水平是频率与类型的函数，其数学表达式为

$$I = \sum_{i=1}^{n} f_i x_i$$

其中，x_i 和 f_i 和分别为飞行员产生的错觉类型和其相应的频率。游旭群等（1994）将这一表达式作为评定飞行员飞行错觉水平的基本模型。

因为所要评定的飞行错觉恰恰是一种模糊现象，在评定过程中，飞行员判断的模糊性是其心理的主要特征，所以，用模糊数学的方法来评定飞行错觉这种模糊性较高的心理现象具有更加自然、更加贴切的优点。飞行员个体飞行错觉的大小或飞行空间定向能力的高低，是以飞行错觉水平量值为主要指标，且是在对频率量词和错觉类别词赋值的基础上计算而来的，这种量化研究对于阐明飞行错觉产生的机制和成因具有较好的理论和实践意义。

四、飞行定向障碍与飞行安全

纵观大多数航空安全事件及事故，空间定向障碍依旧是其中一个主要且重要的成因，是导致飞机事故的最关键因素之一，特别是在军事行动中，经常导致机组人员和乘客的死亡及巨大的经济损失。空间定向障碍的发生率较高，被认为是33%的飞机事故发生的主要原因，致死率接近100%（Gibb et al.，2011）。1947—2010年的数据显示（Gibb et al.，2011），多年来，空间定向障碍在事故中的破坏性作用是一致的，其造成的事故往往不可挽回，致命性高，还会带来较大的人员及经济损失。

无论是从数量看还是从结果看，空间定向障碍在美国军方螺旋桨飞机事故中都扮演着重要的角色。Gaydos等（2012）分析了2002—2011年报告的美国军方螺旋桨飞机事故，发现其中有100起飞行事故与空间定向障碍有关，占据了总事故量的11%。

综合数据可以发现，空间定向障碍始终是飞行事故中常见的成因，并且空间定向障碍引起的飞行事故一般有以下特点：发生率高、致命性事故发生的比例高、人员及经济方面的损失大。此外，还应该强调的是，高达65%的空间定向障碍病例未被识别（Previc，2004）。迷失方向的飞行员往往意识不到他们的方向错误，一旦意识到存在冲突，他们往往会认为飞行仪表出了问题。

五、空间定向障碍的训练与克服

从训练视角看，空间定向障碍可以通过训练在一定程度上得以克服。空间定向障碍训练是指，通过研究影响空间定向障碍的各种主客观因素，设计出相应的软、硬件设备，加以反馈的方式模拟空间定向障碍，以训练飞行员控制错误的空间知觉，施以正确的操纵能力，降低其应激水平。常见的空间定向障碍训练有仪表视觉空间定向能力训练、飞行定向能力训练、空中模拟空间定向障碍体验训练等（田志强，1998）。

Tropper等（2009）探讨了抗定向障碍训练对通用航空飞行员在异常气候条件下飞行的作用，因为气象条件通常是在基于视觉飞行规则（visual flight rules, VFR）的飞行过程中发生空间定向障碍的常见原因，他们对随机分配的三组飞行员在飞行模拟器上进行了训练，三种训练条件分别是意识训练与定向训练组、意识训练组、控制组，并设置了气候条件的变化。其中，意识训练的目的是提高飞行员对迷失方向现象的意识，例如，说明在即将到来的恶化的气候条件下继续依赖视觉飞行规则的危险，以及从视觉飞行到仪表飞行的危险。而意识训练与定向训练组是在定向训练期间，飞行员被指示不要在经历恶劣的天气后立即返回。教练解释了在恶劣天气条件下如何安全返回机场，在训练的不同阶段，受训的飞行员分别使用高频全向无线电导航和使用空中交通管制员通过无线电提供的秒表和雷达矢量在云层上方执行受控返航飞行。最后对三组进行了复杂条件下的飞行测试，同时记录了飞行员的心理生理数据和主观测评的有关其心理和身体状况的问卷调查结果。每个飞行员的整个实验持续时间为5~8个小时。结果发现，与其他两组相比，接受专门的抗定向训练的飞行员组在复杂气象条件下的飞行绩效更好，其在恢复过程中的表现更好，表现出更少的心理生理压力。

Kallus等（2011）评估了运动线索在抗定向训练中的作用，将42名基于视觉飞行规则的飞行员分为三组：运动训练组、无运动训练组、自由飞行控制组。训练主要包括前庭错觉，如旋转恢复、不同寻常的姿态恢复和俯仰错觉，以及主要的视觉错觉，如跑道宽度和坡度错觉，并且采用多变量方法评估运动训练的效果，包括绩效测量、自我报告数据和心理生理数据。结果表明，与对照组相比，运动训练具有明显的积极作用，在以运动为导向的情况下，无运动训练组的表现较差，研究证实了运动线索训练对飞行员的训练效果良好。

Balaj等（2018）认为，飞行错觉可能使飞行员无法保持有效的仪表交叉检测，从而导致飞行错觉，因此，预防和应对空间定向障碍的关键是开发一种更有效的交叉检测仪器。交叉检测是视野扫描的一种策略，其提供了与飞机姿态、运动和位置相关的准确信息。当飞行员在极端天气或低能见度条件下执行密集飞行任务，由于无法集中精力对仪器进行交叉检查而分心时，其识别和抵抗空间定向障碍的能力就会大大减弱。因此，在飞行的各个阶段，尽早开发和建立有效的仪表交叉检测是非常必要的。

虽然有经验的飞行员对飞行仪器的注视频率更高，注视时间更短，能更有效地收集视觉信息，这使他们有更多的认知资源来监控不是很关键的任务，并应对不断变化的任务需求（Bellenkes et al.，1997），但是仍然不可避免地会有空间定向障碍的产生。

Balaj等（2018）认为，无论飞行员的经验或熟练程度如何，感觉错觉都可能会导致仪器指示与飞行员的"感觉"不同。飞行员的飞行经验和技巧是否会让其对飞行错觉产生更大的抵抗力？如果是的话，是哪种错觉呢？为了弄清这些问题，Balaj等（2018）利用模拟飞行器探讨了空间定向障碍线索提示如何影响飞行员和非飞行员的注视行为，采用了20名军事飞行员与20名非飞行员的对照设计，被试执行了12个飞行序列，包括非空间定向障碍飞行与空间定向障碍飞行，空间定向障碍飞行中有三种视觉错觉和三种运动错觉，研究者对所有被试的注视行为和飞行绩效进行了测量和比较。结果显示，仅在三种错觉（虚假地平线错觉、躯体旋转错觉和Coriolis错觉——突然的头部运动带来的错觉）中应用的空间定向障碍线索提示中观察到视觉注意分布与非空间定向障碍飞行相比有所不同。飞行员专业知识和飞行类型之间没有相互作用。不过，除着陆外，飞行员的平均注视时间比非飞行员短。总体上，空间定向障碍线索提示以相同方式影响飞行员和非飞行员的注视和注意行为，空间定向障碍会损害被试的凝视行为，并对他们的飞行表现产生负面影响。因此，飞行经验不会降低飞行员失去其空间定向的敏感性。研究还建议，眼动追踪技术可能有助于分析飞行员的注意力，并更好地理解和提高空间定向障碍事件中飞行员的飞行绩效。他们还建议飞行员经常阅读飞行仪表，特别是飞机姿态显示，来保持空间定向和视觉状态。

从多种层面帮助飞行员在训练和实际飞行活动中克服空间定向障碍，是一个至关重要的研究课题。

第二章

视觉空间能力

　　视觉空间能力（spatial ability）是人类智能结构中的重要组成部分，与言语能力或一般推理能力分属于不同的范围，在很多伟大的科学发现中扮演着重要的角色，是许多科学发明创造的核心，比如，脱氧核糖核酸（deoxyribonucleic acid，DNA）双螺旋结构的发现、苯分子结构的发现等都与空间能力有着密切的关系。空间能力在航空航天、机械、建筑设计和测绘技术作业，以及在人们的日常生活中都占有非常重要的地位。这些相关行业在选拔人才的时候，都要进行空间能力测试，以此作为选拔人才的标准之一。由于受教育、社会经济地位等因素的影响相对较小，空间能力更能反映出智能的本质。近年来，视觉空间能力已经成为认知心理学、人工智能、认知神经科学等多个学科的重要研究领域。对视觉空间能力及其认知加工性质的研究不仅对理解人类空间认知行为具有重要的理论意义，而且具有重要的应用价值。研究者从各个角度对视觉空间认知进行了广泛的理论探讨和实验研究，取得了许多令人振奋的成果，促进了人们对空间智能的理解。心理测量学、差异心理学、认知心理学、认知神经科学等学科从多个角度揭示了视觉空间能力的本质与特性（游旭群，晏碧华，2004）。

　　本书中的空间能力是指视觉空间能力，本章介绍传统的视觉空间能力，即静态空间能力。静态空间能力也就是通过传统的纸笔测试（paper and pencil test）测量出来的视觉空间能力，或者通过计算机呈现刺激的空间任务，但是刺激或者客体是静止的非运动刺激。本章内容包括空间能力的概念、分类及研究历史，空间能力的心理测量学研究，空间能力的差异心理学研究，空间能力的认知心理学与认知神经科学研究。

第一节 空间能力的概念、分类及研究历史

对视觉空间能力因素的发现归因于20世纪初心理测验的兴起与繁荣，该发现极大地促进了对人类智能的研究。Newcombe和Huttenlocher（2003）将视觉空间能力与计算能力和语言能力并列为现代教育应当赋予人的三大基本能力。多元智力理论的创始人Gardner（1985）把空间能力作为人的八种智力之一，与语言智能、音乐智能、数理逻辑智能、肢体动觉智能、内省智能、人际社会智能和自然观察智能并列。从空间能力概念提出之初，研究者就对空间能力展开了多视角的研究。本节将介绍空间能力的概念、空间能力的分类、空间能力的研究历史。

一、空间能力的概念

空间能力，也被称为空间智能（spatial intelligence）或空间认知能力（spatial cognitive ability），其定义多种多样，结构也非常复杂。

什么是空间能力？Thorndike（1921）强调了空间推理，认为空间能力是将物体之间的关系视觉化，用于理解物理世界是怎样运作的。Thurston（1938）将空间能力定义为"在空间或对已经感知过的事物当事物不在面前时头脑中出现该事物的能力"，与这一概念相关的测验是"保持对已感知过的事物当事物不在面前时头脑中出现该事物的能力，并在头脑中使得事物扭曲、变换或是旋转到不同的位置，并且最终能在大脑中将移动了的表象和事物进行匹配"。这是将头脑里经过操作变动后的图像与所提供的图像进行对比的能力。

事实上，有关空间能力的定义多种多样。例如，空间能力是对视觉形式的认知及记忆，或是对图形的心理操作；空间能力是获得并易于运用空间想象的能力；空间能力是指能够在心理想象物体的旋转，以及想象物体被展开后的平面图或折叠后的立体图形，或是了解空间中物体位置改变的关系能力；空间能力是指处理视觉形状关系的能力；空间能力是使个体能够在空间定位物体，智能地重新

安排物体，识别物体形状等的能力；空间能力是指对空间物体内部表征的编码、转换、合成和识记的能力以及表征其与其他物体的空间位置关系的能力（Cooper，Mumaw，1985）；空间能力是指一种对表象事物的表征、转换、生成、保持以及操作非言语信息加工的能力（Linn，Petersen，1985）；空间能力是指推出视觉景象的能力（Pellegrino，Hunt，1989）；空间能力与个体搜索视野的能力有关，即个体以视觉感知的方式理解物体的形式、形状和位置，形成对这些形式、形状和位置的心理表征，并在心理上操纵这些表征的能力（Carroll，1993）；等等。这些定义有很多共同的地方，即空间能力是指个体能够在心理上对呈现的客体进行折叠、旋转以及对物体与物体之间的相对位置变动进行表征的能力，且都明确指出空间能力在大脑水平活动并依赖于空间信息，是对视觉空间信息的产生（generation）、保留（retention）、检索（retrieval）和转换（transformation）等。空间能力是认知推理的一种形式。

国内学者认为，空间认知能力包括准确知觉外界的能力、对知觉到的客体进行改造和修正的能力以及重建视觉经验的能力，具体表现为视觉空间定向、空间旋转、空间关系和视觉形状重构等诸要素，其核心是视觉空间表象能力（游旭群，苗丹民，1991；游旭群，晏碧华，2004）。也就是说，空间能力强调心理操作能力，指个体能够保持心理表象，并且能够在心理上使表象变化到不同的位置，同时能够将移动过的表象与结果进行匹配。

需要明确的是，空间认知能力的研究以视觉通道为主，包括物理空间视觉和心理空间视觉。物理空间的视觉加工主要是整合物体的多种特征，如形状、深度、质地、颜色、状态、组成部分、背景等，将这些信息通过视觉通路传输至人脑，人脑进行识别、分析、储存、提取、应用。心理空间视觉是指心理表象、心理扫描和心理旋转等信息加工过程，需要心理表象操作能力以对头脑中的图像进行构思、检验、转换、保持等（Mathewson，1999）。

在先前研究者的研究基础上，本书认为，空间认知是指人们对物理空间或心理空间中三维物体的大小、形状、方位和距离等信息进行加工的过程，它的变量涉及刺激复杂性、刺激维度（二维或三维）、运动距离、方向、运动时间长短与参照系坐标等；空间能力是个体对这些信息进行知觉、表征、记忆、转换、同构、推理等认知计算后推出或重建视觉经验的能力，其核心是大脑里的表象处理能力。该定义包括空间因素的静态与动态变量，具有一定的操作性。

二、空间能力的分类

在空间能力的研究中，研究者在以下四个问题上一直存在争论。

1）关于空间能力的定义。正如前文所述，关于空间能力的定义各种各样。Eliot 和 Smith（1983）认为，因为各个研究用于评估空间能力的方法和措施具有较大的差异，这使得难以对空间能力这个名词下定义。

2）关于空间能力的种类。有研究者认为有 2 种（McGee，1979），而有些研究者则区分出多达 10 种（Lohman，1979）。

3）关于空间能力因素名称。对空间能力因素的分解有着不同的观点，对空间能力因素的不同看法也决定着对空间能力定义与种类的不同看法。对于同样一个因素，不同研究者的叫法不同，如 Dror 等（1993）所称的心理旋转（mental rotation）和 Boer（1991）所称的空间关系（spatial relation），其实都是指解决简单旋转客体的能力。

4）用于测量每一个因素的测验。研究者在测验内容和测验名称上存在迷惑和争论。这个问题的来源也与研究者对空间能力的因素分解有不同看法有关。

此处，本书先展现了空间子能力，也就是空间能力的分类研究，而空间能力因素研究通常是指通过空间测验的因素分析得到的结果，强调空间因素成分。关于空间因素分析，我们将在本章第二部分"空间能力的心理测量学研究"中再进行探讨。不过需要强调的是，由于研究者提出的空间子能力众多，名称各异，并且在因素分析的空间因素命名上，有些研究者沿用了空间子能力尤其是重要子能力的名字，因此，有些空间子能力和空间因素的名称会有重复。

（一）小尺度和大尺度空间能力

从较为宏观的类型学角度，研究者主要采用两种方式来测量视觉空间能力：一种是小尺度测试（small scale test，SS）方式；另一种是大尺度测试（large scale test，LS）方式。小尺度测试是采用心理评估方式，在实验室或安静的环境中进行的纸笔测验、在桌面上的物体操作测验等，也可以包括用计算机呈现非言语刺激的认知行为研究，执行这些测验需要对部分刺激图形进行心理操作，如几何图形、积木、卡片等测试。大尺度测试是在室内或室外的大场地、虚拟环境中进行的测试，如导航测试、方位任务、地图定位等，其测量的是基于外部空间表征的外部空间能力。例如，导航过程中的空间定向，是指人们在所处环境中正确辨识方向的知觉反应能力，能快速确认自己所处的位置，同时能够准确地辨识方向。虽然神经心理学研究表明，大小尺度空间任务在脑区的活动并不相同，但是两类任务的完成都需要以下三种能力：对视觉刺激信息进行空间编码加工的能力；在工作记忆中保持和进行操作表征的能力；进行空间表征推理的能力（Hegarty et al., 2006）。

小尺度和大尺度空间的划分是研究者即将达成的一个共识。美国国家调查委员会（National Research Council, 2015）注意到，空间能力研究领域即将达成的共识是，空间能力可能最好以"任务规模"而不是"任务类型"来概念化，从而形成两个截然不同但又相互关联的空间系统。

（二）静态与动态心理操作

Uttal等（2013）基于语言、认知和神经科学研究的分类系统，将空间能力分为内在信息（intrinsic information）和外在信息（extrinsic information）。内在信息是在定义对象时通常要考虑的内容，在定义特定空间对象时阐述客体的部分与部分之间的关系以及各部分的性质（Biederman, 1987）。外在信息是指一组对象/客体之间的关系，相对于另一个对象/客体或整体框架。空间加工内在信息和外在信息的区别得到了研究者的支持（Hegarty et al., 2006；Kozhevnikov et al., 2006）。

Uttal等（2013）的另一条分类原则是将空间能力分为静态信息和动态信息，这里的静态信息和动态信息区分的依据是头脑中操作过程的难度，是对对象客体进行动态的心理操作。Uttal等（2013）举例说明，将对象识别为一个客体时涉及内在的静态信息，而同一客体的心理旋转包含内在的、动态的信息。当你考虑环境中客体之间或地图上位置之间的关系时涉及的是外部的静态信息。当你思考一个人在相同的环境中移动时，你对物体之间关系的感知会发生怎样的变化，此时涉及的是外在的、动态的信息。Uttal等（2013）提出的空间能力的2（内在信息、外在信息）×2（静态心理操作、动态心理操作）分类特征及常见测试任务如表2-1所示。

表2-1　Uttal等（2013）关于空间能力的2×2分类特征及其对应测试

空间能力的2×2分类	描述	测量举例	Linn & Petersen（1985）	Carroll（1993）
内在信息和静态心理操作	在分散的背景信息中感知客体、路径或空间构型	嵌入式图形任务、闭合的灵活性、迷宫	空间视觉化	视觉空间感知速度
内在信息和动态心理操作	将对象组合成更复杂的构型，表象性地旋转或转换客体，通常是从二维到三维，或反过来旋转二维或三维客体	图形板、积木设计、折纸、心理旋转测试、立方体比较、Purdue空间视觉化测试、卡片旋转测试	空间视觉化	空间视觉化，空间关系/快速旋转

续表

空间能力的 2×2分类	描述	测量举例	Linn & Petersen（1985）	Carroll（1993）
外在信息和静态心理操作	理解抽象的空间规则，如水平不变性或垂直性	水位、水钟、铅垂线、横杆、杆子和框架测验	空间知觉	
外在信息和动态心理操作	从一个不同的角度来观察整个环境	Piaget的三山任务、Guilford-Zimmerman的空间定向任务		

资料来源：译自 Uttal D H, Meadow N G, Elizabeth T, et al. 2013. The malleability of spatial skills: A meta-analysis of training studies. Psychological Bulletin, 139（2）: 352-402.

（三）静态和动态空间能力

上述传统的有关视觉空间认知和空间操作能力的测试中，哪怕是动态操作，其刺激客体仍是静止或固定的客体，对应的是静态空间能力（Hunt et al., 1988）。而本书第三章将介绍的动态空间能力是指对动态或运动客体的判断，刺激客体本身是运动的，要求被试预测两个或多个移动点的运动轨迹或计算它们的到达时间，这种任务测试了个体预测和推断真实运动的能力。需要说明的是，本书对空间能力的分类框架是基于计算机呈现刺激的小场景研究，根据刺激是否是运动的，将空间能力分为静态空间能力和动态空间能力。

（四）空间能力的认知过程分类

空间能力是综合性的概念，从认知加工过程看，空间知觉能力、空间注意能力、空间表象能力、空间记忆能力、空间思维（推理）都属于空间能力。一些研究者提出了基于或包含认知过程的空间能力类型。例如，Stiles-Davis等（1988）提出一种空间能力模型，认为个体有5项广义的空间功能，分别为空间知觉、空间记忆、空间注意力、空间心理操作和空间建构，并且这5项空间功能由9种空间能力组成，包括物体定向、定向侦测、空间合成、短期空间记忆、长期空间记忆、左半脑的注意力、右半脑的注意力、心理旋转和空间建构。Halpern（1986）认为，应该至少有4种空间子能力：空间想象、空间知觉、心理旋转和瞬时空间判断。Kimura（2000）将空间能力分成6个不同的子能力：针对方向改变和移动物体的判断和反应速度的能力；想象对象的空间旋转；空间记忆能力是记忆客体的空间位置；图像分解后通过视觉空间想象折叠对象的一部分能力；能从复杂的图形中分解出简单图形的能力；空间知觉是在静态图中忽视干扰信息，找出水平线或垂直线的能力。

国内具有代表性的研究有李洪玉和林崇德（2005）的研究，他们采用空间认知能力倾向成套测验，研究结果表明，空间认知能力不仅包括空间定向能力、空间意识能力、图形特征记忆能力、心理旋转能力和图形特征抽象/概括能力，也包括图形分解与组合的能力、对数学关系进行形象化表达的能力等。

三、空间能力的研究历史

空间因素的提出源于20世纪初对机械能力和实际操作能力的研究，当时"实用的"或"机械智力"等概念从心理学家Spearman的一般智力因素中被分离了出来，研究者把空间因素作为获得某些实际操作能力的基础。

空间能力研究大致经历了三个阶段（Eliot，Smith，1983）。

第一阶段（1903—1938年），确定是否存在空间能力。这是初始研究阶段，重点是通过心理测量研究，明确是否有一种空间因素存在于一般智力因素中。1905年 Binet等出版了第一份智力测验量表，测量儿童的记忆、言语、理解等。到了1918年，美国陆军为筛选军人而发起了一项大规模的测验，其中，α测验由语言材料构成，用于分类那些受过教育的人；而β测验用于分类那些没有受过教育或有语言表达障碍的人，包含各种表现任务，如积木计算、纸型板（几何建构）和线条迷宫追踪等。由于该测验是第一个被用于大规模实施的非语言测验题组，其在心理测验历史上具有重要意义。1931年，Thurstone介绍了多重因素方法，使得从不同测验的相关矩阵中发现统计上的因素成为可能。这一时期，研究者不仅确定了空间能力的存在，而且从多方面界定空间能力，并发展出多种空间能力的测量方法，将空间因素从一般智力要素中分离了出来。

第二阶段（1938—1961年），区分空间能力因素或成分的阶段。通过心理测量研究，研究者尝试确定空间能力中的各个因素及其关联的程度。这一时期产生了大量新的纸笔测验。由于因素分析技术的差异，不同研究者使用了不同的空间能力测验方法，又由于不同研究者对相似的空间因素赋予不同的名称等原因，空间因素的命名、因素数量和因素定义等工作变得十分混杂。Thurstone（1950）将空间能力分为S1、S2因素；S1是指在大脑中想象一个物体结构被移动到不同位置时的能力，这一能力常见于图片、卡片等测验中；S2是指想象结构间存在运动，一种结构运动取代另一种结构运动的能力，这一因素多见于迷津测验以及表面推导测验中。French（1951）根据早期空间和视觉因素的研究成果与军事文献，认为至少有3种不同的空间因素：空间代表精确地知觉空间图案并能比较它们的能力；定向代表空间图案呈现多变的方向而能保持方向不被混淆的能力；视觉化代表在三维空间中完全理解想象移动的能力及能想象地操作物体。总体来看，这一阶段的大量研究证据显示了空间能力有视觉化因素和定向因素两种因素的存在，空间能力不是单一的结构。

第三阶段（1961—1982年），空间能力的本源和外延研究阶段。这一阶段的研究者关注空间能力与其他能力之间的关系以及测验中各种变异的来源。这个时期，对个人空间能力优劣的研究逐渐减少，研究人员开始探讨各种能够引起空间能力测试差异的原因。由于不同的研究者关注空间能力的不同领域，这一时期出现了多种研究途径，包括性别、年龄、维度、策略的差异性研究，不同的空间能力组织模型，以及认知心理学家致力于使用信息加工的视角去探索多样的心理加工，也开始推导各种作业的心理过程，并且探索提高空间能力的可行性和方法。这一时期发现了男生和女生在理解、组织和重新组织视觉结构的能力方面存在性别差异，这一发现成为日后空间研究的重点。

1982年到现在是空间能力与现代技术的整合研究阶段。研究者关注技术测量、调查和改进空间能力方面的影响，并转向从信息加工的视角理解空间能力。从认知心理学的角度分析空间能力，这种研究取向试图揭示高空间能力和低空间能力学习者的基本感知和认知过程的不同。这类研究通常首先进行任务分析，界定完成这些任务时所包含的认知过程，通过分析被试在完成认知任务过程中的错误和反应时，计算各种认知过程的速度和准确度。研究者对空间认知的处理速度、转化策略、工作记忆、表象过程开展了广泛的研究。在空间能力的研究内容上，动态空间能力的提出和研究扩展了空间能力的研究范围，并且使当前空间能力的认知神经科学研究得以蓬勃发展。对空间能力的心理操作过程的研究在20世纪70年代初就已经开始（如心理旋转），经过几十年的发展，研究者在继续分析其基本特征的同时，也着重探索其生理机制和神经生理学基础。

第二节　空间能力的心理测量学研究

从空间能力的发现开始，空间能力作为人类智能的一部分，是心理测验中不可或缺的重要组成部分，并且几乎所有以选拔为目的的心理测验均未忽视过视觉空间能力因素的价值。本节内容包括空间能力因素分析、空间能力预测效度、空间能力测试。

一、空间能力因素分析

在对视觉空间能力给出定义后，需要将这种能力明确分解为构成要素或技能。进一步，还需要阐述这些不同的空间因素所需要或利用的知觉和认知过程或机制。因素分析研究除在各种成套测验中证明空间因素的存在外，更重要的一点就是能对各种具有空间特征的因素进行分析。最初对空间技能的定义和分类尝试主要遵循心理测量学方法。这一传统的研究中通常依赖于探索性因素分析，即研究人员探索来自空间能力领域的不同测试项目之间的关系（Carroll，1993；Lohman，1988）。然而，和大多数智力测试一样，由于空间能力测试并不是从一个清晰的定义和公认的理论解释发展出来的，因此，因素分析方法也并没有得到一个统一的结论。

正如在本章上述空间能力分类中所述一样，一些视角下的空间能力分类就是依据空间因素进行的。Thurstone（1950）提出了空间能力三因子：从不同角度再认物体的能力、想象物体各部件的内部结构状态的能力、将想象中的人物视觉化并使得人物可以在不同的方位从不同的视角观察物体。French（1951）也建议将空间能力划分为空间关系、空间定向、视觉化（Guttman et al.，1990）。McGee（1979）认为，空间能力至少包含视觉化和空间定向两个主要成分。Linn和Perterson（1985）提出，空间能力包含三类相对独立的能力：空间知觉能力、空间视觉化能力、心理旋转能力。Lohman（1988）也认为，空间能力的3个主因素包括空间关系、空间定向以及视觉化。Carroll（1993）通过因素分析确定了空间能力的5个因素：视觉化、空间关系、闭合灵活性（closure flexibility）、闭合速度、知觉速度。Carroll认为，测量程序的不同可能会导致出现不同的结果，因此需要对测量程序进行标准化与细化。

不过，大量研究结果证明了以下空间因素的存在：视觉化、定向、空间关系。此三个因素的存在也得到了各位研究者的公认。不过，研究者在各个因素的相互关系上也存在着一些争议。对于视觉化，研究者达成的一致性似乎是最强的。

（一）视觉化

视觉化是指表象性地控制（manipulate）、旋转（rotate）、折叠（twist）、反转（invert）二维或三维图画的能力（McGee，1979）。这是在心理上操作或转换空间图形的能力（French，1951），也就是对空间信息的心理操作，判断指定的空间图形被旋转、折叠、移位或变形后将会如何呈现。Linn 和 Petersen（1985）认为，空间视觉化任务是"那些涉及对空间呈现的信息进行复杂、多步骤操作的空间能力任务"。McGee（1979）认为，空间视觉化是指将图形在心理上重新建构成部分的操作能力，是将一种空间形态操作或者转换为另一种空间形态的能力。视觉化测试通过测量被试在匀速条件下可以成功处理的视觉材料的难度和复杂性来衡量，运用的是复杂的刺激。Lohman（1988）认为，视觉化测试有折纸（paper folding）任务、纸质图形板（paper ford board）任务、表面发展（surface development）任务、组块/积木设计（block design）任务、Shepard-Metzler 心理旋转任务和机械原理（mechanical principles）任务。Carroll（1993）认为，视觉化测试包括六类：纸质图形板任务、组块/积木任务、组块/积木旋转任务、折纸任务、表面发展任务和透视（perspective）任务。在这些测验中，被试需要运用视觉表象运动来解决复杂的视觉问题，要求被试理解一种空间形式、形状或场景，以便与另一种空间形式、形状或场景进行匹配，并需要在二维或三维空间中旋转一次或多次。有些学者强调了对图形刺激的表象性控制过程（Isaac，1995），有些学者则强调了表象性结果（McGee，1979）。与这一因素有关的测验除了强调对空间图形内容的加工外，还有两个共同的特征：①在静止的条件下执行操作；②大部分测验比空间关系测验复杂。此外，视觉化能力与一般智力的关系更为密切。检测视觉化的测验，如闭合灵活性测验（tests of the flexibility of closure）被应用于德国空军机务人员的选拔已经有很多年了。闭合能力的测验通常是测定个体在不知道图形的情况下，快速发现、理解、判定、证实视觉图形的能力。

典型折纸测验如图 2-1 所示：将一张纸折叠若干次，虚线延伸部分表示一张未折叠的完整的纸，最后一张纸上的黑色小方块表示在折叠后的纸上打孔。要求被试判断展开这张纸后这些孔会出现在纸上的哪些位置。

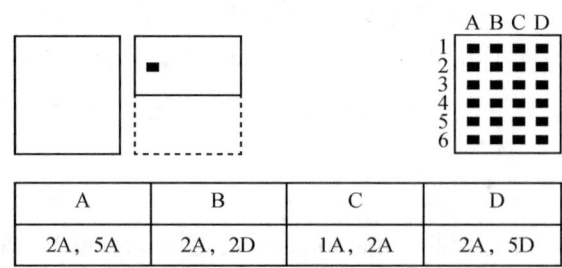

图 2-1　折纸测验示例

（二）定向

定向能力包括对视觉刺激模式的元素排列的理解，以及在呈现的空间构形中能够在方向改变时保持正确判断的能力（McGee，1979）。定向能力是飞行技能中最核心的因素之一，飞行空间定向障碍是引发飞行事故的重要原因（见本书第一章）。French（1951）认为，空间定向能力是指个体在空间结构呈现时能不受方位变换的影响。Lohman（1988）认为，这个因素较难从视觉化中分离出来，在空间视觉化和空间定向因素上所表现出的差异是个体空间能力差异最稳定的特性之一。Carroll（1993）认为，空间定向通常不被认为是一个独立的因素。

空间定向的典型测验是呈现一个情境的两个不同的表征，要求被试判断两个表征之间的关系。例如，被试需要判断两个表征是否代表同样的情境（不考虑优势点），或者需要指出在两个表征之间发生了哪种视景转换，见图2-2。

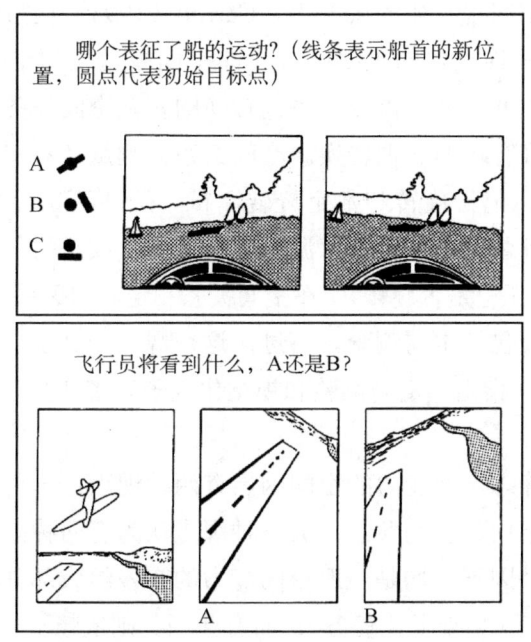

图2-2　空间定向能力测验示例

注：这是Guilford（1956）的空间定向测试。第一个例子呈现的是从一艘运动的船上连续拍摄的画面，要求被试指出掌舵过程的偏离。第二个例子呈现的是一个景象上的一架飞机，以及从驾驶舱向外看到的两种景色，要求被试鉴别出飞行员的视图。两个例子中，A是正确的选项。

资料来源：Gal R, Mangelsdorff A D. 2004. 军事心理学手册. 苗丹民，王京生，刘立等译. 北京：中国轻工业出版社，92.

（三）空间关系

空间关系是指解决简单旋转（simple rotation）问题的能力，以及区分目标反射面（reflected version）的能力，即想象一个物体经过空间旋转后会如何显现的能力，相对来讲，这是一种迅速处理视觉图形的能力。和视觉化不同的是，对空间关系的测定通常运用简单的刺激，通过计算心理旋转或转化相对简单的视觉图形的速度来衡量。定位刺激与旋转刺激的速度是该因素测试的主要方面。典型测试是由 Eliot 和 Smith（1983）编写的数字旋转任务，另外还包括卡片（card）旋转测验、标记符（flag）测验和图形（figure）测验（Thurstone，1936），也包括图画性旋转任务（figural rotation task）。空间关系表征的是客体与客体之间或客体的部分与部分之间的相互关系。Contreras 和 Colom（2001）认为，简单心理旋转是典型的测定空间关系因素的任务。

在空间关系和空间视觉化的关系上，Carroll（1993）认为，心理转换的复杂性是空间关系和空间视觉化的主要区别，即空间视觉化和空间关系的主要区别是，空间视觉化的主要定义为需要一系列转换的复杂空间任务，空间关系则涉及在短时间内旋转二维客体的心理转换。空间关系的测量任务需要的心理旋转更简单，如卡片旋转、标记符旋转和数字旋转测试，这些测试要求被试比较两种刺激，以确定其中一种刺激是另一种刺激的旋转版本，或是另一种刺激的反射版本（reflected version）（无论是否旋转）。在空间关系和定向的关系上，French（1951）认为，空间关系测验包括定向测验。不过，这个观点受到了后来一些研究者的批评，Lohman（1988）指出，定向测验和视觉化因子有密切关系，而不是定向和空间关系的关系密切。

总体来看，对静态空间能力的空间因素有两种观点：一种观点认为有三种因素，包括视觉化、定向、空间关系；另一种观点认为有两种因素，即视觉化和空间关系。不管是哪种因素，均是一般空间能力的有效组成部分，有些任务依赖于被试所能处理的难度（如视觉化任务），而有些任务则依赖于处理简单视觉模式的速度（如空间关系任务）。任务的复杂程度可能是区分不同因素的基本出发点。

国内研究通常将视觉化和定向作为两个重要的空间能力因素进行研究，对空间关系的研究（包括简单心理旋转的研究）通常是独立的，也就是在谈及空间能力的因素时常常论及的是视觉化和定向。游旭群和晏碧华（2004）认为，视觉化和定向是两个非常重要的因素，"虽然有关空间能力的界定及结构范围尚有争议,但空间定向能力和视觉化能力则为研究者们所公认"。齐建林等(2003)通过定位测验(localization test)、木块连接(touching blocks)测验、二维方格(2D-panes)测验、三维心理旋转(mental rotation-3D)测验、三维方盒(3D-cubes)测验等五个测验进行因素分析,认为空间能力至少包括空间视觉化和空间定向能力,但同期测量的空间定向能力却不能充分说明空间视觉化能力,空间视觉化能力也不能充分说明空间定向能力,例如,三维心理旋转测验测量了两种空间能力,在视觉化和空间定向两个因子上的载荷分别为44.7%和60.7%,进一步说明了空间因素之间存在高关联性。他们认为,未来工作应编制能够相对独立测量两种空间能力的测验,为飞行员选拔、训练提供科学的理论依据。

二、空间能力预测效度

空间技能对于各种日常任务都很重要,包括工具使用、导航、学科学习等。空间技能测量工具与其效标间的相关水平反映着该工具预测效度的大小。对空间认知能力应用价值的认识可以从两方面进行:①空间测验在人员选拔和作业绩效预测方面的研究;②空间测验对职业技术培训项目有效性预测方面的研究。作为职业选拔和绩效预测中的重要指标,空间能力测验对人员选拔的重要价值在许多领域中均得到了充分的证明。Alderton(1989)在做了大量回顾性分析的基础上,发现唯有复杂的空间能力测验才能对未来的学业成绩和职业成就做出有效的判断,空间测验的成套量表(包括明尼苏达纸板测验、空间关系连接测验和积木填充测验)与职业培训效果可达0.60的多重相关,而与智力的相关仅为0.07。空间测验在人员选拔、作业绩效与技能水平的预测上具有较高的有效性和可信度。

在第一章中,我们已经回顾了空间能力对飞行绩效的高预测效度。视觉空间认知能力是从事飞行职业所必需的,与飞行能力紧密相关。个体视觉空间认知特征与其飞行能力之间有着内在的联系,飞行员良好的空间认知技能和其成功率密切相关(游旭群,苗丹民,1991)。

在学科教育上,空间能力对科学、技术、工程和数学(science, technology, engineering, mathematics, STEM)学科的有效教育作用受到重视。最近的分析表明,空间能力能够独特地预测STEM成就。例如,在一项使用了一个具有广泛代表性的样本的长期纵向研究中,Wai等(2009)发现,空间能力是STEM成就的一个重要预测因子。Wai等使用美国具有全国代表性的样本,发现具有工程学士学位个体的空间技能比一般人群至少高1.58个标准差。Uttal等（2013）的元分析研究也证实了这一点。因此，通过提高空间技能来提高STEM成就的努力似乎是合乎逻辑的。另一项基于50年涉及40万名高中学生样本的调查显示，空间能力测试的增量预测有效性超越了美国学术评估测试（Scholastic Assessment Test，SAT）和美国研究生入学考试（Graduate Record Examination，GRE）中的语言和数学才能测试（Wise et al.，1979；Lubinski，Benbow，2000）。Lubinski（2010）认为，空间能力是一个"沉睡的巨人"，可以提高STEM领域人才的甄别和发展水平。Johnson等（2017）认为，军事航空是STEM领域的一个重要而典型的例子，在这个领域中，许多没有特定领域知识或经验的个体必须接受培训才能有效地发挥作用。

值得一提的是，心理测量学评估的空间技能可以很好地预测STEM学习的早期表现，然而，心理测量评估的空间技能实际上在学生的后期表现中变得不那么重要，因为学生通过对STEM课程的深入学习，走向了专业化。例如，Hambrick等（2012）的研究表明，空间技能的心理测量测试可以预测新手地质学家的表现，但不能预测专家级地质学家在制图任务中的表现。同样，空间技能的心理测量测试可以预测物理课程的初始表现，但在学习完成后变得不那么重要。专家可以依靠对相关空间结构的大量语义知识进行判断，而不需要进行旋转或其他空间操作。例如，地质专家知道许多地质遗迹，可能仅仅通过在课堂上学习或直接经验就能知道其基本结构。在更抽象的层面上，地质专家可能能够通过类比来解决空间问题，考虑未知的地质结构可能与他们目前正在分析的结构相似或不同。同样，专业的化学家通常不需要依靠心理旋转来推断两个分子的空间特性，因为他们可能从语义上知道目标和刺激的匹配程度，而新手STEM学生难以进行诸如化学分子结构、地质结构、工程设计等所需的思维活动。此外，他们可能难以理解、呈现和表达这些信息。因此，最初空间技能高的学生可能更善于学习。

国内，一些研究也发现个体的空间能力和学科能力发展之间的关联，尤其是空间认知能力和数学学习之间有着紧密的联系。徐凡和施建农（1992）探讨了4~5年级学生空间表征与几何能力的关系，发现空间成绩与几何成绩之间相关显著，不过并不是空间测验的各项子测验都与几何测验成绩有显著相关。乌日娜和杨伊生（2014）调查了高中生空间能力与数学成绩的关系，采用修订后的客体-空间视觉化及言语化认知风格自陈量表和三种空间能力测验收集数据，并收集了学生的数学成绩，结果表明，空间定向能力、客体视觉型认知风格及空间视觉型认知风格对数学学业成绩有一定的预测能力，其中空间定向能力对数学学业成绩的预测作用相对较强。另一项研究发现，学习者在地理学习与解题的过程中，经常要运用到各种地图、剖面图、景观图、模式图等，经常要借助图形以在脑海中建构或操作相关的表象，空间能力是地理学科能力的重要构成要素（徐志梅，2011）。

空间能力不仅和学科能力相关，还与动手操作表现有显著正相关，且与编程表现也有显著正相关，学生的空间能力越强，其动手操作表现和编程表现就越优秀（吴丽杰，2018）。可见，空间认知能力与实际生活中的很多领域有密切的关系，尤其是教育教学领域和航空航天领域。

三、空间能力测试

空间能力测试各种各样，不能面面俱到，下面简要进行分类介绍并举例说明。

（一）成套测验

从智力测验开始，研究者致力于开发各种测试工具以评估特定个体的空间能力。一些标准化的智力测验中会涉及视觉空间能力的子测验。早期，Stanford-Binet量表第四版中的图形分析、仿造与仿画、矩阵推理、折纸与剪纸分量表以及第五版中分布在位置和方向、形状板块中的测试题包含了一部分空间能力测试。Wechsler儿童智力量表的修订版、第三版、第四版中的积木设计、图画概念、矩阵推理、填图、拼图提供了比较广泛的书写运动、空间、视觉搜索能力的测评。Raven推理测试同样需要被试对题目中包括的图形元素经过大小变化、位置变化、变形、旋转等心理操作后才能得出正确答案。早期的测试研究为后来研究者的综合性任务开发打下了良好的基础。

后来的研究者也编制了大量的信效度良好的空间认知能力成套测验，如Guilford在1952年编制出了用于军队人员选拔的陆军-空军性能的成套测验；Gordon在Sperry大脑机能单侧化理论的基础上，于1986年编制了CLB；Alderton等编制了复杂空间问题解决测验（complex spatial problem solving test，CSPST）；等等。

测验的开发使研究者对个体在解决空间问题时的反应时、使用策略、表征内容和方式以及视觉空间材料本身的结构特征等方面进行了广泛而深入的研究，对导致个体空间认知能力差异的原因进行了详尽的分析，并建立起相应的加工模型和理论，如 Just 和 Carpenter（1985）的空间认知坐标模型，以及 Gordon 等（1982）和 Gordon（1986）的"认知功能的分化"理论。Kosslyn（1987）则从认知神经科学的角度来理解和描述特定的视觉空间认知功能，提出了高水平视觉加工子系统理论，向阐明人类空间认知加工的性质迈出了重要的一步。

这里简要介绍 Gordon 等的 CLB，因为 CLB 的应用较为广泛，并在20世纪90年代引入我国（相关内容可见第一章）。Gordon 等（1982）认为，个体的空间能力或语言能力水平反映了个体不同的信息加工模式，这种模式与个体大脑半球功能单侧化密切相连。Gordon 等对视觉空间认知能力的测查主要由以下四个分测验构成：定向测验、定位测验、图画完形测验、积木连接测验。Gordon 等的定向测验是通过呈现一组经过旋转的二维和三维图形，检验被试对这些刺激模式进行心理操作的能力（或心理旋转能力）。定位测验考察被试确定物体空间位置关系的能力，如图2-3所示。图画完形测验的图片示例，要求被试能够准确地将一些残缺不全的图画识别出来，并给予命名，如著名的斑点狗测验。积木连接测验（图2-4）测量的是被试的空间组合能力和空间记忆能力。

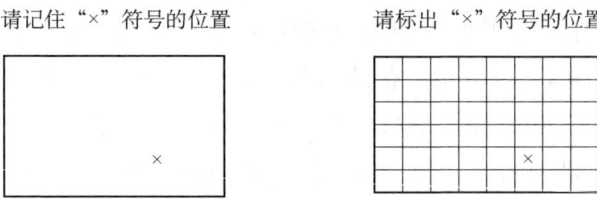

图2-3　定位任务示例

资料来源：刘真，晏碧华，李瑛等. 2016. 静止与动态定位任务中飞行员视觉空间模板的表征计算. 心理科学，（4）：814-819.

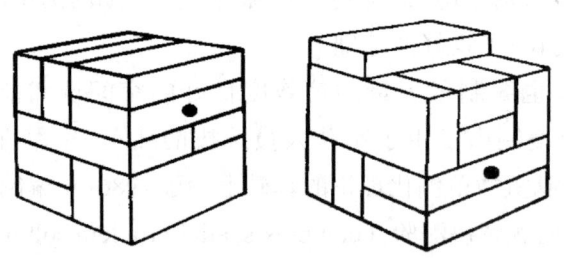

图2-4　积木连接测验示例——数出相邻的积木数量

（二）单一任务测试

1983年，Eliot 和 Smith 出版了《空间测试国际指南》（*An International*

Directory of Spatial Tests）一书，为研究者选择与发展空间测验提供了依据。他们系统地收集了392种纸笔形式的空间能力测验量表，并将它们分成13类，具体包括仿制或迷宫（coping or mazes）测验、隐藏图形测验、视觉记忆（visual memory）测验、形状综合（form completion）测验、图形旋转（form rotation）测验、积木计算（block counting）测验、积木旋转（block rotation）测验、折纸（paper folding）测验、表面发展（surface development）测验、视点（perspectives）测验、组合测验、拼贴测验、混合测验。其中，前十类为单一任务测验，后三类为综合任务测验，但这些测验的题型则大同小异。综合任务测验主要是结合多种心理操作程序和多种任务的操作，需要一种以上的问题解决能力。到目前为止，部分测验仍然作为空间测试的通用参考标准。

在单一任务测验中，Eliot和Smith（1983）将测验分为认知任务类测验和操作任务类测验，认知任务类测验包括仿制或迷宫测验、隐藏图形测验、视觉记忆测验、形状综合测验和图形旋转测验。操作任务类测验则包括积木计算测验、积木旋转测验、折纸测验、表面发展测验和视点测验。认知任务主要涉及图形的记忆与重新识别，操作任务主要涉及较为复杂的视觉化和表象加工过程。下面简单介绍单一任务测验。

1）仿制或迷宫测验：仿制测验要求被测者在一个由点构成的区域里仿制一个指定的图形，复制的图形必须以圆点为起始点，并且每一转角必须位于某一点上，完成的图形与原始图形看起来应完全一致。迷宫测验则要求被测者用笔画出通过迷宫的路线，但不能跨越任何已有的隔断线。仿制或迷宫测验示例如图2-5所示。

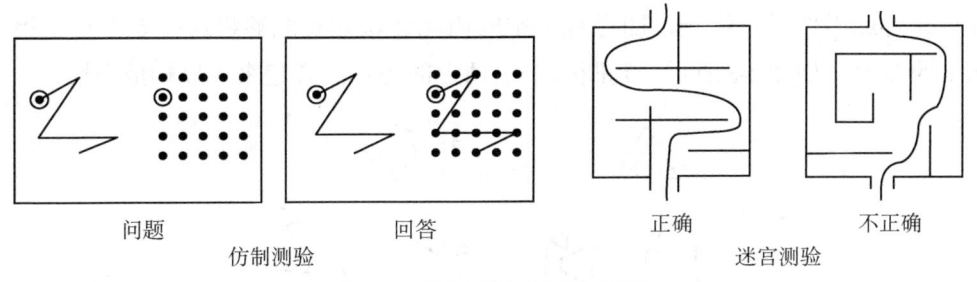

图2-5　仿制或迷宫测验示例

2）隐藏图形测验：要求被测者从一个复杂图形中，识别或描绘出之前指定的一个图形。这是一个经典的测验，如图2-6所示。

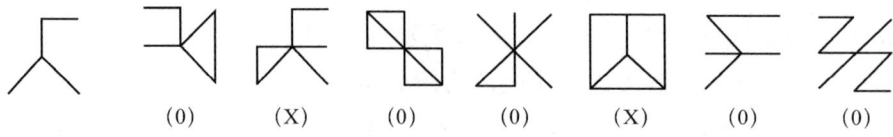

图2-6 隐藏图形测验示例

注：O 表示图中没有指定图形，X 表示图中有指定图形。

3）视觉记忆测验：短暂地呈现给被测者一个图形，然后要求被测者凭记忆识别这个图形是不是之前所看到的图形，如图2-7所示，对三个小图形进行"是"或者"否"的判断。

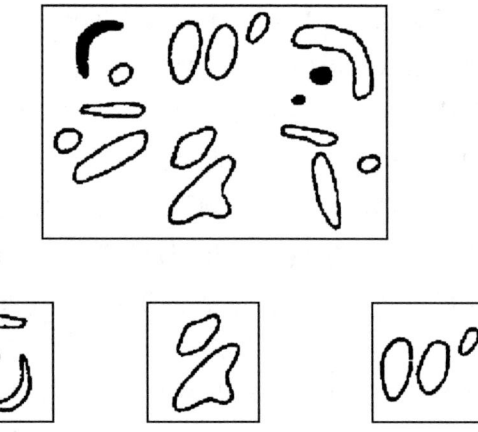

图2-7 视觉记忆测验示例

4）形状综合测验：有时也被称为拼图测验，要求被测者将一些零散的图形通过想象组合成一个整体。其变式为判断哪些图形组合可以构成原图。Wechsler测验中的实物组合、积木任务都与拼图类似，均要求被试按照给定的图形或者轮廓将碎片或零件进行组装，即在视觉空间内构建认知且能够将这些零件重新组合起来的能力，如图2-8所示，判断哪个选项中的碎片组合起来可以构成原图。

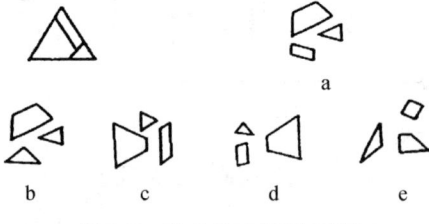

图2-8 形状综合测验示例

5）图形旋转测验：要求被测者从呈现的许多图形中，判断哪些图形旋转后和原来指定的图形相同。图形旋转测验是简单的二维简笔画旋转,主要考察视觉空间关系。

6）积木计算测验：要求被测者从一堆积木中判断积木的数量、形状和剖面等,和 Gordon（1986）的积木连接测试是一致的。

7）积木旋转测验：要求被测者想象哪个积木翻转后与原来指定的图形相同,如图 2-9 所示。

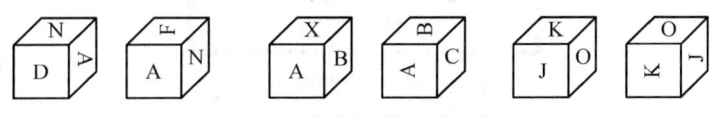

图 2-9　积木旋转测验示例

8）折纸测验：要求被测者从打孔、截角或标记的折纸图形中判断折纸展开后这些孔洞或标记的位置,通常会提供几个选项供被试选择,只有一个选项是正确的,如图 2-1 所示。

9）表面发展测验：要求被测者想象一个图形如何从指定的图像上被卷曲或抽离。被测者需要想象将不同形状的纸折叠后会变成怎样的物体。每一个项目会提供两幅图：一幅图为展开的纸张,将各条边用数字命名,用一个字母定义其中一个面；另一幅图为折叠之后的物体图,将各边以字母命名,露出前一幅图中定义好的那一面,被试需要将两幅图中的数字和字母进行配对,按照答对的数目计分,如图 2-10 所示,要求被测者判断一个平面展开图经折叠后,会组成怎样的立体图形。

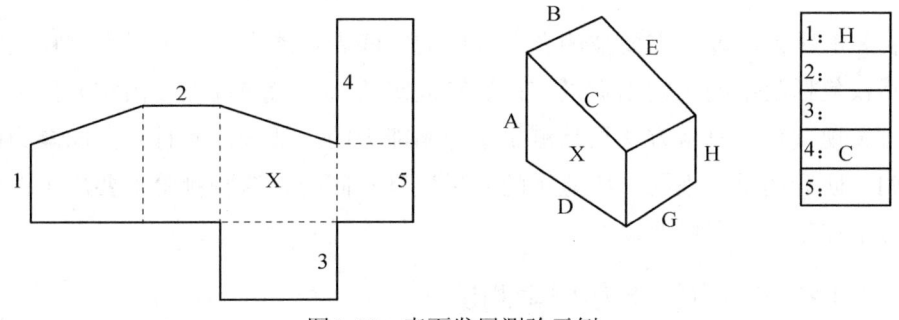

图 2-10　表面发展测验示例

10）视点测验：要求被测者观看一个图形或图画,想象图形或图画中两个或两个以上的物体或参考点,以判断另一个图形或图画中不同于它们的视点,如图 2-11 所示。

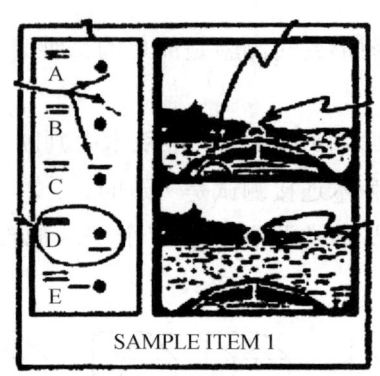

图 2-11 视点测验示例

注：图 2-5、图 2-6、图 2-7、图 2-8、图 2-9、图 2-10、图 2-11 原测验均来自 Ekstrom R B，French J W，Harman H H，et al. 1976. Manual for the kit of factor-referenced cognitive tests. Princeton：Educational Testing Service. 部分有重绘。

事实上，视觉空间能力是围绕着视觉空间表象进行的，每一种空间问题的解决都是以视觉空间表象为基础的。Guilford 等（1952）所编制的陆军－空军性能测验中有一个典型的空间问题解决测验项目，如下所示。

一个三寸立方体的全部表面都涂以红色，然后又被切成二十七块一寸的立方体。问：

（1）有多少块立方体三面涂以红色？
（2）有多少块立方体一面涂以红色？
（3）有多少块立方体并无红色面？
（4）有多少块立方体两面涂以红色？

若要解决该问题，需要被测者有较好的空间表象能力。可见，人类视觉空间认知不仅包括简单的空间知觉过程，还有高级的认知操作过程。由空间能力测验研究可发现，每种测量方法只是测量了空间能力的一部分，而且对空间能力的分类不同，研究侧重点不同，所显示的结果也是不同的。这些测验主要用于探讨空间能力个体差异的影响因素。

（三）空间能力子能力/因素测试

此处介绍代表性的空间能力子能力/因素测试。

1. 视觉化测试

在单一任务测试中，有些任务侧重于测量空间能力的因素或子能力。在空间能力的因素分析中,如本章前文所述,因素分析提取出了空间关系、定向和视觉化因子。比如,空间视觉化测试是指在表象操作中理解空间形式、形状、场景,以与另外的形式、形状、场景相匹配,把图像的空间形式变换成不同形式的能力。空间视觉化常被认为是解决空间问题的一种重要的问题表征过程。在常见的单一任务测试中,隐藏图形测验、表面发展测验、积木计算测验、积木旋转测验、折纸测试等,都对视觉化能力进行了测试。另有专门开发的视觉化测试,如Guilford-Zimmerman空间视觉化(Linn,Petersen,1985)、普度空间视觉化测试(Purdue Spatial Visualization Test,PSVT)(Guay,McDaniel,1977)。其中,PSVT用来测量学生视觉化旋转物体的能力,包括展开、旋转和视图三部分。在展开测验中,被试需要判断一个三维物体展开后的形状,并从备选的5个形状选项中选出正确答案。在旋转测试中,同一物体呈现出两种不同位置的放置状态,其中第二种位置是物体经过X、Y或Z轴旋转后形成的,被测者需要依据提示的旋转方式,判断并选择另一个物体经过同样旋转后正确的放置状态。

2. 定向能力测试

Guilford-Zimmerman空间定向测试(Guilford-Zimmerman Spatial Orientation Test)(1956)的测验材料主要由一些图片构成,图片上显示的是摩托艇船头的朝向,每一题都由两张这样的图片构成。被试需要报告第一张图片中船头经过怎样的旋转才能与第二张图片中船头的方向一致,可能向上或者向下倾斜,或者左右倾斜,见图2-2。

Guay和Daniels(1976)的视点视觉化(visualization of viewpoints)测试是通过形象化的操作来测量空间定向能力。共有24道题目,每题会呈现上下两张图片,图片中的实物立方体是完全相同的,只是拍摄的角度不一样,被试需要判断第二幅图的立方体是从第一幅图中由虚线勾勒的正方体中的哪个顶点(共有8个顶点)视角下观察得到的,如图2-12所示。视点视觉化测试其实是一个综合测试,既包括定向,也包括视点改变和视觉化过程。这再次说明,空间测试通常不会单一地仅测试一种空间子能力。

Kveton等(2014)在新提出的测验项目中同样通过要求被试匹配视点与视图来确定正确的方向,即通过空间物体的模式确定自己的方位,如图2-13所示。

此外,得益于计算机和虚拟现实技术的发展,虚拟现实技术也逐渐被运用到空间定向能力的测验中,新出现的测验方法得以还原测验场景,使得空间能力的测验内容更具真实感,效度也更高,如虚拟水迷宫(Virtual Water Maze,VWM)

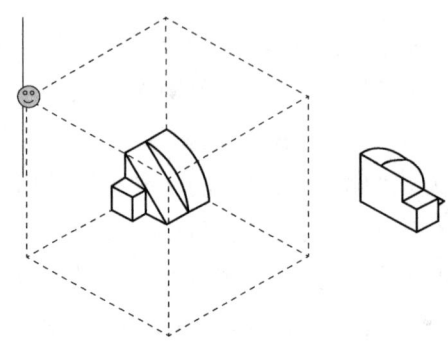

图 2-12 视点视觉化测试

资料来源：Guay R B，Mc Daniels E D. 1976. The visualization of viewpoints. West Lafayette，IN：The Purdue Research Foundation.

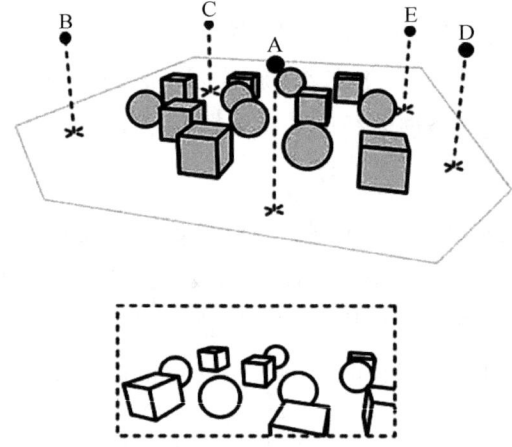

图 2-13 Kveton 等（2014）的视点测验

资料来源：Kveton P，Jelinek M，Voboril D. 2014. Testing of spatial ability：Construction and evaluation of a new instrument. Studia Psychologica，56（3）：233-252.

测验、虚拟罗盘定位任务（virtual compass pointing task，VCPT）等，这些测验都是给被试呈现一个三维场景，要求被试根据三维空间感来完成定向和定位任务（鞠成婷，游旭群，2013）。

3. 心理旋转测试

值得特别提出的是心理旋转测试。心理旋转的经典实验是 Shepard 和 Metzler（1971）最早采用的实验范式，将三维立体几何物体进行旋转，通过平面图形方式呈现，被试需要进行一致性判断，以被试的反应时与旋转角度的函数关系作为判断指标，在完成心理旋转任务时，个体必须在表象中进行旋转或者适应客体。

之后的研究大多沿用了这种匹配任务范式。从刺激材料内容看，研究者用卡通图形、动物图形、人物图形、数字、字母、抽象图形等对心理旋转进行了探讨。其中二维图形或字母的旋转相对简单，涉及空间关系、位置的辨别及简单的视觉化过程，而三维旋转通常涉及复杂的视觉化过程。总体上，心理旋转测验对空间视觉化能力的测量具有较高的建构效度。

心理旋转实验表明，由于图形的转动，当两个图形的方向差别增大时，反应时也相应地增加（Shepard，Metzler，1971）。这就说明人们在知觉这两个图形时，不仅要觉察出它们的结构相同，还要对它们的转动方向做进一步的信息加工，见图2-14和图2-15。在这种情况下，心理上的操作不只是一个觉察过程，而且包括高级的视觉认知加工过程。

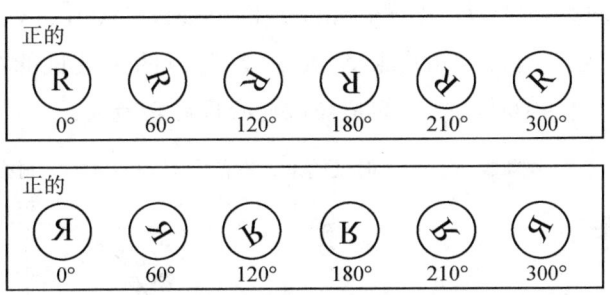

图2-14 简单的心理旋转任务（二维）——判断字母正反

资料来源：字母旋转任务由Cooper和Shepard（1973）开发。中文版来自：陕西省行为与认知神经科学重点实验室，中国南方航空股份有限公司航空卫生管理部.2008. 航线飞行员心理选拔分析与评价系统技术研究报告.

图2-15 复杂三维旋转任务

资料来源：Shepard R N，Metzler J. 1971. Mental rotation of three-dimensional objects. Science，171（3972）：701-703.

4. 视点转换测试

视点转换测试（perspective taking test）主要测验个体在空间中不同角度或方向的想象能力，即被试从不同方向（角度）想象目标物体的样子。"perspective taking"这个概念最初被称为观点采择，由皮亚杰提出并被应用于发展心理学领域。为了突出该概念在空间能力领域的特性,本书将其译为视点转换。视点转换测试在场景测试中得以广泛开展,不同于上述传统的以小尺度空间能力为主的单一任务测试,视点转换通常涉及大尺度空间能力,即场景认知、巡航和地图识别等。个体要完成此类任务,则需要借助自我中心参照框架和环境参照框架的相互转换。

Hegarty 等(2006)的视点转换测试其实是一种小场景测试。该测验共有 12 道题,每题有一幅图片,在这张图上有一些常见的物体分布在不同的位置,图的下面附有一个有箭头的圆形作答区。被试根据题目要求想象自己处于圆心所代表的物体处,面朝箭头指向的另外一个物体,然后在圆圈上标出题目要求的物体所在的相对位置,如图 2-16 所示。Hegarty 等的视点转换测试及其变式被用来测试被试的方位和方向判断能力。Kozhevnikov 和 Hegarty(2001)对该类测验进行空间定向研究时发现,当目标角度超过 90°时,测量的是被试的视角转换空间能力;当目标角度小于 90°时,测量的是被试的心理旋转能力。

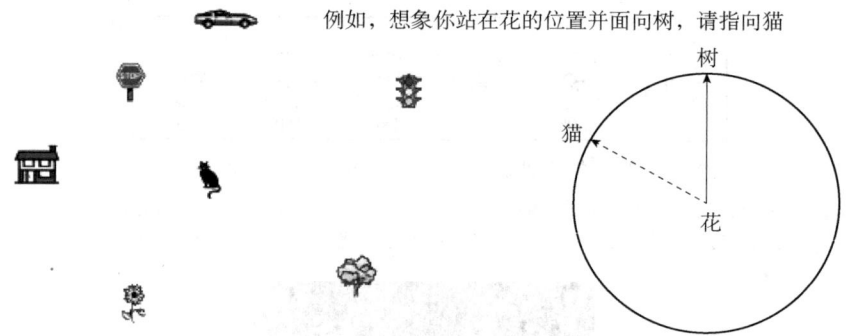

图 2-16　Hegarty 等(2006)的视点转换测试

资料来源:Hegarty M,Montello D R,Richardson A E,et al. 2006. Spatial abilities at different scales: Individual differences in aptitude-test performance and spatial-layout learning. Intelligence,34(2):151-176.

视觉观点采择路径(visual perspective taking path,VPT)测试(Broadbent et al.,2014)也是测量个体视角转换的能力。实验材料主要是一张 A4 纸,纸上有一条多转弯的线路图,将该图呈现在被试面前,让被试想象从起点走到终点的行走过程。整个过程中有 20 个需要被试判断的地方,其中有 10 个左转弯,10 个右转弯。在每一个转弯处,只需要被试进行向左或者向右的判断,直至完成测验。在进行向左或向右的判断时,被试需要用手中标有左或右的便签作答,不用口头报告。测验考察被试作答的正确率。

第三节　空间能力的差异心理学研究

差异心理学主要对视觉空间能力的个体差异及影响因素进行探讨，既可以应用标准化的心理测验获得大量行为资料，又可以对特质进行神经学、遗传学的考察。本节内容包括空间能力因素差异、空间能力个体差异、制约空间能力发展的主要因素。

一、空间能力因素差异

在空间视觉化和空间定向因素上所表现出的差异，是个体空间能力差异最稳定的特性之一。研究者把视觉化作为个体在某些心理功能上取得良好成绩的基础，这集中体现在视觉表象能力上。视觉表象的研究表明，在思维与问题解决过程中，有些心理过程是难以用语词加工的方式进行的，需要用视觉空间的知觉类似物来予以表征。

空间定向能力是飞行技能中最核心的因素之一（见第一章），空间定向的定义引出这样一个问题：个体在感知-认知能力方面存在的各种差异是否是空间定向能力差异的附属产物。与空间定向有关的主要认知任务研究有：①场依存性-场独立性研究，如棒框测验和隐藏图形测验所表现出的差异与个体的空间能力发展水平有关。相关分析的研究结果也一致证明了空间定向和场依存性-场独立性之间存在着一种非常紧密的关系（游旭群，于立身，2000）。②方向感的研究。方向感是空间定向中的主要因素，个体在方向感上所表现出来的差异是定向测验差异的主要原因（刘宁等，1994）。

国内最近的研究结果也表明，空间认知风格的差异可以帮助解释一般认知能力相近时空间行为表现的个体差异。左婷婷和胡清芬（2015）将空间认知风格分为三种类型：界标型，只能表征显著的视觉特征，不能表征相关空间信息，空间能力最低；路线型，可以表征显著的视觉特征和继时性的空间信息；整体型，能够表征显著的视觉特征、继时性和同时性的空间信息，空间能力最高，且男性和低焦虑感水平的个体更多属于该类型。在这里，界标就是给物体或空间环境贴标签以便于认知，通常是较低空间能力者常用的方式。

二、空间能力个体差异

（一）性别差异

研究者在空间能力性别差异的表现及其发展过程和理论解释方面存在着较大的分歧。

在空间能力性别差异的表现上，Shepard 和 Metzler（1971）运用心理旋转任务发现，无论在反应时还是正确率上，男性都优于女性。Linn 和 Petersen（1985）以及 Voyer 等（1995）认为，在比较简单的空间能力测验上，如空间知觉，男女之间的差异很小；而在比较困难的空间能力测验上，男女之间表现出显著的差异。Linn 和 Petersen（1986）在 7～8 岁的儿童中发现了明显的性别差异，声称当包含心理旋转任务时，性别差异最为明显。Voyer 等（1995）发现，典型的手柄图旋转测验中表现出了明显的性别差异，男性成绩显著优于女性，男性在正确率方面优于女性，且男性的平均旋转速度快于女性。Delgado 和 Prieto（1996）认为，总体上男性的空间能力要明显高于女性，并且这一点在心理旋转任务中尤为显著。Voyer 等（2007）的元分析发现，由于空间任务性质不同，诸如有动态操作或静态记忆，因此性别差异也不尽相同，男性优于女性或者女性优于男性的现象都有出现。男性在与心理旋转能力有关的空间测试上的表现优于女性，而女性在与空间位置的记忆能力有关的空间测试上的表现优于男性。陈毅媛（2016）关于语言和空间信息加工脑功能模式的性别差异的研究也发现，女性被试在难度较高的心理旋转任务上的脑激活量显著大于男性，这表明与男性相比，她们需要更多的认知资源来完成同样的加工。

在空间能力性别差异的任务上，传统的观点认为，男性在所有的视觉空间任务上的表现似乎都优于女性，包括图形认知与空间任务等，但随着研究的深入，研究者发现了视觉与空间的分离，从而揭示出男性只在空间定位、方向判断、运动轨迹与空间操作等方面表现出优势（Postma et al.，1999），这些大多是与右脑功能有关的空间能力（Goldstein et al.，1990）。Postma 等（1999）在研究中认为，女性在识别物体形状和构造方面具有较多的优势，女性所具有的空间优势是因为女性利用"语义标签"这一方法对空间信息进行加工，这更像是一个客体识别的语义过程，和女性的语言优势是一致的。例如，在指示方向时，男性喜欢采用更加抽象的和欧几里得式的思维方式，使用路标和东西南北等词语；女性比较倾向于采用具象的思维方式，通常选取标志性实物来进行空间定向。国内研究也发现，男生更倾向于形成客体视觉型认知风格和空间视觉型认知风格，女生更倾向于形成言语型认知风格，并且男生的空间定向能力和空间旋转能力要显著高于女生（乌日娜，杨伊生，2014）。

在空间能力性别差异的发展上，Linn和Petersen（1986）认为，随着年龄的增长，空间能力的性别差异越来越显著，与此同时所表现出来的性别差异也越突出和显著。另有研究发现，女孩在有空间因素的任务中的表现较差，男孩和女孩之间的差异随着年龄的增长而增大（Tirre，Raouf，1994）。协方差分析表明，一旦剔除空间定向能力上的差异，实验任务中的性别差异也随之消失。Johnson和Meade（1987）选取了1200名6~18岁被试，对他们实施了7种空间认知能力测试，结果发现，男生的空间认知能力优势从10岁开始显现出来，而且一直保持到18岁，但在幼儿园儿童中没有发现这种性别差异。另一项研究对大学生被试进行了视觉化测试，发现并不存在性别差异，而之前许多研究发现，视觉化能力是认知领域中性别差异最大的一种能力，研究者把这一发现解释为男生愿意表现（Goldstein et al.，1990）。

许燕和张厚粲（2000）探讨了二、四、六年级小学生空间能力的性别差异，主要通过图形识别、组合、旋转操作来考察学生的空间能力，结果总体表明，二、四、六年级小学生在空间能力的加工方式、加工精确性及加工策略上均存在性别差异，而在加工速度上的表现则无差异。例如，在空间能力的加工方式上，男生在旋转加工方式上优于女生，女生在组合加工方式上优于男生，体现了男女生对不同空间加工方式的偏好性。在空间能力的发展趋势和空间组合能力方面，女生表现出稳定的优势；而在空间旋转能力上，男生的优势随年龄增长表现为减弱并消失的特征。李洪玉和林崇德（2005）的研究表明，从初二开始，男生的空间想象能力发展的平均水平高于女生，但到高一以后，男生的快速发展期结束，男女生的空间想象能力水平便趋于接近。

空间能力性别差异产生的原因是什么？研究者认为，男女的性别差异可能与他们在进行空间信息加工任务时所使用的空间策略不同有关。例如，男性在心理表象动态操作任务中倾向于使用整合策略，而女性则倾向于使用分析型策略，或使用整合和分析二者结合的混合策略。在空间知觉能力上，女性多分析细节，而男性多关注表象的整合性及连贯性。例如，Stoet（2010）在空间知觉实验研究中，要求被试忽略背景框架信息，对视觉目标进行简单的是否判断，其结果表明，女性更容易受到背景框架信息的影响，由此可推断女性使用了分析策略，而男性则使用了整合策略，且女性在使用的策略失效时，更愿意进行猜测。

男性和女性潜在的空间思维过程是不同的，男性倾向于使用非语言模式思维，而女性则倾向于使用语言模式思维。这个观点也得到了大部分研究者的认同（Postma et al.，1999）。由于大多数常用的空间能力测验可能更多运用非语言模式思维，所以大多数研究结论认为男性的空间能力优于女性。许燕和张厚粲（2000）也发现，男女小学生在空间任务的加工策略上存在着差异，男生偏好空间加工策略，女生偏好言语推理策略；男生根据加工内容来选择加工策略，并表现出分化性的处理特征，而女生根据加工过程来选择加工策略，并表现出不分化的处理特征。

总体上，在空间能力方面，两性之间存在相当大的差异。研究人员已经确定，男性在空间技能的许多任务但并非所有任务上均优于女性（Voyer et al.，1995）。并且，女性通过训练会比男性提高更快，因为她们更缺乏空间经验（Uttal et al.，2013）。

（二）年龄差异

最早对空间能力发展进行研究的学者是 Piaget。他认为，儿童的空间理解能力在9～10岁的时候才能达到成人的水平。Piaget认为，儿童的空间编码要经历空间自我中心的阶段。总体来看，儿童的空间能力随年龄的增长而增长，但增长速度及在不同空间任务上的发展并不均匀。随着儿童年龄的增长，儿童在空间能力上的发展表现出了快速发展的加速期以及发展较为缓慢的过渡期。年龄对儿童空间能力的影响与经验的积累以及对客体或测验内容的熟悉程度有较大的相关，并受到一些因素的影响。李文馥等（1989）应用皮亚杰的三山实验进行研究，研究结果表明，个体对多种物体相对位置关系的空间表象认知能力的主要发展时期是童年期，对立体空间图形认知从二维转向三维的关键期是学龄期。林仲贤等（2002）采用12套不同视觉形状图形，探讨了儿童、中青年及老年人的心理旋转能力，结果表明，无论是对图形方位匹配判断的准确性还是完成判断任务的速度，中青年组被试的成绩均明显优于其他两组被试，儿童组被试在完成判断任务的速度上明显优于老年组。

在空间能力的年老化研究上，Faubert（2002）认为，涉及低级和高级感知功能的潜在生理过程可能随着年龄的增长而改变，但这些与年龄相关的缺陷在处理更高级别的信息时应该有更大的影响，这种解释被称为"衰老的加工复杂性假设"。这里的基本原理是，当由于年龄增长而出现弥漫性的、微妙的神经生物学变化时，由于替代神经网络的补充，一些知觉功能仍可由老年人以与普通成年人相似的水平进行。然而，当加工过程涉及更大的神经机制或需要更大的同步网络时，老年人就明显会有很糟糕的表现。在此基础上，根据对空间知觉、空间频率辨别等功能的分析，可以预期高阶加工过程将受到更大的影响。也就是说，在空间认知领域，越高级的空间能力加工衰老得越快。

Brockmole 和 Logie（2013）对 55 753 名年龄为 8～75 岁的个体的视觉工作记忆（visual working memory，VWM）能力进行了评估，提供了迄今为止视觉工作记忆随年龄变化的最精细的分析。结果显示，视觉工作记忆在人的一生中都在不断变化，在 20 岁左右时达到峰值，随之而来的是一个急剧的线性下降，到 55 岁时已经下降得非常严重，此时成年人的视觉工作记忆比 8 岁和 9 岁时更差。新近，Williams 等（2019）研究了健康的年轻人、中年人和老年人在不同空间相似度的空间记忆任务中的表现，发现在低相似度任务中，年轻人的表现明显优于中年人，中年人的表现明显优于老年人；在高相似度任务中，年轻人的表现明显优于中年人和老年人，中年人与老年人的表现无太大差异。这些发展变化主要是由视觉工作记忆容量改变，以及老年人的短期视觉特征捆绑困难造成的。

和视觉特征捆绑一样，轮廓提取也属于高水平视觉加工，是将输入的视觉信息转化为有意义知觉的重要步骤，是视觉处理的关键步骤。因为视觉场景通常包含多个重叠并且部分相互遮挡的对象，所以将不同的特征组织为轮廓并不是一项简单的任务，属于单个轮廓的特征需要彼此组织而不与其他对象与背景元素组织。Roudaia 等（2013）发现，在杂乱的视觉场景中提取轮廓的能力随着健康的衰老而衰退，即使在没有视觉干扰的情况下，轮廓组织能力也会随着衰老而下降。Roudaia 等（2008）通过三个实验研究了衰老对轮廓辨别的影响，探讨了轮廓元素间距和干扰元素间距及共线性和刺激持续时间对轮廓识别的影响，结果表明，衰老不会影响轮廓整合对邻近性或共线性的敏感性。然而，老年人的轮廓整合速度较慢，并且当干扰元素比轮廓元素更密集时，老年人尤其容易受到影响。

个体在定向与指向任务上也存在年龄差异。在虚拟罗盘定位任务上，随着年龄的增长，老年人的指向错误率也在增加（Faubert，2002）。

可见，健康、衰老伴随着视觉功能的多个方面的变化，但变化并不一致：一些功能完全没有受损，而另一些功能则迅速衰退［相关综述见 Faubert（2002）］。视力方面的衰老所引起的变化，可能要归因于不同刺激和任务所需的处理的复杂性水平差异（Habak，Faubert，2000；Faubert，2002），以及弥补感知觉缺陷的补偿机制的可用性。因此，视觉功能的年龄相关变化可能在需要多个处理阶段才能达成完整功效的情况下更明显。

在脑基础上，研究者认为，年轻人在涉及右脑的空间能力（如空间定向与视觉化）上有优势，右脑要老得快一些（Goldstein，Shelly，1981）。在游旭群和杨治良对高水平视觉认知加工的年龄效应的研究中，年轻人在涉及右脑加工的任务上都表现出优势，如表象旋转、数量关系判断、视觉特征提取等（游旭群，杨治良，1999，2002a；游旭群，2004）。

（三）空间问题解决策略差异

策略选择是智能行为分析中的一个重要变量。在空间能力领域中，策略被认为既是处理任务的方法，也是影响空间绩效的组织方法。Lohman和Kyllonen（1983）曾假设个体在解决空间问题时使用了不同的策略，从而导致个体表现出不同的空间能力。例如，在完成Guilford-Zimmerman的空间定向测试中，被试大多使用两种策略：旋转物体；把自己置于情境中，根据情境中的物体重新定位。

Gluck和Fitting（2003）认为，在空间问题中，策略选择可以被理解为一个连续体，整体策略和分析策略处于这个连续体的两端。在整体策略中，被试使用了刺激之间空间关系的信息。当被试使用这种策略时，其表现与视觉化能力密切相关。当使用分析策略时，被试会减少空间信息的空间性，例如，在刺激的某个部位做出一定的标志，其解决绩效更多和诸如语言推理能力相关。在分析策略下，被试的空间绩效与其他一些变量，如语言推理有关。Carpenter和Just（1978）曾举出一个特别的例子，是关于立方体比较或关于三维心理旋转的任务。实验要求被试判断一个立方体或图形是否与另一个旋转后的立方体或图形相同，或要求被试判断此立方体或图形与从不同角度观察到的立方体或图形是否相同。使用整体策略的被试将图形看作一个单元进行心理旋转，而使用分析策略的被试将图形分割成各个部分（也就是立方体的各个边）并且将它们单独比较。

策略选择会影响个体的空间绩效。研究人员普遍认为（Carpenter，Just，1978；Law et al.，1993；Lohman，Kyllonen，1983），使用整体策略的被试会比使用分析策略的被试绩效更好。使用分析策略的被试有更长的反应潜伏期，当不知道答案时，他们会更频繁地猜测答案，并频繁地运用转换功能。然而，Cooper和Mumaw（1985）认为，策略对空间绩效的影响是由其他因素作为中介而导致的，当被试使用符合他们能力特征的策略时（使用整体策略的高能力被试或使用分析策略的低能力被试），他们的表现差异更小，即一些个体适合运用整体策略，而另一些个体适合运用分析策略。

Li 和 O'Boyle（2008）提出，人们在加工空间信息时也会混合使用整体策略和分析策略，即存在三类空间加工策略：整合策略、分析策略和混合策略。混合策略既包含把刺激作为一个整体进行加工的策略，也涉及比较与推理过程，并通常伴以语义的推理分析策略。个体会依据不同的项目而灵活选择不同的策略。

Tzuriel 和 Egozi（2010）进一步指出，不同类型的空间策略适用于加工不同性质的空间任务。在心理旋转方面，大量研究结果表明，男性倾向于使用整合策略来处理心理旋转问题，即通过在心理上旋转二维或三维表象来进行匹配或选择；而女性倾向于使用分析策略，即关注二维或者三维物体的外表形状、细节特征来进行匹配或选择，也会使用混合策略。Li 和 O'Boyle（2008）使用双任务范式（即要求被试在操作心理旋转的同时在工作记忆里维持一定量的语言文字或者空间图形信息）来研究被试的心理旋转策略模式，其结果表明，理科专业背景的男性被试多使用了整合策略，而文科专业背景的男性被试则多使用了分析策略。无论其专业背景为理科还是文科，女性被试都表现为使用混合策略。

三、制约空间能力发展的主要因素

研究者对性别差异的影响因素进行了广泛研究，形成了比较成熟的观点，因此，我们在此着重分析性别差异。探讨不同性别个体空间能力分数变异的来源，可从生物学因素和环境因素两方面进行。

（一）生物学因素

对生物学因素的研究主要有三种观点。

1. 染色体差异论

该观点认为，与空间能力有关的基因是一种在性染色体上的隐性基因（Harris，1981），这种 X 染色体上的隐性基因可能有助于空间能力水平的提高，在理论上，高空间能力的母亲会将此基因遗传给她们的儿子。拥有两个 X 染色体的女性比只有一个 X 染色体的男性具有较低的空间能力。但研究 X 染色体联结假说的部分实验却不能得出与以上假设一致的结论，例如，Bouchard 和 McGee

（1977）对200个家庭的成员进行了空间视觉化测试，来检验特定家庭成员空间能力程度之间的关系。结果显示，在每一代人中，男性的表现都明显比女性好。然而，在父母-子女的关系中，男性和女性没有明显的差异。他们认为，空间能力性别差异的原因应该从其他方面着手寻找。Guttman 和 Shoham（1979）检验了空间视觉化能力和家庭的关系，结果同样没有验证性染色体隐性基因假说。在他们的研究中，父亲和儿子的视觉化能力有相关性，而父亲和女儿的视觉化能力没有关联，说明一个单独的隐性基因不可能在视觉空间感知中起到决定性作用。另外，这个X染色体与空间能力联结假说也无法说明性别内差异，即男性之间的差异和女性之间的差异。

2. 优势脑半球理论

有关半球分化的比较一致的结论有：一是右半球主要司职空间加工，而左半球则具有言语优势；二是男性比女性表现出更明显的大脑功能分化特性；三是不同半球的信息加工模式与特定的操作技能具有紧密的联系。大脑单侧化程度的不同，使得男性在视觉空间认知方面存在显著优势，而女性由于大脑单侧化的程度较低，所以在视觉空间任务上并没有突出的表现。在男性群体中，左额叶切除对言语功能造成的影响和右额叶切除对空间视觉能力造成的影响都明显大于女性。研究者认为，从大脑结构分析，在大脑左半球的言语优势和右半球的空间视觉优势上，男性都存在明显的优势。当然，左右脑的协同作用同时受到了应有的重视。

3. 青春发育期的影响

该观点认为，青春发育期较早的被试在空间能力测验中的得分较低。性别上，男女进入青春期的时间以及度过青春期的时间是造成性别差异的主要原因。由于女性的青春发育期早于男性，因此女性的空间能力低于男性，并且，进入青春期的早晚对空间能力的差异作用在成年后仍然有影响。然而，也有研究结果不支持该假说。Baenninger 和 Newcombe（1989）的元分析发现，以在校大学生为研究对象，把大学生回忆出来的初潮年龄作为青春发育的指标，但没有发现该年龄和空间能力存在相关性。

（二）环境因素

这种观点认为，空间能力的性别差异是由经验决定的，从而支持了环境作用说（Newcombe，Dubas，1992），Newcombe 等认为，个体间的不同性格以及不同兴趣模式决定了个体在空间认知任务上的反应，而这些因素都受到了环境因素的影响。来自不同环境的个体或有不同经历的个体将会有不同的空间能力，男性之所以比女性的表现好，是因为他们自愿参与了很多空间活动，如做模型、玩积木而不是玩洋娃娃。Harris（1981）认为，男孩比女孩接受了更多的机会、鼓励和训练来获得空间能力，男孩的经历确实提高了其空间能力。Baenninger 和 Newcombe（1989）也提出，空间能力的个体差异可能是由于不同的生活环境提供了不同的空间活动体验，个体参与的空间活动越多，他/她在空间测试中的表现就越好。

另外，部分研究者倾向于用遗传和环境相互作用的观点来解释空间能力的差异（Casey，1996），认为空间能力的差异是因为个体的遗传类型影响了其对环境的选择与经验。Casey 提出了"弯曲的树芽"（bent twig）假说来解释空间能力的性别差异。该假说认为，天生的倾向与后天经验的相互作用对空间能力产生了影响。例如，男孩一般天生对空间问题有兴趣，所以他们倾向于寻找空间活动，这些活动又反过来促进了这些能力的发展。这就是所谓的"空间能力性别内差异的生物–环境交互作用模型"。基于此种考虑，研究者将视角转向到比较空间能力的性别内差异，而不是性别间差异。因为遗传的差异对环境的选择是不同的，环境因素对儿童的认知发展过程起着非常重要的作用，但是不同的环境因素以及如何利用环境，都取决于个体的遗传特征。这种基于环境与生物的组合而提出来的假说较之之前的个体研究，能够全面地对产生性别差异的原因进行分析。例如，不同的遗传结构会影响同性在空间认知中的差异。一些在空间能力测验中表现优秀的女性，如果有较多的空间经验，就能够在空间能力的判断上有较好的表现。反之，如果个体没有较好的空间潜能，无论经验的多少，都不能够帮助其提高在空间能力上的表现。

第四节　空间能力的认知心理学与认知神经科学研究

早期对空间能力的研究主要采用因素分析的方法，由于样本容量过小或多重比较产生的误差，所得结论的可靠性受到了影响。采用实验的方法更能准确地探查空间能力的本质。认知心理学、认知神经科学对空间智能进行了深入探讨。空间智能的认知与脑基础研究集中体现在对表象的研究上。本节将简要介绍空间能力的认知心理学早期研究、视觉表象研究、大脑在视觉空间任务上的加工特性、脑损伤引起的视觉空间加工缺陷。

一、空间能力的认知心理学早期研究

20世纪70年代初期，有关空间认知尤其是表象的研究便蓬勃开展，并迅速成为现代认知心理学的一个重要的研究领域。研究者设计出许多巧妙灵活的实验范式来证明表象的存在与性质，Shepard和Metzler（1971）关于心理旋转的研究、Kosslyn等关于心理扫描的研究，都有力地证明了表象的独立表征地位。

经典的心理旋转实验是Shepard等在20世纪70年代初开展的研究，这项研究所用的方法与取得的成果对后来的表象研究产生了巨大的影响。实验用速视器给被试成对呈现三维立体图形，两个图形之间的关系包括平面对、立体对和镜面对。实验记录被试完成两个图形异同判断的反应时。Shepard指出，被试对两个图形做比较时，在头脑中将一个图形转动到另一个图形的方位上来，这是用表象进行加工的，然后依据转动后的匹配情况做出判断。Shepard的实验确认了个体存在心理旋转的事实，且第一次用实验证明了它具有渐进性和空间性的特点（转引自：王甦，汪安圣，1992）。心理扫描实验是Kosslyn等在20世纪70年代初对表象开展的一系列实验研究。他们认为表象是独立存在的，视觉表象中的客体同样也有大小效应、距离效应、方位和位置效应等空间特性，也是可以被扫描的，如同内部的眼睛来扫描，以确定其中的客体或其空间特性（转引自：王甦，汪安圣，1992）。这些研究也说明表象与外部客体有着同构的关系。同构是指内部表征的机能与外部客体的结构联系是相似的，不过，心理世界与物理世界并不是完全同构的。

近年来，有关空间能力的认知研究涉及各种空间因素和空间子能力研究，在诸如视觉化、空间定向、空间关系、心理旋转、视觉空间工作记忆、空间推理等领域蓬勃开展起来，由于本书篇幅所限，在此不一一综述，仅对关于空间关系的研究进行简要介绍。

关于空间关系的研究深刻证明了空间能力子能力之间相互关联的协作特性，以及分工明确的分离特性，同时展现了视觉空间能力的复杂性和多样性。

Kosslyn（1987）主张存在两个独立的子系统来加工视觉空间关系：类别空间关系描述的是一个客体相对于另一个客体的相对位置、方向等空间特征；数量空间关系指的是一个客体相对于另一个客体的精确的尺寸距离。Kosslyn 认为，数量表征在航运中尤其有用。一个飞行员需要知道哪里有一个障碍物，判断它的精确距离，而不是仅仅知道先遇到什么后遇到什么。Kosslyn 还提出这两种空间关系有着不同的神经心理基础，大脑左半球编码类别空间关系比编码数量空间关系更容易，而右脑则在编码数量空间关系时呈现出高度的激活。Jager 和 Postma（2003）对有关类别与数量空间关系的认知实验、计算机模拟、脑损伤病例、功能性成像技术研究进行了总结，认为类别加工与数量加工是分离的，在对数量空间关系进行编码时，右半球有明显的优势，但研究者对能证明"类别关系加工是在左脑"的证据还存在争议。张宇和游旭群（2008）在梳理了多领域的相关证据后发现，类别与数量加工存在功能水平与大脑神经水平的分离，但不同研究中获得的脑半球偏向相当不稳定，并且受到研究方法等因素的影响。

虽然类别与数量空间关系存在分离，并且在一定条件下更加明显，如 Kosslyn 等（1989）发现，右利手性越强的被试在两个任务上的分离越明显，游旭群和杨治良（2002）发现，老年人的数量关系编码绩效显著降低，年龄是影响二者分离的一个因素。但也有研究证明两类空间关系存在紧密关联，晏碧华等（2008）采用简单与生动刺激以及任务相互影响和知觉判断范式，通过加入先行任务刺激表征作为启动和干扰刺激，以探察类别与数量空间任务的加工特性和相互关系，结果发现，类别关系对空间关系判断的启动和干扰效应不局限于特定条件，具有普遍性，从而支持了视觉空间的认知加工既分离又协同的观点。在随后的研究中，游旭群和李晶（2010）也证实了数量空间关系加工中内隐地包含类别空间关系表征。可见，类别与数量空间关系加工统一于具体的任务中。

二、视觉表象研究

表象研究始终伴随着视觉空间能力的研究，既有早期因素研究的繁荣，也有行为主义"一统天下"时的销声匿迹。而今，表象研究已是认知心理学、人工智能、认知神经科学等多个学科重要的研究领域，内容广泛，涉及表象的神经基础、表象的性质与作用等。许多学者把视觉空间表象视为空间智能的核心，认为表象是通向意识心理内容的一条活跃的知觉途径，它的非推理性与知觉特性在创造性思维中有着重要作用（Thomas，1999）。

表象研究主要集中在以下几个方面（Gazzaniga，1998）：①关于表象的神经基础,较为一致的结论是(Kosslyn et al., 2001),表象是大脑视觉区域某些部位传出性的激活,并对表象和知觉中的同类功能(如客体、定位、颜色、空间注意等)起促进作用。此外,通过对脑损伤患者以及对正常被试脑功能成像的研究表明,视知觉的某些皮层部位与表象是相同的,包括 Brodmann 17 区和 18 区以及枕叶的空间映射区等。②对表象和知觉关系的研究证实了表象的特性。心理表象类似于高级水平的知觉过程,而不是周边的过程,表象与知觉的自上而下加工是有密切联系的。表象是知觉的高度组织的机构,也就是说,最能反映客体本质的特征被保留了下来。除了直观性外,表象还有一定的概括性。③对客体表象和空间表象分离性加工的比较研究主要是在工作记忆中进行的(Jonides et al., 1993)。客体表象作业主要是指对客体的想象与提取等,空间表象作业包括心理旋转、心理扫描以及大小评定等形式的心理表象转换等。视觉和空间表象的分离的神经学基础是:空间作业(三维)激活的是右半球枕叶、顶叶和前额叶部位;平面作业激活的是左半球顶叶和前额叶部位。④表象在记忆中是如何被提取和操作加工的?表象和记忆的关系历来受到研究者的重视,双重代码理论最初就是针对记忆系统而提出来的,而在一般情况下提到的表象也是指记忆表象。在长时记忆中,词汇的表象激活值、表象指令以及使用表象策略对语言材料的记忆尤为重要。⑤表象在推理和问题解决中的作用(Burton, 2003)。表象对思维的作用是不可忽视的,学者在对心理旋转进行研究后也指出,视觉表象操作实质上是一种视觉思维,表象对迅速进行推理起促进作用。神经科学的研究也显示,前额叶皮层负责产生和保持明确的关系表征,以指导思维和行动。这种对事物(事件)之间关系和结构的表征也就是思维形象化,体现了表象在思维中的作用,如演绎推理中的心理模型理论和问题解决中的表征转换问题都是研究的重点。⑥个体外部空间的表征(Graziano, Gross, 1993)。大脑怎样对外部世界建立一种稳定的表征图式?客体在视网膜上的图像每时每刻都在随头部或双眼的移动而移动,但是我们仍然把客体在空间中的位置感知为稳定的,我们能够接近物体,扫视目标,回避恐惧和模糊的刺激,这些在大脑中是怎样进行编码的?研究者试图对个体外部视觉空间的分布表征进行确定并探明所运用的多种空间坐标系,确定躯体部位的分布表征,并对身体转向、方位与大小的表征、心理视角等问题进行探索。另外,还有表象旋转与运动过程(Kosslyn et al., 2001)、空间参考体系对不同表象加工的影响(Mast, Kosslyn, 2002)等。

三、大脑在视觉空间任务上的加工特性

生理心理学对空间认知的生理机制进行了多层次的深入研究。在视网膜的基础上产生的深度知觉，必须依靠人体自身和环境提供的各种深度线索。这些线索包括眼肌调节的线索、单眼线索（如遮光、空气透视、结构级差和运动视差等）以及双眼视差。人对空间对象的立体感觉主要来自双眼视差的横向视察。

20世纪70年代，研究者发现了中枢系统在深度视觉中的产生机制。两眼不同侧的视网膜刺激必须有大脑两半球的共同活动才能引起双眼融合和深度知觉。两眼鼻侧视网膜的神经纤维在视交叉处交叉后进入异侧两半球皮层，而两眼视网膜颞侧的神经纤维并不交叉，它们各自进入同侧半球的大脑皮层。因此，脑割裂病人对正前方的对象既不能产生双眼融合，也不能产生深度视觉，只能对视野中一侧的刺激有深度知觉。实际上，我们并不能意识到自己是在用两只眼睛进行观察，空间中的物体似乎是由一只眼睛知觉到的，两只眼睛的共同活动使一个完整的感觉器官的功能得以实现，我们把这个假想的眼睛叫作中央眼。这个中央眼负责知觉方向和距离，并对空间的物体进行定位。中央眼的概念对于我们理解深度视觉的物理学原理和解释立体视觉的生理机制大有裨益（荆其诚等，1987）。

认知神经科学主要探讨了大脑在视觉空间任务上的加工特性。对于这个问题，我们可以从两个方面对视觉空间的神经基础进行了解。一方面，视皮层上的特化细胞、群编码与并行加工是共存的。在视觉皮层上有着机能的高度结构化，一些细胞对某些视觉刺激特性，如方位、运动、深度、颜色等加以选择反应，形成皮层功能模块。同时，这些子模块并不是完全分离的，而是相互作用的，它们和皮层区之间、皮层下与皮层之间有着丰富联系是一致的，大量的横向联系发生在许多层次的通路之间，不同加工通路保持着特异性，既彼此平行，又相互作用。这种既聚合又分散的结构保证了对各种视觉信息加工的灵活性。另一方面，视觉（二维客体）与空间（三维空间）既分离又合作。行为研究、认知实验、脑损伤病人（如盲视、视觉形状缺失等）、无损伤技术等研究证实了物体识别和空间定位分别由两条通路来完成：什么（what）通路，即腹侧系统（枕颞区），主要对物体进行精确的识别；哪里（where）通路，即背侧系统（枕顶区），负责客体的定位（Mishkin et al., 1983）。

在两个大脑的加工特性上，Das（1975）提出，左脑优势的个体在对信息进行加工时表现出继时性（successive）加工风格，而右脑优势的个体在对信息加工

时则表现出同时型（simultaneous）加工风格。Gazzaniga 在回顾大脑两半球研究历史时得出（Gazzaniga，1998），不同半球的信息加工模式与特定的操作技能具有紧密联系。左半球提供分析性的信息加工，右半球提供整体性的信息加工。左脑可以反映符号化的经验，以一种聪明的方式忙碌地辨认着外界；而右脑则简单而警醒地监视着外界。

视觉空间认知加工在两个半球上存在分离，右脑司职空间信息，而左脑负责图形认知中的语义信息。左脑对图形的识别与再认有优势，这和它擅长进行语义加工有关，而右脑更擅长空间定位、动轨迹判断、空间操作等任务（Postma et al.，1999）。甚至因为一条直线在空间中有立体效果，fMRI 技术也发现了线段判断任务激活的是右脑低级皮层（Fink，Marshall，2000）。在表象中也发现了视觉和空间的分离，对客体作业（如想象普通物体形状）和空间作业（如心理旋转、心理扫描以及大小评量等形式的心理表象转换等）的分离性加工的研究主要是在工作记忆中进行的，视觉和空间表象分离的基础是：空间作业激活的是右半球枕叶、顶叶和前额叶部位；客体作业激活的是左脑顶叶和前额叶部位（Gazzaniga，1998）。在新奇客体的加工上，Marsolek（1999）提出左脑是抽象的，可从相关的、不断变化的形式与范例中抽取一般的表征，是有意义的；而右脑是具体的，善于加工新奇的、不熟悉的、非正常的客体信息。可见，右脑对于保存物体的非正常状态非常重要。

大脑的激活模式能够反映个体在空间信息加工上使用了何种策略（陈毅媛，2016）。例如，在完成心理旋转任务时，Butler 等（2006）发现，女性在前额叶和其他较高级皮层上比男性有更强的激活，表明女性是在以更加刻意、更费力的自上而下的分析方式进行心理旋转任务的；而男性在顶叶脑区有更强的激活，表明男性是以自动化的、自下而上的整合加工方式进行心理旋转任务的。Hugdahl 等（2006）的核磁研究通过对男性和女性进行三维心理旋转时的脑激活状态的观察发现，男性在顶叶尤其是右顶叶上的激活更为显著，而女性在双侧额叶上的激活更为显著，认为大脑的激活差异反映男女采用了不同的加工策略，即男性的顶叶显著激活，表明其偏向于使用整合加工策略，女性偏向于使用分析加工策略。国内的脑电活动研究也发现，不同性别的人在心理旋转任务中投入的心理能量和心理努力程度不同，女性的左半球与右半球都进行了加工，而男性的右半球加工更明显（祁乐瑛，2009）。另外，Frings 等（2006）在功能性磁共振研究中发现，在执行空间记忆任务时，女性更多激活左脑，而男性更多激活右脑，但在随后关于其所使用的策略的口头报告中,女性被试报告在处理空间位置信息时使用了语言命名来帮助记忆,所以认为女性使用了分析策略,而男性使用了整合策略。这些研究揭示出男性和女性通过激活不同脑区来加工不同性质的空间信息任务的倾向。

不过,更应该受到重视的是分离通路和脑区之间的协同作用,皮层上两条通路与两个半球之间本身就有交互作用,在功能表现上更有前额叶和整个神经系统的协调。在 Kosslyn 等(1990)的理论中,也有这种双侧控制的中心子系统。另外,当一侧半球损伤时,其对侧半球的代偿性作用也不容忽视。

四、脑损伤引起的视觉空间加工缺陷

已有较多研究探讨了脑损伤引起的视知觉能力改变或复杂视觉空间加工的改变,下面进行简要说明。

视野缺陷的成因可能在眼睛或大脑的水平。在大脑水平,视野可能的丧失程度对应于视觉通路的不同病变。一些具有获得性视野缺陷的人可能会在他们的视觉上经历一个"漏洞"(Allen,2000)。如果在视力受损的区域中搜索关键信息,这会造成额外的认知负荷或冲突,相当于处理多任务时的负荷。例如,由于青光眼或视网膜脱落,中央凹处或靠近中央凹处的视野缺损会导致个体固定细节的能力受损,从而严重影响许多空间任务的完成。

初级视皮层(Brodmann 17区或V1区)或白质的损伤在与病变侧相反的视野中产生缺陷(Rizzo,Barton,2005)。这些缺陷是同义的,因为它们在每只眼睛中占据相同的半视野。偏盲是指失去一半的视野。偏盲者不能看到固定一侧的物体。另外,被限制为半视野的上象限或下象限的视野缺陷被称为象限盲。初级视觉皮层胼胝体下方的病灶会导致上象限盲。胼胝体裂隙上方的病变会导致低度象限性近视,并可能成为阅读、导航等任务的障碍。V1区中的黄斑损伤可能会干扰视觉扫描和处理视觉空间细节的能力。中风、外伤和肿瘤通常也会引起脑损伤,从而产生视野缺损。这些病变通常会延伸到前庭皮层(Brodmann 18区和19区或V2、V3区)、邻近颞叶和顶叶(Rizzo,Barton,2005),由此产生的视知觉缺陷局部性低于V1病变引起的缺陷。

"what"路径和"where"路径(Mishkin et al.,1983)中的病变可以独立于V1型视野缺陷而损害视知觉过程。沿着"what"路径,腹侧枕叶和邻近颞区的损伤与视觉识别（视觉失认）、色觉（脑色盲）和阅读（获得性失读症）缺陷相关。即使在没有视野缺损的情况下，个体的表现也会受到损害。沿着枕叶到顶叶，"where"路径的损伤与眼和手的控制、视觉空间注意紊乱以及运动处理受损（大脑性共济失调）相关（Rizzo et al.，2008）。Balint综合征患者常有双侧顶叶病变（由于中风或阿尔茨海默病的视觉变异）并严重丧失视知觉能力，并且，因中风或早期阿尔茨海默病引起的视觉皮层病变的患者，对运动结构或运动深度的知觉可能会失败（Rizzo et al.，2008）。他们的运动视差受到了损害，运动知觉信息也缺失了，因而容易出现视知觉失误。进一步，他们对运动三维结构的知觉也会受到正常老化的影响，对航向的知觉能力也会下降。

另外，前额叶皮层的损伤可能会削弱用于执行注意和视觉工作记忆的机制，这些机制可以短暂地维持视觉信息。小脑的损伤可能会损害区分视网膜图像运动和自我运动的神经机制，这对于与视知觉航向、碰撞检测相关的能力很重要。

总之，在视觉空间认知领域，从认知机制和神经机制探讨视知觉加工任务的功能特性，不仅有助于在理论上揭示人类视觉空间认知活动的规律，而且能够在实践中为有效地评定与训练相应的视觉空间认知技能提供指导。

第三章

动态空间能力

上一章对空间能力的解析是基于静止客体的，因此，有关视觉化、定向、空间关系的测试内容局限于静止客体和静止刺激。随着计算机技术的发展，研究者开始重视对动态空间能力（dynamic spatial ability, DSA）的探讨，即动态/运动呈现的刺激，它反映了真实世界的刺激。动态刺激与因素同样对评估空间处理任务中的表现具有重要作用。本章主要介绍动态空间能力的含义及任务、动态空间能力的相关研究。

第一节 动态空间能力的含义及任务

从 Pellegrino 和 Hunt（1989）的开创性工作开始，有关动态空间能力的研究论文和刊物不断出现，研究者对静态空间能力和动态空间能力进行了对比，并达成一致，认为动态空间能力是对真实运动客体的知觉与判断。本节介绍动态空间能力的含义与动态空间能力任务。

一、动态空间能力的含义

（一）动态空间能力

1. 动态空间能力

Hunt 等（1988）指出，静态空间能力是指通过纸笔测试或计算机呈现的静止客体测验测量出来的，如视觉化、空间关系能力。动态空间能力是指判断一个运动的客体要到哪里去以及何时到达目的地，也就是客体以某种速度按照固定路径运动，被试估计时间、速度以及不同运动路径的交义。Colom 等（2002，2003）认为，动态任务是对真实运动的知觉和推断，预测客体的运动轨迹，估计两个或多个客体的到达时间。和静态空间能力在表征中涉及对静止客体的静态操作（哪怕是动态心理操作）不同，动态空间能力着重考察个体对运动客体的反应和处理（Pellegrino，Hunt，1989，1991；Hunt et al.，1988）。

D'Oliverira（2004）对9种传统的纸笔测验和一个计算机程序测验的结果进行因素分析，探索性因素分析（104名普通被试）和验证性因素分析（141名飞行员、空中交通管制人员、建筑设计人员等特殊被试）都证实了在视觉空间能力中有三个因素：视觉化、空间关系、动态空间能力。也就是说，该研究支持在静态空间有两个因素，即视觉化、空间关系，这和传统的静态空间能力因素分解结果是一致的，他们的有关因素结构的研究结果还支持了动态空间能力作为视觉空间能力的独立因素地位。可见，动态空间能力对于解释空间加工是非常必要的。Larson（1996）认为，静态空间能力和动态空间能力的区别不仅在于运动过程的不同，还在于任务的属性不同。

Uttal 等（2013）经过元分析证实了空间能力存在两个重要的维度：内在与外在、静态与动态（见第二章表2-1）。也就是说，空间能力有关静止和动态的分类受到了大多数研究者的认同，符合有关分类学的特征。比如，在记忆水平，在视觉空间模板（visuo-spatial sketchpad，VSSP）研究中，有研究证实，视觉空间模板还可以分为两个子成分：静态视觉信息加工和动态视觉信息加工（Cocchi et al.，2007）。研究者应用两种视觉空间任务证实了静态和动态两种视觉空间工作记忆的分离，并认为将视觉空间工作记忆分为静态空间和动态空间比将其分为视觉客体和视觉空间更符合其自然特性（Pickering et al.，2001）。

在上一章，本书在定义静态空间能力时，是按照空间能力涉及的常用变量来进行定义的，在此，本书认为也可以从动态空间涉及的常用变量去理解和定义动态空间能力，即动态空间能力是指个体在运动空间内对运动元素的处理，这些运动元素也就是常用变量，既包括运动时间、运动距离、运动速度、运动速率、运动方向、运动轨迹等，也包括运动客体信息，如客体大小、客体异性、客体生动性与概念特征等，还包括对运动背景信息的处理，如视觉噪声、运动情境和关联客体等。

2. 知觉自动能力

有必要区分介绍的另一个名词是知觉自动能力（perceptual-motor ability）。Tirre 和 Raoufl（1998）用 25 个计算机控制的测验检验了一般认知能力和知觉自动能力的差异与联系。在这篇文章中，知觉自动能力是一个意义更为广泛的词汇，包括手足协调运动、精确控制动态刺激的运动、胳膊运动的快慢以及胳膊、手运动的稳定性等一些可区别的能力因素（Fleishman，1964）。Carroll（1993）经过因素分析，区分了多达 11 种的知觉自动能力。可见，仅仅是对显示器上的刺激进行判断与简单控制的动态空间能力仅仅是"知觉自动能力"范围之内的一部分。动态空间能力着重纯粹的空间能力研究，是认知任务研究，是对运动信息的加工和判断，而知觉自动能力更强调对运动信息的处理和控制过程以及在这个过程中身体各部分的协调能力，认知任务只是其中的一部分。

Tirre 和 Raoufl（1998）进一步指出，知觉自动能力是指需要努力控制操纵杆或飞行舵、脚踏板才能获得好成绩的能力，重视的是手足协调操纵动态刺激，在这个过程中，也强调个体对动态刺激的识别、编码、记忆、提取等过程。Tirre 和 Raoufl 还假设，从认知加工的视角看，知觉自动能力不是一个单一因素，它包括至少四个基本认知因素：一般认知能力/工作记忆、认知速度、动态视觉加工和静态视觉空间能力。他们的研究结果证实，知觉自动能力可由动态视觉加工、静态视觉加工、工作记忆替代，也就是说，知觉自动能力表现为这几个能力的集合，这也证实了动态空间能力是知觉自动能力的一部分。此外，他们指出，长期以来，知觉自动能力对飞行员训练成绩的良好预测能力得到了公认，知觉自动能力是纸笔测试无法替代的有效测试。

3. 动态空间能力对飞行员的重要性

动态空间能力是对运动客体的反应和处理，对动态空间能力的测试在计算机上实现，动态空间能力对于解释空间加工是非常必要的。不过，随着研究的深入，一些问题也被提出来了，例如，动态空间任务的结构效度是什么？动态空间能力对特殊职业，如空管员、飞行员、汽车司机等的工作绩效的预测效果怎么样？未来研究还有较大空间。Pellegrino 和 Hunt（1991）认为，动态空间能力对于预测飞行员、空管员的工作绩效意义非常重大。起飞、飞行以及着陆的过程常常要求飞行员实时和准确地判断飞机的姿态、高度、飞机与其他客体的相对位置、其他客体的运动速度等。

动态空间能力对飞行员的重要性研究常见于对屏幕任务，即小尺度运动空间能力的判断，比如对驾驶舱显示器运动状态的掌握。Bolton 和 Bass（2008）探讨了使用相对位置和时间判断来识别综合视觉系统（synthetic vision system，SVS）的空间意识偏差。SVS 是一种驾驶舱显示器，可以显示前方地形，防止飞机撞地。SVS 显示通过创建一个综合的、清晰的日视图来增强飞行员的空间意识，而不考虑实际的能见度情况。而空间意识可以被定义为飞行员注意到周围环境中物体的程度（级别1）、飞行员对这些物体归属于哪里的理解（级别2）以及飞行员对这些物体将去向何处的理解（级别3）。在 Bolton 和 Bass 的研究中，18 名飞行员对 SVS 显示视频中显示的地形点位置进行了空间判断（相对角度、距离、高度和正横时间）测查，结果表明，判断错误的特征是几何视域中的地图间比例尺差异、地图内的距离差异、地图内的方向差异、虚拟空间效应、填充距离效应和时间等。可见，动态空间能力是飞行认知能力中一个十分重要的因素。

（二）运动知觉

运动知觉（motion perception）是在研究动态空间能力时涉及的概念。运动知觉是对物体在空间中位移的知觉。或者说，当外界物体运动时，其运动特性被个体察觉及认识到，并作用于大脑，这就是运动知觉。动态空间加工是对运动客体行进过程的空间判断与加工，也就是动态空间能力。或者说，运动知觉强调的是运动客体知觉过程，动态空间能力是在运动知觉的基础上对运动空间形成综合认知进而做出反应的过程。

运动知觉包括各种运动形式，早期的如真动-似动、长行程和短行程运动的分类，直至当前研究较多按照物理特征和感知特征进行的分类，按照客体数量划分的单客体运动和多客体运动（多客体运动又包括相对运动、拦截运动、碰撞运动等），按照运动轨迹设计划分的曲线运动、直线运动或者规则运动和不规则运动等，按照运动主体划分的客体运动和人的自身运动等。比如，传统运动知觉分为真动知觉和似动知觉（apparent movement）。当物体以特定的速度或加速度做连续的位移运动时，个体对物体这种真实的位移以及移动速度的知觉被称为真动知觉。如果个体在特定的时间或空间中观察物体，并将客观静止的物体看成运动的，或者将客观上不连续的位移看作连续的位移，则将这种运动知觉称为似动知觉。诱导运动便是似动知觉的一种形式。

从运动知觉的重要性看，人类已经适应了视觉带给我们的各种便利。眼睛不仅要感知物体的存在，还要对运动的物体进行追踪和判断。从成果看，运动知觉历来是认知心理学、认知神经科学、心理物理学等多个学科的重要研究内容，并且在各研究领域都涌现了相应成果。在20世纪80年代中期以前就已经积累了诸如"模式"（pattern）与"运动"两种视觉功能和两条视觉神经通路理论（Mishkin et al.，1983）、Marr（1982）的计算理论、空间频率理论等重要成果。20世纪80年代中期以来，由于计算机技术的发展，运动刺激的质量得以改善，研究者取得了更加丰硕的研究成果，尽管对这些结果仍然存在争论。

运动知觉及运动空间心理物理学的研究成果集中体现在以下几个方面（Burr，Thompson，2011）。

1）运动空间频率的提出和人类运动探测器的探讨。探索人类是如何对不同的运动进行区分并自动加工周围这个运动的世界的。

2）不同种类的运动模式分类——运动复杂性研究。近期研究中最具有挑战性的是运动的多阶分类。一阶运动（first-order motion）通常是指客体的绝对运动，在人眼所见的环境图像信号中，我们把有显著平均亮度变化的信号统称为一阶信号。一幅图像的平均亮度分布随着时间变化而发生显著位移，由此引起的运动感可被称为一阶运动。二阶运动关注客体刺激本身的特性，如颜色、形状、纹理、运动背景改变、对比度改变引起的运动及其对运动的影响，这些信息是更高阶的视觉信息。二阶运动也包括客体之间的相对运动。和一阶运动相比，二阶运动总体上指一种相对运动。一阶运动和二阶运动是按照运动空间的物理学特征进行分类的，而三阶运动是依据人的心理特征来进行定义的，即人类视觉系统会注意突出的、会引起注意的运动刺激，比如，构成突出的运动轨迹图的运动。

3）分离和整合运动信号。通常人类的运动知觉需要在较大的运动背景中整合运动信号，当然有时候也需要分离出需要额外注意的运动信号，探索人类视觉的这种整合和分离过程就显得非常必要。

4）视觉流、眼球运动和复杂运动的关系。物体的位置变化会在视网膜上留下轨迹，这是探讨运动知觉产生的生理感官因素。例如，一项研究表明（Furman，Gur，2012），在眼睛跟随运动客体时，人类视觉系统会整体协调以补偿眼睛运动，这样眼睛就可以准确捕获运动画面和实现运动表象的转换，即正常人会使视网膜运动和外部运动进行协调以达到准确感知和判断。

5）运动中的客体呈现和客体表征，如对客体速度痕迹和速度纹（streak）的关注。

6）运动对位置和空间的影响，即运动空间的形成和改变。人类视觉中，运动和形状、位置加工的交互作用较强，运动可以歪曲运动客体的位置，尤其是快速运动的客体的稳定性会深受运动的影响，哪怕只是短暂的运动。运动客体的缺损和特征也会影响运动感知。空间和时间在运动中并不是分离的。

7）速度感知。判断"谁先到"和"谁快"是两码事，因为有距离和客体特征因素的存在。

8）运动适应和运动后效研究。

9）运动错觉研究。

10）多重感官下的运动知觉的协同作用。运动系统和视觉系统让我们运用所有可利用的信息和线索，让我们知道自己处在怎样的一个真实环境里。

上述十个问题并不是孤立存在的，一个研究可能会关注其中的多个问题。在研究趋势上，研究者既重视视觉变量、运动变量对运动知觉的限制，也重视认知变量的影响。视觉变量主要是指视觉不变量（optical invariant），如tau；运动变量即物理变量，是指运动时间、速度、距离等信息；认知变量是指客体相对大小、相互作用、运动背景、客体及背景知识等。复杂运动除了多客体运动设计外，运动复杂性还可以通过曲线运动、不规则运动、客体的自运动等来进行定义。从多阶运动的视角看，这些运动都属于二阶运动和三阶运动形式。面对复杂运动，个体会更多采用认知协商策略而非直接策略来进行判断（Hunt et al., 1988）。在整体研究趋势上，影响运动知觉与动态空间加工关键因素的提出和复杂运动研究成为热点。

二、动态空间能力任务

动态空间能力任务涉及多个种类，这里介绍几种典型的任务。

（一）运动时间任务

1. 碰撞时间任务

这是一个相对成熟的研究任务和研究领域。对运动时间估计研究较多的是对碰撞事件的时间估计。现实中，我们走路、开车时会避免碰撞，打球时则要引发准确碰撞，这些依赖于深度知觉、客体定位、碰撞时间估计。碰撞事件判断的变量包括碰撞时间（time to collision，TTC）、到达时间（time to arrival，TTA）、通过时间（time to passage，TTP）等（DeLucia，2004，2013）。对TTC的研究更为广泛一些。碰撞时间研究包括对接近物体何时到达或经过眼睛的判断，以及多个物体中的哪些物体会首先到达观察平面，两个物体之间的碰撞时间研究包括判断一个物体何时与另一个物体碰撞（DeLucia，Meyer，1999）。不过，在现实生活中，判断"是否发生碰撞"比判断"什么时候发生碰撞"更为重要。因此，除了碰撞时间，碰撞检测（collision detection）研究也是该领域的研究重点。

碰撞时间的估计受到两类信息源的影响（DeLucia，2004）。一类是视觉不变量tau，这决定于感官过程的限制并提供可靠的碰撞时间信息。当一个物体朝向另一个物体移动时，同时保持与眼睛的恒定速度和距离，物体之间的碰撞时间由物体之间光学间隙收缩的相对速率的倒数来决定，如图3-1（a）所示。当物体以恒定的速度迎面接近眼睛时，物体的光学膨胀率随着物体到眼睛距离的减小而增大，如图3-1（b）所示。当然，碰撞时间研究更多关注的是使用计算机生成的显示来探索单个运动客体和多客体的碰撞时间判断。

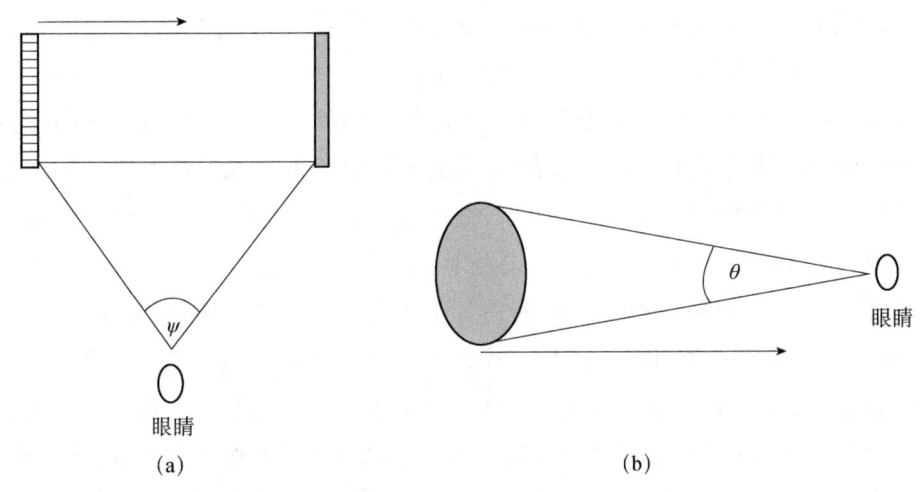

图3-1 视觉不变量tau与物体关系示意图

（a）当一个物体接近另一个物体并且眼睛静止时的间隙tau（$\Psi/\dot{\Psi}$）；（b）当一个物体正面接近眼睛时的局部tau（$\theta/\dot{\theta}$）

资料来源：DeLucia P R. 2015. Perception of collision. In R. R. Hoffman, P. A. Hancock, M. W. Scerbo, et al (Eds.), Cambridge Handbooks in Psychology: The Cambridge Handbook of Applied Perception Research (pp.568-591). New York: Cambridge University Press.

然而，tau并不是人们用来判断碰撞时间的唯一信息，影响碰撞时间估计的另一类是认知变量，也包括判断和行为的衡量标准，决定于认知过程的限制，观察者可以依赖于诸如光学大小、扩展速率和图像深度信息的启发式方法（DeLucia，2004），并且不一定基于tau或碰撞时间的临界值或阈值启动定时操作，如相对大小为深度知觉提供了相对参考。这些信息的影响会因任务条件的不同而有所变化，如错觉和表征结构等都会影响判断。

在经验变量中，大小到达效应（size-arrival effect，SAE）表明，在进行碰撞时间判断时，个体倾向于判断大客体先碰上目标，或认为大客体先到达，即客体大小会影响个体对到达时间的估计与预期（DeLucia，Warren，1994）。也就是说，即使有tau可用，观察者仍依赖于图画的相对大小信息。此外，运动背景和视野高度（height in field）等也会影响判断过程。客体变量中，Oberfeld等（2011）还发现了客体纹理和客体自身运动会干扰碰撞时间判断，被试会过多估计时间。背景变量中，Calabro等（2011）的研究发现，到达时间判断中，运动信息会受到客体运动轨迹的影响，他们提出应该考察到达时间判断中的多重背景依赖机制。不论是客体运动还是自我运动，虽然早期的碰撞时间判断都是基于深度知觉（自我中心）的研究（DeLucia，1991），但后期研究采用客体中心刺激也发现了大小效应和背景依赖性特征等（Calabro et al.，2011）。

Baurès等（2010）认为，先前的研究大多考察单个客体，并没有对两个或多个客体碰撞时间进行研究，而这样的判断在生活中几乎每天都在发生，如过十字路口、多人玩球类游戏等。他们对两个平行运动的客体的碰撞时间分别进行判断，并和一个客体条件进行对比，结果发现，两个客体的到达次序决定了碰撞时间估计的准确性，两个独立的碰撞时间估计会彼此干扰［非对称干扰（asymmetric interference）］，第一个客体的判断同单个运动客体的判断一致，第二个客体的碰撞时间会被过度估计。Baurès等（2011）进一步研究发现，这种非对称干扰是由于在加工早期有一个瓶颈作用，即从两个客体同时运动开始，集中注意就受到了影响。

对碰撞知觉的研究表明，碰撞知觉不仅基于光学不变量tau，而且基于启发式（如客体尺寸），并且受到认知过程中的限制。人们在什么时候会使用不变量？人们何时会依赖启发式和认知过程？DeLucia（2008，2013）提出一个框架，即近距离、活动/行动任务和具有鲁棒光学运动信息的情况会导致由不变量主导的碰撞知觉；相反，远距离、知觉判断和具有较少有效运动信息的条件会导致由启发式和认知过程主导的碰撞知觉。可见，要了解碰撞事件是如何被感知的，必须考虑人们使用的多个信息源及其背景信息，还要考虑到被评估客体的运动模式。

2. 相对到达时间任务

Pellegrino 和 Hunt（1991）用两个任务测试动态空间能力：相对到达时间任务（relative arrival time task，RAT）和拦截判断任务（intercept judgment task，IJT）。前者要求判断两个运动的客体中哪个先到达指定目标，后者是判断两个客体的相遇。关于 RAT，显而易见，这不是一个单纯的时间任务，而是一个典型的二阶运动模式，是对经过一点儿时间变换后由距离和轨迹改变引起的空间构型变化进行判断，即由相对距离改变联合相对速度对相对运动时间做出判断。Hunt 等（1988）认为，单个运动客体的时间与速度判断是个体自动感知的动态空间加工任务，而两个客体的相对运动则注重相对时间差，任务复杂，要求精确，空间是动态变换的，并需要中央系统加工功能利用有限的资源进行比较与判断。

（二）距离与轨迹任务

通常在相对达到时间任务中，也伴随着距离判断，也就是说，在 RAT 中，通常要完成两个任务，即"哪个客体更快到达目标""哪个客体离目标距离更近"，而后一个任务就是距离判断任务（杨仕云等，2009；晏碧华，游旭群，2015）。Pellegrino 和 Hunt（1991）的拦截判断任务是要求被试判断两个客体的相遇，这也需要对两个客体的运动距离进行估计，对是否发生相遇的判断是基于观察者对两个运动目标距离的估计与之前必须经过的距离之间的差异估计。

在轨迹任务上，Cocchi 等（2007）的任务较为典型。他们研究了精神分裂症的动态和静态工作记忆下的视觉空间加工，采用圆球飞行任务（ball flight task，BFT）和静态模式任务（static pattern task，SPT）对比了精神分裂症患者和正常人的动态和静态视觉空间模板加工情况，发现在动态任务 BFT 中，患者在整合视觉信息上的绩效差。BFT 由计算机控制，在这个任务中，被试需要辨认、记忆和识别一个圆球的运动轨迹，包括了解和分析圆球轨迹的过程以及在圆球运动完毕后将运动轨迹片段组成一幅完整表征的过程。

另外，对运动距离的推断也可以在表象中进行。表象运动推断（image motion extrapolation）涉及对运动客体本身进行表象移动。游旭群和杨治良（1998）的表象运动推断任务要求被试跟踪计算机屏幕上的一只运动着的球，然后在其消失后运用表象继续跟踪并推断它所处的运动位置。当然，这种对运动客体（虽然判断的时候停止运动了）的表象推断是对运动客体的整体运动特征的推断，也包括对运动方向的掌握。

距离推断有系统性的偏差。表征动量（representational momentum，RM）是指人们对运动物体最终位置的判断会沿着运动方向向前偏移（Freyd，Finke，1984）。这种空间位置预测是为了弥补行为与运动物体的时间差而发展出的一种补偿机制。我们能准确地拦截、投掷或躲避运动的物体，都依赖于这种适应功能。也就是说，对运动物体的空间定位并不像我们想象的那般准确，常常会出现系统的、不可避免的错误，比如，在观察者判断运动目标刺激的起始位置时，观察者的判断沿着运动方向向前偏移，这种偏移不仅仅发生在对运动物体的起始位置进行判断时，在要求观察者对运动目标刺激突然消失的位置进行判断时，人们的记忆也会出现沿着运动方向向前偏移的现象。这种主观判断上的偏移与物理世界中运动物体由于动量的作用而不能立刻停止相类似，其实就是心理惯性（Hubbard，2005，2014，2017）。

（三）方向与定向任务

Saccuzzo等（1996）在考察动态空间能力的性别差异时运用了两个动态空间能力测试：一个是动态空间速度（speed）测试；另一个是动态空间难度（power）测试。其中，动态空间速度测试采用的是计算机控制的动态的心理旋转任务，由美国海军人员调查和发展中心（Navy Personnel Research and Development Center，NPRDC）开发，被试需要判断经过不同旋转和飞行动作后的飞机图片是否与标准飞机图片一致。动态空间难度测试是立方体测试（cube test），同样是由NPRDC开发的。首先在屏幕上呈现从立方体内部观察到的一个立方体的顶、四边和底，然后立方体的不同面一一呈现并有着不同的阴影模式，每一个面都可以呈现多次，被试可对立方体观察4分钟；接下来，被试的任务是对观察到的立方体建立一个完整的立体表象，然后判断一个旋转着的探测立方体（探测刺激）是否从外部视角（outside perspective）正确表达了观测刺激。这是一个难度较大的测试，个体对旋转着的动态客体的位置、旋转方向的掌握很重要。

Larson（1996）在区分静态空间能力和动态空间能力时采用了静止条件下的心理旋转和运动条件下的心理旋转，并发现两者具有很高的相关。在这两种条件下，被试对旋转后的客体与初始客体的部位排列的识别、旋转后的呈现以及在这个过程中将两个客体/表象进行对比的过程是一致的。

Contreras等（1998）开发了两个动态能力测试，即空间定向动态测试（spatial orientation dynamic test，SODT）和空间视觉化动态测试（spatial visualization dynamic test，SVDT），这些测试后来得到了修正（Santacreu，1999）。他们指出，SODT和SVDT中的定向和视觉化不同于纸笔测验中的定向和视觉化。SODT中的定向表现为生态能力，即对运动客体的方向进行调节。SVDT中的视觉化实际上是表象性运动推断。

在SODT和SVDT这两个测试中，被试的任务是同时控制屏幕上两个红色的运动圆点到达某一个目的地。在控制两个红点的运动方向时，被试需要根据位于屏幕最上方的数据罗盘来进行调整，数据罗盘是用来指示调整红点的运动方向的。指定键的每一次按键可改变红点运动方向10°。在SODT中，被试可以看见整个屏幕，而在SVDT中，被试只能看到红点几秒钟——根据其控制绩效而定——然后红点会消失在一个黑色的棒（band）里，被试需要根据数据罗盘的指引来"视觉化"，也就是想象红点的运动。在修正版的空间定向动态测试（spatial orientation dynamic test-revised，SODT-R）和修正版的空间视觉化动态测试（spatial visualization dynamic test-revised，SVDT-R）中（Santacreu，1999），同样是定向控制两个运动圆点向目标地前行，不过，对两个运动圆点的颜色进行了区分，并且两个不同颜色的运动圆点有对应颜色的指示罗盘，对圆点方向的调节也由显性控制转变为隐性控制。鼠标每点击一下罗盘上的方向标志，圆点的方向便变动10°。同样，如果不对圆点加以控制，其会自行运动到屏幕边缘直至消失。在因变量上，除了方向偏差和距离偏差外，Contreras等（2007）还提出了三个有价值的反应变量：反应潜伏期（response latency），是指从客体开始运动到被试开始反应之间的时间；反应频率（response frequency），是指被试对方向箭头按鼠标的频率，有些个体比较冲动，会不停地点击来控制运动客体的方向，而有些被试则稳重一些；投入时间（invested time），是指完成整个任务所需要的时间，如果没有方向上的控制偏差且没有走弯路，则被试完成整个任务就会快一些。

Colom等（2002）以105名大学生为研究对象，对空间能力的中介因素进行了研究，通过分层分析和因素分析发现，一般空间能力可公正地预测视觉化、空间关系、动态空间能力，一般空间能力作为与语言能力相区分的特征，和流体能力高相关。这个研究中运用了两个动态空间任务：①SODT-R与SVDT-R来源于Contreras等（1998）的设计。②运动相遇任务：两个运动的圆点从计算机屏幕的不同地方出现，以某一个速度行进，不定时停止。被试的任务是操控一个点的位置与路径，使之和第二个点在某个目的地相遇。这个操控过程不仅仅需要知觉判断，还是一个综合了距离控制和定向控制的过程。

另外，需要说明的是，本书这里选择的任务是按照动态空间能力的定义强调的，也就是对运动客体的速度、要到哪里去、什么时候到达运动目标等这些运动元素分类展现的。事实上，一些运动空间任务也可能会关注运动客体的其他信息。例如，由 Pylyshyn 和 Storm（1988）提出的多目标追踪（multiple object tracking，MOT）范式主要关注动态场景中视觉信息的注意加工，是研究同时追踪多个客体的注意机制的常用范式。动态追踪任务包括 MOT 任务（同时追踪多个特征相同的运动客体的位置）、多身份追踪（multiple identity tracking，MIT）任务（同时追踪多个特征完全不同的运动客体的身份）和多位置追踪任务（multiple position tracking，MPT，同时追踪多个特征完全不同的运动客体的位置）。对多目标追踪过程中注意分配问题的研究通常要求在进行多目标追踪时进行探测任务，即要求被试在追踪目标客体的过程中同时觉察出现在屏幕上的探测刺激。Oksama 和 Hyönä（2008）认为，视觉运动追踪包含两个基本的认知成分：身份信息分析和空间信息分析。它们分别编码运动目标的语义身份和位置信息。这和早期两条通路的观点一致。可见，这是一个主要关注运动客体特征、客体身份的任务，也涉及对运动客体位置的处理及对运动场景全局处理的能力。

第二节　动态空间能力的相关研究

相比于具有普遍空间意义的传统静态空间能力的研究，由于起步较晚，关于动态空间能力的研究成果较少。本节将介绍动态空间任务解决策略研究、动态空间能力个体差异研究、动态空间能力的研究不足与研究前景。

一、动态空间任务解决策略研究

（一）整体策略与分析策略

在空间问题解决过程中，个体解决策略的差异对解决绩效有很大的影响。探讨空间问题策略的运用有时比探讨空间能力特殊的加工成分更为重要，问题解决策略通过影响空间任务的组织过程和处理过程，从而影响空间任务的完成绩效（Cooper，Mumaw，1985）。上一章中，我们已经谈到在传统的静态空间能力研究领域，研究者通常将空间问题的解决策略分为整体策略和分析策略（Gluck，Fitting，2003；Just，Carpenter，1985）。并且，普遍的认识是，策略选择会影响绩效和绩效特征。运用整体策略的个体比运用分析策略的个体完成任务更好。

在动态空间能力研究领域，也有证据表明，解决策略会对空间绩效产生影响。关于运动相关任务不同策略的第一个研究结果来自Law等（1993）的研究，Law等发现，在相对速度评估任务中，对速度和距离估计的准确性只占绩效非常小的一部分，解决策略发挥了主要作用。Fischer等（1994）分析了到达时间判断任务中不同策略的影响，发现策略的运用直接影响了空间判断绩效，这些策略是由动态空间绩效的信息类型决定的，速度与距离不同的组合可形成五种策略：整合速度与距离、不整合速度与距离、有速度无距离、有距离无速度和其他信息。结果表明，在高绩效的被试中，整合速度与距离是被经常使用的策略，而绩效差的被试往往不能整合速度与距离信息。使用整体策略的被试运用了所有有效信息（包括点移动的速度以及点与目的地之间的距离），相较于仅仅关注任务的单一组成部分，如距离或速度，这类被试的表现更好。

整体-分析型空间问题解决策略的个体差异也在导航或解释地图的任务中得以发现（Gluck，Fitting，2003；Hund，Minarik，2006；Lawton，1996）。Gluck和Fitting（2003）分析了在模拟环境下被试在导航情境中最常使用的策略，发现高能力的个体更经常使用整体策略（如将地图可视化）。Hund和Minarik（2006）发现，使用整体策略的被试在导航任务中的表现更好。Kallai等（2005）发现，在导航任务中，有三种策略与空间绩效相关：使用趋触性策略（thigmotaxis strategy）的个体会绕过导航环境的边界，试图接触到一些有形的东西；运用视觉扫描策略（visual scanning strategy）的被试会对环境表现出积极的探索，以确定其属性；融合策略（enfilading strategy）可以被理解为一种模糊行为，与超负荷的认知活动或对环境的无策略的搜索有关。在导航中，男性会更经常地使用定向策略（更接近整体），而女性则会更频繁地使用地标策略（Saucier et al.，2003）。

此外，不少动态空间研究任务从整体-分析型或整体-局部的角度分析了个体的空间问题解决策略差异。Cocchi等（2007）发现，和正常人相比，精神分裂症患者在对动态形成图形进行工作记忆时采取的是片段策略和局部策略。Peña等（2008）运用SODT-R考察了个体在执行动态空间任务时使用的不同的反应模式或策略。他们发现，有三种不同的方法或策略可以解决SODT-R：分段（segmentary）策略、整体规划（holistic-planned）策略和整体反馈依赖（holistic feedbackdependent）策略。三种策略在 SODT-R 任务中的反应潜伏期、反应频率、投入时间上存在差异。使用分段策略执行任务的个体将他们的行动集中在重要任务的一个片段或部分上，而不会把它们联系起来。这些被试表现出更短的反应潜伏期，且投入时间较长，在最初的方法中缺乏规划或整合。使用整体规划策略的被试会提前计划他们的反应行为，并且着重于从运动客体的运动轨迹的整体改变入手去进行调整，即使和使用整体反馈依赖策略的被试相比，他们也有更短的反应潜伏期，且主动性更强，投入较少时间就可以完成任务。而整体反馈依赖策略虽然是整体策略，却相对被动，依赖于反馈进行调节。正如我们所预期的一样，使用分段策略的被试空间绩效最不好，整体反馈依赖策略使用者的绩效中等，使用整体规划策略被试的绩效最好。

（二）距离优先策略

同样是 Fischer 等（1994）的研究，他们发现在到达时间判断中，判断绩效好的被试更喜欢整合客体速度和移动距离信息，判断绩效差的被试往往运用单一运动信息，如距离或速度，被试往往忽视速度与距离的整合信息。Fischer 等还发现，视觉和语句反馈均可提高判断正确率，且仅当是在刺激条件需要整合客体速度与距离信息而不仅仅是距离信息，并且建立了稳定的反馈效应时，可以证实被试的速度判断能力可预测其从反馈中得到的成绩。Fischer 等最后认为，被试在进行时间判断时，容易忽视关于客体速度的信息，距离信息更为眼见为实。距离信息在判断中的作用说明有些空间判断绩效较差个体的运动时间判断往往依赖于距离优先策略。

距离是影响运动时间判断的基本因素，在判断中更容易被优先作为线索使用。在多客体运动中，其运动判断可以对经过一段时间变换后由距离和轨迹改变引起的空间构型变化进行判断，这就涉及运动空间形成与判断。多客体运动的距离判断更为复杂。对多客体运动的研究发现，个体在进行运动判断时会过度依赖距离信息，这被称为距离偏见（distance bias）。距离偏见来源于同时加工相对速度和距离信息的资源限制，距离判断更为直接、直观和方便，这是一种捷径策略，尤其是低空间能力的个体有相对距离信息优先倾向（Keshavarz et al., 2010）。在 RAT 中，Law 等（1993）也发现，被试在判断时会过度依赖相关距离信息，即更多依赖距离信息而不是速度信息，距离甚至会影响客体位置的稳定性。距离偏见的发现使运动空间构型的研究显得尤为重要。

（三）直接策略与认知协商策略

直接策略的采用通常发生在由视觉变量引导的视觉加工中，比如，我们在碰撞时间部分介绍的光学变量 tau 基本上存在于所有的视觉任务中，在简单运动任务和一阶运动任务中，基本上都是 tau 在决定我们的最终判断，这就可被视为直接策略。而在相对复杂的运动，如二阶和三阶运动中，个体可能会更多采用认知协商策略，其判断会更大程度地受到认知变量的影响。

例如，RAT 的策略运用分为直接策略和认知协商策略。直接策略，如运用视网膜距离的变化，可作为区分两个客体的直接线索（Tresilian，1995）。但是个体对运动物体的判断并不是简单凭借生理感光机制，对运动客体的速度、距离、时间都有自己的主观估计和处理策略，因此认知协商策略更具有说服力。认知协商策略中最具有代表性的是距离-速度权衡策略。Law 等（1993）对 RAT 中相对速度和相对距离的水平进行了区分设计并发现，相对距离和相对速度的判断绩效能预测相对到达时间的判断绩效，被试在判断中会整合相对速度和相对距离信息，并且这种整合能力存在个体差异。这被称为距离-速度权衡策略（d/v 权衡策略）。相对速度和相对距离信息都是较为高级的认知变量，而非生理光学变量。

除了上述认知策略，一些学者认为，个体非认知因素对运动任务的影响也可以被视为一种解决策略。Barsam 和 Simutis（1984）用传统的空间测验评价被试，将被试分为低空间能力、中空间能力和高空间能力三组，让他们进行科目训练，用肉眼从地图信息中观察一个地形，训练中既进行主动探测也进行非主动探测，结果显示，高空间能力组受益于主动探测。由此看来，任务动机也可以被视为一种促使问题解决的方法，高动机有助于空间任务的完成。

二、动态空间能力个体差异研究

（一）性别差异

Voyer 等（1995）通过元分析发现一个普遍性的规律，即男性在动态能力上具有高判断绩效，性别差异最大的是动态的心理旋转任务，然后是动态空间知觉、动态空间视觉化。Saccuzzo 等（1996）发现，男性动态空间能力强，并且通过练习可大幅度提高判断绩效。对于女性而言，虽然她们的动态空间能力和操作能力都比男性弱一些，但女性的训练效应明显，尤其是女性在速度任务中的练习效应更明显,即和反应准确性比较起来,在基于速度的测试中,女性绩效的提高尤其明显。Contreras 等(2001)在两个动态空间测试中评估了不同教育背景下(人文、社会科学、自然科学、工程)的 602 名大学生的动态空间能力,其中一半为女性,研究发现男性在动态空间能力上普遍强于女性,并且教育背景的差异并不是影响其空间绩效好坏的决定性因素,如工程专业的女生分数低于人文专业男生的分数。Peña 等(2008)采用 SODT-R 区分个体在解决该任务时的反应模式和策略差异,发现男性与女性在 SODT-R 中的表现是不同的:男性比女性有更长的反应潜伏期;男性的按键次数少于女性;男性在完成任务时比女性投入更少的时间。Peña 等认为,在个体解决问题的类型差异上也有三种,即分析型推理、语言推理、空间评估,男性更侧重于空间评估。

可见,男女在解决动态空间任务时采用的策略不同。整体来看,男性的动态空间能力优于女性,这种优势更多是因为男性采用整体策略来解决动态空间问题,不过女性也显示出了较好的训练效应。

(二)年龄差异

Faubert(2002)提出了复杂性假设来解释随衰老而观察到的视觉感知障碍。根据这一假设,衰老会产生微妙的弥漫性神经生物学改变。这些对于需要小型神经网络的简单任务几乎没有影响,但是对于需要在更广泛的神经网络上进行整合的复杂任务或需要许多处理步骤的任务会产生很大的影响。本书在第二章已经就静态空间能力的衰老效应进行了分析。

在动态空间,一些研究者运用二阶运动模式检验了老年人的处理绩效,也发现二阶运动的相关选择性效应支持复杂性假设(Habak, Faubert, 2000)。这些研究中运用的是运动目标的特征跟踪任务(Allard et al., 2013),这一任务比一阶运动的处理更复杂,需要更多的处理步骤,涉及更大的神经网络。因此,动态特征跟踪的年龄效应与复杂性假说是一致的。另外,一阶运动和目标特征跟踪涉及性质上不同的运动系统,这一事实也会导致结果与复杂性假设相一致。因为特征跟踪涉及跟踪特征的注意力资源,鉴于衰老会影响注意力(Kramer, Madden, 2008),衰老对特征追踪的影响可能与选择性注意力缺陷有关。总之,衰老会影响目标追踪特征这项复杂动态任务的能力。可见,二阶运动比一阶运动更容易受衰老的影响(Habak, Faubert, 2000)。也就是说,复杂运动比起简单的自动化加工的光学任务更容易受到衰老的影响。当加工过程涉及更大的神经机制或需要更大的同步网络时，老年人就明显会有很糟糕的表现。

同步机制涉及运动全局处理。Allard 等（2013）发现，先前研究评估衰老对二阶运动以外的高阶运动处理的影响，一般集中在 MOT 和全局运动处理上。MOT 是高阶任务，对衰老敏感，但是，由于 MOT 探测多种高级过程（如分散注意力、观察者的策略），所以很难确定哪些过程会受到衰老的明确影响。相反，特征跟踪的优势在于，它是一项高水平的、基于注意的任务，不需要直接收集以上所有因素。因此，对于高水平的基于注意力的任务来说，特征跟踪似乎相对简单，而且它受衰老影响的事实支持了基于注意的处理过程普遍会发生与年龄相关的衰退的假设。而全局运动是对运动模式的整体掌握，全局运动需要在大面积上整合局部运动。Hutchinson 等（2012）的综述总结说，衰老在某些条件下会损害全局运动，尤其是当视野非常大时，在低速和高速（但不是中等速度）下，以及在低对比度下更是如此。正如 Faubert（2002）所建议的那样，将信息整合到更大的视野区域可能需要更大的神经网络，这对于老年人来讲就非常难，视野大小在衰老中很重要。一个很好的例子就是 Legault 等（2012）的研究，他们证明了老年人在感知越来越大的生物学刺激运动时越来越困难，而年轻的观察者通常保持稳定的表现水平。当使用非常大的刺激时，有效视野的范围扩大，老年人因为丧失了与年龄相关的对全局运动的敏感度，进而显示出低处理能力。

在速度感知上，在低速和高速下容易观察到老年人相比于年轻人的低绩效，但在中等速度下没有观察到。Habak 和 Faubert（2000）的研究发现，衰老导致在低和高时间频率下与年龄相关的敏感度损失，但在中等时间频率下没有出现这种现象。Allard 等（2013）总结认为，在各种高级运动任务（即平移运动、径向运动和生物运动）中，年龄最容易影响平移任务，这可能是不同的点速度被用于不同的任务，以及在不同的速度条件下衰老会影响不同的局部运动处理导致的。总体来看，年龄效应须归因于所有时间频率的高水平运动处理，即老年人对高水平运动本身的敏感度会逐渐受损。

（三）脑损伤和精神病理学研究

对轻度创伤性脑损伤（traumatic brain injury，TBI）儿童的研究发现，在相同空间频率下，他们对以对比度定义的二阶静态与动态刺激的敏感度都很低（Brosseau-Lachaine et al.，2008）。另一项研究表明，TBI 被试对运动方向辨别任务的反应时更长，且二阶运动的反应时更长（Piponnier et al.，2016）。

电生理学结果似乎证实了心理物理学的发现。Lachapelle 等（2004）记录了一阶和二阶视觉刺激的视觉诱发电位（visual evoked potential，VEP），并评估了低阶和高阶 VEP 成分的延迟和振幅，发现 TBI 组的振幅有所减小，对于运动和纹理定义的二阶视觉刺激，这一延迟明显更长。

Spiegel 等（2016）对常规组和 TBI 组测量了与任何一阶性能缺陷无关的二阶对比度感知的变化，还测量了由对比、定向或运动定义的不同类型刺激的二阶灵敏度，观察了一阶和二阶视觉感知的变化，发现 TBI 患者对一阶运动刺激的敏感性提高，而对定向和对比二阶刺激（包括动态刺激）的敏感性降低。

在精神病理学上，有多项研究采用对照组来探索精神损伤者的动态视觉加工，发现他们在处理动态视觉信息时的功能有所缺损。例如，中风或早期阿尔茨海默病对运动结构或运动深度的知觉可能会失败（Rizzo，Barton，2005）。Cocchi 等（2007）采用动态视觉空间工作记忆任务发现，精神分裂症病人在整合视觉信息上比控制组的绩效更差，精神分裂症病人在对动态形成中的图形进行工作记忆时采取的是片段策略和局部策略。

三、动态空间能力的研究不足与研究前景

（一）研究不足

运动客体结合了客体特征和客体运动特征，它既有时间估计，也表征着动态变化的运动空间，客体、时间、空间构成了一幅完整的运动场景。对动态空间能力的研究，尤其是对多个客体和多路径运动的动态空间的探索，必将极大地扩展视觉空间认知研究领域。

现有动态空间能力的研究缺陷可总结为以下几个方面：①关于动态空间能力的研究还较少，对动态空间任务的开发还没有大规模开展，即使是对动态空间能力核心任务的开发也远远不够。②在心理学研究领域，关于动态空间能力的研究局限于个别任务或动态空间因素任务的开发上，没有综合性测试任务，研究的生态性没有达到高水平。③由于缺乏动态空间综合性任务，因此动态空间加工的因素分析也受到影响，迄今为止没有确切性的动态空间能力的因素分解结果。④在应用认知上，对特殊职业的研究较少，如飞行员、驾驶员与航海员等职业，个体差异更多关注一般群体、性别差异以及临床研究。未来研究应该注重练习、经验与实践对空间能力的重要作用。

（二）研究前景

随着计算机技术的发展，对人类空间能力的测试将越来越注重生态性。动态空间能力测试比静态空间能力测试更具有生态性，更接近真实运动场景。随着计算机技术、三维空间动态技术的发展，相关人员可以设计更为生动的检测和训练程序。对空间能力的研究必然越来越注重综合性动态任务的开发和实践，注重个体在变换情境中的实时处理能力，未来的空间测试任务将更具有动力性、整体性、变换性和新异性。

第 四 章
视觉空间认知计算

本章试图呈现这样的观点,即人类有关视觉空间能力的认知加工可被视为一种计算(运算)结果,这种有关视觉空间的认知计算过程大体可以分为两个方面:对客观视觉刺激与视觉客体的视觉计算,以及在头脑里对知觉到的或已经储存的视觉信息进行操作的视觉表征计算。相对而言,视觉表征计算是心理学视野下的重要概念,除了静态视觉表征计算,本书将提出动态视觉表征计算。因此,本章将先介绍视觉计算,然后介绍视觉表征计算。

第一节 视觉计算

随着科技的不断发展以及大数据时代的到来,传统的机器计算越来越不能满足发展的需要,基于认知科学的认知计算便应运而生。认知科学研究的主要任务是发现人类认知的本质及规律,以揭示人类心智的奥秘。20世纪50年代末,借助机器对人类认知能力进行延伸的想法开始出现,随后,认知计算研究便逐渐兴起。本节将简要介绍认知计算、视觉计算。

一、认知计算

认知计算(cognitive computing)来源于模拟人脑的计算机系统人工智能,试图解决生物系统中的不精确、不确定和部分真实的问题，旨在探索大脑信息加工的机理，包括感觉、知觉、注意、记忆、语言、思维、表象、意识等认知过程，并以此建立可实施的仿脑计算模型和相关功能的算法，从而模仿大脑通过经验学习来发现不同事物间的联系，进而实现逻辑推理和记忆等功能（武慧娟，孙鸿飞，2018）。在认知计算的发展过程中，其理论得到不断的完善与更新，例如，主张认知是由计算系统完成的且大脑负责执行计算的物理符号系统假说（physical symbol system hypothesis），主张人的思想语言具有与计算机语言一致的结构且能进行计算操作的思想语言假说（language of thought hypothesis），提出可以模拟大脑建立起具有自适应和学习功能的人工神经网络模型的联结主义理论等。在理论得以发展的同时，认知计算的研究也产生了一系列相应的认知计算模型，如通用问题解决者模型、推理思维的适应性控制模型、平行分配过程模型、执行过程交互控制模型、脑逻辑认知模型等。

计算理论就是一种明确计算什么、为什么要去计算的理论。计算可被视为以系统方式进行信息转换的"黑箱"，就是对要解决的问题及其条件进行分析并提供一种运算，强调的是执行运算过程中所采用的精确步骤。

本书认为，可以用这种计算观点来表达人类有关视觉空间的认知加工过程，即本书的认知计算是指人类的认知加工过程。这个观点也不是新观点，因为我们通常在人工智能领域运用认知计算模拟人脑的加工过程时，其实也是将人脑等同于一个认知计算系统。相比于计算机，人脑是一个更高效的处理器，其认知计算过程更为复杂、丰富、主动且富有创造性，能迅速识别与处理认知信息，最终达成问题解决和任务完成。

本书提出，在视觉空间领域，认知计算就是对视觉信息的认知加工处理过程，既包括对视觉信息和视觉表征信息的捆绑、关联、比较、识别等过程，也包括在头脑里对视觉表征信息进行诸如旋转、排列、扫描、提取、推断等处理过程。视觉信息的高认知计算能力就是高空间能力的表现。

二、视觉计算

（一）视觉计算概念

我们可将人类对外界信息的视觉加工过程视为一种计算过程，即人类视觉对视觉对象进行整合、捆绑、识别、分析、判断等处理过程。这种信息处理过程早已经被应用于计算机视觉的研究中。计算机视觉就是利用计算机技术高效、准确地从单幅或多幅图像、视频以及周围环境中获取相关信息，进而对客观世界中的事物及发生的现象进行分析、判断与决策的信息处理技术，该方面的研究也取得了很大的突破与进展。不过，当前最优秀的基于统计学习等方法建立的计算机视觉系统的信息获取和处理能力仍远不及人类的视觉系统，尤其是在面对一些恶劣环境下的视觉信息时。为此，探究人类视觉认知计算过程，从视觉认知的角度去研究和设计计算机视觉算法成为一项迫切而又富有挑战性的任务。国内外学者从神经生物学、认知心理学、机器学习、模式识别等领域对视觉认知计算进行了大量的研究。

（二）视觉计算主要理论及模型

视觉计算的机制探索、理论探讨和模型建立的目的是增进人们对人类视觉的了解，并且将其应用于计算机视觉等领域。因此，视觉计算模型需要同时满足模拟人类认知和可计算性这两个特点。多年来，对视觉计算模型的研究也主要基于生物视觉机制和视觉计算理论。

1. 基于生物视觉机制的主要理论模型

视觉信息具有分层处理的结构特点，从视觉信息的采集到大脑皮层有8～10层的传输途径，最初的视觉神经区域负责提取视觉图像的亮度、纹理等特征，然后将获取的特征经过视觉神经传导到高级视觉感受野，即与视觉相关的大脑皮层。

20世纪中期，Hubel和Wiesel开始探索大脑皮层视觉区域的细胞，之后提出视觉感受野（receptive field）理论（Hubel，Wiesel，1959）。基于这一理论，Barlow（1961）提出"利用感知数据的冗余"进行编码的理论，认为感官表征的真正目的是对图像中的冗余进行建模，而不是减少冗余。Barlow认为，神经系统试图形成具有更高特异性的神经表征。例如，视网膜中的神经元只对空间中某一点的对比度做出反应，而皮层中的神经元只对特定的光强空间结构做出反应（如特定方向的边缘）。之后，在此基础上，一些理论、计算和实验研究表明，神经元在任何给定的时间点使用少量活跃的神经元来编码感觉信息，这一观点被称为稀疏编码（sparse coding）。这种稀疏编码策略具有几个优点：首先，它允许增加联想记忆的存储容量；其次，它使自然信号中的结构明确、清晰；再次，它在后续处理阶段以更容易理解的方式对复杂数据进行表征；最后，它节省资源。来自感觉神经元的生理记录表明，稀疏编码可能是一种普遍使用的策略，适用于不同生物体的几种不同模式。Rodieck（1965）进一步指出，不同感受野的直径方向上的截面对光信号的响应曲线都具有高斯分布的性质，彼此方向相反，并采用两个高斯函数的差来表示这种特性，称为高斯差（difference of Gaussians，DOG）模型，此模型作为滤波器模型，已被成功应用在图像预处理中。

上述观点均认为视觉皮层是特征检测器，而与之不同的是，Campbell 和 Robson（1968）提出了关于视觉系统空间频率通道的论述，该理论认为，视觉皮层是某种空间傅里叶分析器。Lowe（1999）根据大脑皮层中下颞叶皮层对于视觉刺激响应的特性，提出一种面向物体识别的尺度不变特征转换（scale invariant feature transform，SIFT）的计算模型，该模型是一种基于局部图像特征的目标识别系统，在识别过程中，全部特征不受图像缩放、平移和旋转的影响，部分特征不受光照变化和仿射或三维投影的影响。经改进，这一模型成为模式识别中用于局部特征提取算法的经典模型。

Riesenhuber 和 Poggio（1999）提出了第一个仿脑的基于特征组合的物体识别框架模型，该模型利用 Gabor 函数模拟了具有特定方向选择性的简单细胞的响应，采用集合机制实现不变性，通过对输入二维图像的分级处理，得到了具有尺度、平移不变性的特征向量。后来，Serre 等（2005）对该模型进行了改进，提出了一种从自然图像中获得特征向量模板的分级处理模型。

目前，研究大脑的视觉分层信息处理工作仍在继续进行，虽然研究中存在诸多困难与挑战，但是依据大脑皮层的分层处理机制建立模型，能够对计算机视觉的发展起到良好的推动作用。

2. 基于视觉计算理论的主要理论模型

进入 20 世纪 70 年代以后，麻省理工学院（Massachusetts Institute of Technology，MIT）人工智能实验室的 Marr 和 Nishihara（1978）立足于计算机科学，在总结心理物理学、临床神经病学、神经生理学和图像处理等领域在视觉研究方面的已有成果的基础上，提出了视觉计算理论，由此开了从计算机信息加工角度描述视觉形成机制的先河。

Marr 认为，视觉计算存在三个层次：计算理论、计算算法、计算机制。其中最重要的是计算理论。要将计算理论进行形式化表示，必须考虑到一些约束条件，要根据外部客观世界的一般特性找出有关问题的约束条件，并将其变成精密的假设，从而得出确凿且经得起考验的结论。计算理论建立在三级表象结构上，分别是基元图（灰度表象）、合维图（表面表象）和三维模型表象。Marr 认为，基元图主要描述图像的光密度变化及其局部的几何性质，合维图是以观察者为中心来描述可见表面的基本性质，三维模型用来处理和识别三维物体的三维形状表象。Marr的理论为视觉计算以及计算机视觉的发展奠定了理论基础，但是其理论也存在未能解决如何用数学的方法严格地描述视觉信息、未论及高层次视觉知识的表达和使用等问题，因此有很多学者对其提出了质疑。

Treisman和Gelade（1980）提出特征整合（feature integration）理论，认为视觉处理以自下而上的方式为主要加工特征，也具有局部交互作用。在此理论的基础上，Koch和Ullman（1985）提出了第一个视觉注意模型，提出选择性视觉注意需要三个不同的阶段：首先，在整个视野中并行计算一组基本特征，并用一组皮层地形图（cortical topographic map）表示，这些地图被合并成显著性地图，编码了视觉场景的相对显著性；其次，在这张地图上挑选出最显著的位置；最后，将所选位置的属性映射到中心表示。视觉系统通过有选择地检查出现在显眼位置的信息，以顺序和自动的方式处理视觉场景。

Itti等（1998）提出了适用于自然图像的高斯金字塔（Gaussian pyramid）模型，这是一种基于早期灵长类视觉系统的行为和神经元结构的视觉注意系统。在该模型中，多尺度图像特征被组合成一个单一的地形显著性地图，然后采用动态神经网络选择参与位置，以降低显著性。该系统通过快速、高效地选择需要详细分析的明显位置，解决了复杂的场景理解问题。

McClelland和Rumelhart（1988）提出的相互作用激活理论认为，知觉系统由大量节点，即最小加工单元构成，每个节点通过兴奋和抑制两种连接方式与其他节点联结在一起，共同构成一个结构复杂的网络。反向传播（back propagation，BP）神经网络模型在相互作用激活理论的指导下被提出，这一模型把一组样本的输入输出问题变为一个非线性优化问题，使用了优化中最普遍的梯度下降法，用迭代运算求解相应的学习记忆问题，加入的中间层使优化问题的可调参数增加，从而可得到更精确的解。基于神经网络多层次信息处理的基础，Hinton等（2012）提出深度学习（deep learning）算法，这一算法强调深层次、端到端、数据驱动特征的学习方式，整个模型是通过输入大量的训练样本以自动学习而非通过人工设置得到最佳参数，该算法目前在图像、文本和语音等多个领域都发挥了作用。

对物体变形的识别和对运动物体的识别也取得了一定进展。为了弄清楚视觉系统如何学会识别自然变形的物体，Wallis等（1993）提出了一种具有学习物体形变功能的视觉信息处理模型，将识别过程中的目标形变量用一系列独立形变参数表示，通过参数的设置、获得、描述，完成了对形变量的学习、识别等复杂视觉任务。Fanti等（2005）提出了一种对人们的运动方式进行分类、识别的概率模型，将人体的运动位置、速度等影响活动方式的因素与模型的学习、检测参数联系起来，并将一些形变量（如尺度、视角、位置的变化）作为模型中数字信号处理过程中的全局变量进行跟踪处理，既保证了实时性，又具有较高的（对遮挡的）鲁棒性和识别率，该模型已被证明可以有效地建模和识别人体运动。

罗四维等（2010）编著的《视觉信息认知计算理论》一书系统地讨论了基于视觉感知和有效编码假说的特征表示与计算模型，从认知心理学出发讨论了半监督学习、聚类、知觉组织，从人类视觉的注意机理角度讨论了模拟视觉注意机制的视觉感知模型等。这本书中提到了生物视觉感知的计算模型，如生物视觉启发的特征表示方法及其在基于内容的图像检索中的运用；认为有效编码假说是一种能合理解释复杂外部环境和有限的神经元个数之间关系的理论工具，并详细介绍了三种常用的衡量编码有效性的编码准则，即稀疏准则、独立准则和慢变准则；还介绍了流形的数据处理方式，因为人类处理信息时采用的并非如计算机按照大量数据位那样的高维处理方式，流形是一种有效的降维方法；半监督学习则重点介绍了多视图学习，针对数据有多个特征集的情况，联合训练分类器来提高性能；在聚类分析上从图像分割、图像聚类这两方面介绍了聚类分析在计算机视觉感知研究中的应用；中级视觉的知觉组织则以轮廓编组为例重点介绍了显著结构的描述，以及局部视觉元素如何组织成完整目标等问题；而视觉信息的选择性注意机制则讨论了基于空间的注意和基于目标的注意理论及相关研究成果。可见，罗四维等（2010）既介绍了视觉信息认知计算的方法，如流形处理、半监督学习、聚类、知觉组织等，也介绍了认知计算的研究领域，如生物视觉、知觉、注意等，同时强调了认知计算对视觉感知和机器学习的重要性。

基于视觉计算理论的模型为探索人类的视觉机制提供了思路，也使计算机视觉的实现和应用成为可能。由于基于视觉计算理论的模型和人类视觉信息处理过程仍存在差异，很多学者在不断地改进已有的视觉计算模型，也有学者不断引入新的理论，以增加计算机视觉对复杂环境的适应能力，例如，王坤峰等（2016）将由人工社会（artificial society）、计算实验（computational experiment）、平行执行（parallel execution）构成的ACP理论引入视觉计算领域，提出平行视觉的基本框架和关键技术，以构建更为智能化的视觉计算方法。

总体来看，认知计算和人类实际认知过程仍存在一定差异，仍有很大的发展空间。在视觉计算领域，对于复杂的视知觉现象，在早期格式塔学派提出知觉组织原则后就几乎没有重要的理论性突破，目前对于人类更高层次的、更为复杂的视知觉现象（如错觉和图像双关性）的理解与解释仍存在很多不足之处，因此还需要从心理学角度对人类的高级认知进行更多的研究、探讨与完善。

（三）动态空间视觉计算

在视觉计算理论中，研究者不仅关注一般静态视觉空间的加工，也关注运动空间的视觉空间计算问题。例如，Fanti等（2005）提出了一种对人们的运动方式进行分类、识别的概率模型。本书认为，对运动模式的识别和分类过程涉及运动视觉计算的问题，即该过程是以一种在线视觉计算的方式进行的。

在运动和动态空间中，随着时间的推移，客体之间的距离和位置关系会发生改变，对运动空间的运动计算依赖于这种关系的不断更新，需要准确、即时地把握客体之间的关系。运动视觉计算不仅要计算单个客体的运动态势，还要即时掌握客体之间位置关系和距离/数量的集合而形成的运动客体空间构型。运动态势的计算需要对运动客体的运动特征，如速度、时间、距离、方向等进行加工，而运动空间构型的含义应该有以下几点：①两个或多个运动客体的关系；②运动客体在运动空间中有随时、连续的变化，当运动客体停止运动后，运动痕迹也很快就会模糊，即可能只是图像记忆（在速度够快的条件下）；③视觉计算和个体的认知加工速度有关。

动态视觉计算是高水平空间认知加工。对运动客体即时的位置关系和距离关系进行整合不是感觉意义上的视觉加工，而是涉及轨迹追踪、相对速度判断、相对距离判断、运动时间判断等高级的空间认知加工与控制过程。虽然运动空间并没有现成的和既定的空间构型属性和表象属性，运动空间的客体关系空间属性是动态的和变化的，不过，正是需要个体即时在线建构运动构型和运动模式，需要运用类别关系编码、数量关系编码等计算子系统，从而形成客体之间正确的位置关系、数量关系和形状特性，更多涉及自上而下的加工，这才充分体现了运动视觉计算加工的高级属性。

第二节　视觉表征计算

本章对认知计算的阐述是在前人基础上再次强调将认知计算观点引入解释人

类对视觉空间的认知加工的重要性。由于学科限制,本章并不探讨具体的计算方法[如流形计算、聚类等(罗四维等,2010)],在内容上,也是基于认知心理学的相关内容,仅涉及视知觉及其表征过程,计算主要是对知觉组织和表征组织的描述,以及局部视觉元素如何组织成完整的目标。由于知觉组织这种计算既涉及下层的特征提取等初级视觉信息加工,又涉及上层的检测、识别、语义理解等高级任务,所以在视知觉中对知觉组织与表征组织的理解是最重要也是最困难的问题之一。本书认为,除了视觉计算外,对于人的主动加工特性来讲,更应该受到关注的是视觉表征计算。

视觉计算理论偏重视生理过程,或者着重阐述对刺激本身的物理特征的组织与提取,视觉表征计算着重从视觉表征出发,强调对空间表征的心理操作过程和运算过程,充分体现了人在视觉加工中的主动性。这也正是本书提出和强调的观点。本节将阐述视觉表征计算、动态视觉空间表征计算。

一、视觉表征计算

(一)视觉表征计算的概念

表征(representation)泛指代表、表示或象征另一个事物的符号或信号,是知识在个体心理的反映和存在方式。按知识的种类及其提取方式看,人类至少有四种类型的心理表征:认知地图、表象、图式和心理语言。认知地图是一种对综合环境经验的心理表征,既包括事件的简单顺序,也包括方向、距离,甚至时间关系的信息。表象通常指代一个人或客体。图式是对知识的一般性抽象和概括。心理语言包括语言形式表征和语言语义表征。在视觉空间领域,表征通常的表现就是表象。表象在认知心理学中指一个刺激事件的心理表象,既可以是刺激的直接图示,也可以是刺激特征的表达(黄希庭,2004)。

视觉表征是将事物或刺激的最基本特征抽取出来,形成具有特定属性的代表物。对于一个物体来讲,视觉表征就是这个物体的表象;对于由几个刺激构成的空间构型来讲,视觉表征就是这几个刺激的相互关系的表达,其基本的位置关系和距离关系可以表现出该空间刺激构型的基本特征,可以称之为"空间构型表征"。表征一方面反映客观事物,代表客观事物,另一方面又是心理活动进一步加工的对象。因此,视觉物体表征和视觉空间表征的认知加工均不是简单的感知水平上的加工,而是一个复杂的计算过程。从计算的观点看,表征建构就是在特征分析的基础上，利用材料驱动加工后形成的整体表征。

相对于其他视觉计算理论，Marr（1982）的视觉计算理论其实已经对表征计算进行了初步的阐述，也就是强调了认知系统的内部世界的问题。Marr（1982）在其著作《视觉》（Vision）中对"认知系统如何把一些零碎的线段拼在一起形成起初的容积本原"发表了自己的观点，他认为，这是人类视觉把一种能量形式从外部世界转换到我们认知系统的内部世界的问题。他还对客体和形状的信息表象做了重要的说明，对每个维度及每一种水平的表象存在与产生的目的以及每个水平使用的特征或本原进行了详细的阐述。例如，对客体或外界视觉形象初始表象草图的形成，其本原就包括点、终点和不连续的点、边沿片段、实线、曲线结构、边界等。

进一步，除了论述基本容积本原以外，Marr的视觉计算理论还进一步阐述了基本原之间的相互作用，这种相互作用可使视觉功能完成形状认识和表征建构。也就是说，可以这样理解，在空间认知中，运算理论除了阐述基本特征和容积本原外，还包括各种知觉组织（perceptual organization，PO）原则在视觉空间认知中的运用，有各种水平的视觉操作，最终整合刺激特性形成完整表征。在静止空间，个体运用PO原则，如Gestalt原则，将个别与局部刺激整合为一幅完整表征。视觉空间表征的建构是一个较为复杂的加工过程，对于由多个刺激构成的空间构型来讲，刺激之间的位置关系和距离关系可以表现出该空间刺激构型的基本特征。

表征建构的整合过程需要控制性注意来参与（Engle et al.，1999），空间注意是视觉空间工作记忆的重要复述机制，在将知觉表征转换为工作记忆表征的过程中起着促进作用（Schmidt et al.，2002），并且表现出了极大的个体差异（Pearson，Sahraie，2003）。整合的表征建构属于自上而下的加工过程，该过程的削弱或者缺失往往就是个体空间能力较弱的原因之一，即高水平视觉认知不仅仅是简单意义上的自下而上的加工过程，更多表现为自上而下的整合加工。此外，除了这些整合复述加工外，视觉操作，如连接、控制、旋转、折叠、旋转等过程以及运用视觉功能的视觉化过程等，都可以在视觉表征中体现出来，个体需要动用各种视觉操作来解决复杂的视觉问题。

可见，视觉客体和空间构型的准确加工不仅取决于个体能在记忆中保留的信息数量，还取决于每个人在表征中捆绑或正确地关联这些不同信息单元的能力。

（二）视觉表征计算的理论模型

1. 视觉空间加工子系统理论

（1）视觉加工功能系统

多功能系统理论是20世纪90年代初期出现的认知科学理论，是由模块思想发展而来的，认为认知过程的基础是高度专门化并相对独立的模块或子系统进行巧妙和复杂的结合。20世纪80年代末，模块理论占据着心理学乃至认知科学对智能解释的主导地位。该理论认为，人脑在结构与功能上是由高度专门化并相对独立的模块组成的，这些模块复杂而巧妙的结合，是实现复杂和精细认知的基础。20世纪90年代初，模块思想已发展为多功能系统理论。

在结合认知心理学、认知神经科学等学科的研究成果和计算理论的思想的基础上，Kosslyn等（1987，1990）提出了视觉表征的高级视觉空间认知加工子系统理论，为阐明个体视觉加工子系统的性质提供了理论依据。该理论强调了高水平视觉加工过程是一个个精确的运算过程，认为高水平视觉加工主要涉及视觉表象的形成和使用，是由高度专门化并相对独立的功能模块或子系统按照一定的层次结构结合而成的复杂信息加工系统。其中，第一层次子系统包括视觉缓冲器、物体属性编码（腹侧通路）、空间属性编码（背侧通路）、联想记忆和顶-底假设检验等。在第二层次上，物体属性编码由预加工、模式激活、特征检测等子系统组成。空间属性编码由局部空间扫描、类别关系编码、数量关系编码等子系统组成；顶-底假设检验由类别属性查找、数量属性查找、类别-数量转换、注意转移等子系统组成，如表4-1所示。

表4-1 Kosslyn等的12个假定的加工子系统

子系统	输入	目的	输出
形状编码	来自注意窗口的模式	把形状编码送入联想记忆中	形状表征
空间拓扑图的建构	低水平网膜图上每个单元的位置，注意窗口的位置以及眼、头、身体的位置	形成实际空间中的位置地图	与注意窗口有关的地图
类别关系编码	两个位置	对两个位置空间关系的类别表征进行编码	类别表征
坐标位置编码	一个或一个以上的位置	对相对于单一原点的各单位的坐标进行编码	坐标表征
视觉记忆激活	来自联想记忆中的部分名称	激活所储存的视觉表征来形成表象或在知觉过程中形成启动	视觉缓冲器中的激活模式

续表

子系统	输入	目的	输出
类别关系的建立和解释	用于查询部分位置类别表征的指令	查询部分的位置,然后将注意窗口指向部分的位置。在知觉中,这个部分被送入形状编码子系统。在表象中,一个新的部分在那个位置上被表象出来(通过视觉记忆激活子系统)	发出进行注意转移的各项指令(由注意转移的子系统执行)
坐标位置的建立	用于查询部分位置的坐标表征的指令	除了旨在使用坐标表征外,其余同上	发出进行注意转移的各项指令(由注意转移的子系统执行)
注意转移	一个新位置的说明书	转移注意窗口的位置	对新位置的注意
位置改变	视觉缓冲器中的部分及其位置的坐标表征	转移部分位置的表征	经过重新定位过的部分
部分重排	加上部分关系的类别表征,其余同上	对各部分的位置进行重排以便与类别关系相吻合	为位置变换子系统提供有关如何对各位置表征进行重新排列的方向
言语输出	控制器有关声音顺序的指令	使两侧言语装置程序化便产生出一个词或字	有关言语发生装置的各种指令
搜索控制器	路径搜索的有关指令	使子系统搜索路径得以程序化	注意转移子系统所发出的有关使用搜索路径的各种指令

资料来源:Kosslyn S M, Flynn R A, Amsterdam J B, et al. 1990. Components of high-level vision: A cognitive neuroscience analysis and accounts of neurological syndromes. Cognition,34(3):203-277.

按照Kosslyn等的理论,一个加工子系统就是一个功能单位,是一群神经细胞活动的功能。实际上,加工子系统就是把一组神经细胞描述为执行一个运算或一套运算来完成任务中的一个组成部分。Kosslyn等(1992)认为,各视觉加工子系统之间的组合构成了特性不同的视觉空间认知活动,并且,与感觉意义上的视觉加工相反,以表象为核心的视觉加工不仅与大脑的特异性功能相关,还涉及视觉再认、空间定位和定向、轨迹追踪以及表象转换等高级的空间认知加工过程。高级视觉皮层上的某些神经细胞所具有的特异性往往是构成加工子系统特异性和可塑性的神经学基础。

(2)视觉加工系统的结构特性

Kosslyn等(1990)的12个加工子系统分别位于大脑皮层的各个区域,并通过神经网络上特定的联结反映出各种不同的视觉认知功能。当然,参与人类高级视觉认知活动的子系统并非只有12个。同人类其他的认知加工系统一样,高水平视觉加工系统也是在人类长期进化和后天实践过程中建立和发展起来的,具有严密的结构特性,且在这种结构特性的基础上表现出相应的整体功能特性。在系统整体结构中,每个加工子系统表现出相对独立的结构特性,这使得各个子系统具有各自的性质、功能与活动方式。因此,加工子系统是各个高级视觉认知加工任务之间相互联系的中介环节和表现形式,不同的组合构成不同的认知任务。

从神经学的角度讲,高水平视觉加工系统的构成是以大脑神经结构的组成方式为基础的,是特定神经系统和环境发生相互作用时表现出来的规定性。神经结构决定着高级视觉认知功能的特性,反过来,这种认知功能又会影响和作用于这个结构。可见,高水平视觉加工系统组成的机制并不在于自身,而在于这个系统内部各子系统间的相互联系、相互作用。这些相互作用和输入输出体现出了视觉加工系统的整体特性。

(3) 视觉加工系统的动态特性

作为高水平视觉加工系统功能基础的神经结构会受到衰老或外部环境的作用而发生改变,从而表现出系统功能的动态特性。动态特性表明该系统的稳定状态是相对的,而动态是绝对的。比如,年龄效应或训练效应便是视觉加工系统功能动态特性的直接反映,它们反映了各加工子系统之间的组合、联系和转化。随着年龄的增长,一些视觉功能及其神经网络发生衰减,这也是视觉系统在对各子系统活动进行协同作用的同时进行的一种限制作用。训练可以使系统功能更好地发挥出最佳水平。高水平视觉加工系统能够根据内外环境的变化调整系统的内部结构,使系统的功能特性保持最稳定的状态,这就是系统的自适应现象,系统总会找到一组参数以便保持自身的稳定状态。

总之,随着内外环境的改变,高水平视觉加工系统及其各子系统、系统结构及其认知功能均会发生变化。科学地认识和处理这些变化,不仅有助于把握系统的整体功能特性,并且有助于理解这种系统整体特性下的内在机制。

2. 位置视觉理论

与 Kosslyn 等(1990)强调视觉表征计算的精确步骤不同,Pylyshyn(2001)的位置视觉理论(situated vision theory)着重于针对前概念客体(preconceptual object)的视觉索引(visual index)的前加工过程。事实上,两方研究者一直存在分歧:Kosslyn 等的理论侧重意识下的精确加工,并将视觉加工等同于运算;而 Pylyshyn 的理论侧重从人的前意识加工机制出发阐述人在视觉加工中的主动性,这种前意识加工是计算机没有办法模拟的。

位置视觉理论(或许翻译成"情境视觉理论"更适合其提倡的前概念机制特

征）认为，人在不具有关于客体属性或其身份的先前知识的情况下能加工和处理环境中的单个客体。该理论适合于解释物体识别和行动控制的双重目的，解释了视觉刺激如何构建概念表征的系统。它提供的解释框架论述了特殊的视觉表征元素与世界上某些元素之间的直接联系，即前概念的无中介的联系。这种直接联系允许引用实体（指视觉客体），而无须进行分类或概念化。此外，该理论阐明了对客体数字身份的搜索和查找是由早期视觉系统的视觉索引机制完成的，而无须通过描述符来识别对象。换句话说，它是在没有认知或概念干预的情况下完成的。

它有两个关键的名词：前概念机制（preconceptual mechanism）和视觉索引。关于视觉前概念，Pylyshyn（2001）认为，世界及其视觉表征都包含着特定的个体或元素，即客体或相关客体的任何东西，而前概念的表征系统包含符号或符号结构，如代码（code）、节点（node）、几何子（geon）、标识（logogen）、印迹（engram）等，可以称之为客体数字身份。视觉系统必须能够以更直接的方式识别个体，而不需要使用编码的属性或类别。也就是说，虽然我们并不经常能够明确地意识到，但在某些视觉条件下，我们也表征了一些东西，而不是用概念来表征它们。

为什么要用前概念而不用纯粹概念？纯粹概念表征的是完整刺激和近端刺激，纯粹概念可以被视为传统视觉计算的概念，也就是对视觉场景做出推论或决定是什么或如何处理它。当我们用视觉、思维甚至自然语言来表示某物时，我们通常是在描述一个情景，也就是说，我们把情景的要素表达为某个范畴的成员或属于某个概念。而前概念表征的是视觉表征元素之间的直接联系，这些直接联系在表征系统中有特定的标记元素，是视觉进行的前加工。

Pylyshyn（2001）认为，当我们的视觉需要挑选特定的标记客体（token object）时，如果我们的视觉表征仅仅根据概念或类别对场景进行编码，那么人类将无法识别或引用场景中的特定个体，除非通过涉及其他概念的概念或描述，因此有必要提出前概念机制。此外，Pylyshyn在说明将概念或描述（针对前概念）作为视觉表征的唯一形式的不足时，提出了三个基于实证研究的假设，以此来说明视觉前概念提出的必要性。

（1）视觉属性检测是对客体属性的检测

当视觉系统检测到属性并对其进行编码时，通常不仅将其视为视觉系统中存在的属性，还将其视为个体感知客体的属性。例如，视觉系统不仅检测到视觉系统中存在的红色或圆形或共线性，还检测到某些单个客体是红色或圆形或线性排列的。如果始终将属性检测为属于对象客体，则基于客体的特征编码正是早期理论关注的，如特征整合理论，但其实可以仅仅对客体属性进行编码，这属于前概念特性。

（2）客体标记的个性化是原始的，并且先于属性检测之前进行

客体标记的个性化过程不同于识别和编码客体类型或其属性的过程。显然，视觉系统可以区分两个或多个不同的标记个体，无论它们属于哪种类型，或者稍微不同，人类可以直观地感知出有几个不同的客体独立于全部客体的共有属性中。人类可以区分不同的客体（并计算它们），即使它们的可见属性是相同的。这就是假设视觉系统具有在编码其属性之前挑选和访问单个客体的机制。

（3）视觉表征是逐步计算的

我们的场景视觉表征不是一步到位的，而是逐步建立的。如果视觉表征是逐步建立的，我们需要一种机制来确定表征的不同构建阶段或不同时间段内各个元素的表征之间的对应关系，即早期视觉必须在忽略客体属性的同时，找出并计算几个客体之间的关系，这种逐步的增量计算和更新动态场景的表征需要跟踪标识客体，尽管其属性或位置发生了变化。

关于位置视觉理论，Pylyshyn（2001）提出的另一个关键词是视觉索引。这个词被用来解释这种前概念机制在表征中对视觉客体的标引组配与指标化，可以对视觉信息中的单个客体进行个性化、索引或跟踪。视觉索引负责挑选，挑选出来的东西就是我们通常所说的视觉原型客体（proto-object）。这个索引分配过程主要是刺激驱动的，而且是一种前意识加工。Pylyshyn认为，如果视觉系统以更直接的方式识别个体而不需要使用编码的属性或类别，那么视觉系统需要一种机制来选择和跟踪单个视觉客体，这种机制更像是一个指示性参考和索引，即视觉索引。这种索引机制很简单，解决的是简单对象初始阶段加工，研究的条件是与任务相关的客体属性，而一般客体理论一直关注客体的哪些特征编码并与记忆中的客体相关联。关注索引信息会从根本上改变与计划和执行操作相关的视觉计算问题。

Pylyshyn（2001）用位置视觉理论及视觉索引的前概念加工机制解释了几种视觉现象，包括数感、搜索子集选择和多目标跟踪等。该理论总体强调了视觉客体或原始客体的原始个性化在计算视觉表征方面是如此重要，对视觉客体进行索引是将视觉概念基础化的主要手段，并且对于解决跨时间和跨视觉的视觉整合问题是一种有效的方式。

二、动态视觉空间表征计算

在空间表征领域，传统上，静态空间表征计算受到研究者的更多关注，此外，还应该受到关注的是动态空间表征计算。

（一）动态空间表征

动态空间刺激/客体、动态空间构型形成的表征该如何表达？运动刺激形成的动态空间表征有一个最基本的特点，就是运动空间表征不是一成不变的，而是随时变化的。

人眼所观察到的客体运动总是在一定空间和一段时间内进行的，所以，运动知觉与空间知觉和时间知觉有密切的关系。因此，对于运动客体之间关系的表征问题，可以将空间知觉中的表征概念加入时间因素。一方面，在运动空间中，随着时间的推移，客体之间的位置、距离关系会发生改变，对运动空间的表征建构依赖于这些关系的不断更新，需要准确把握客体之间的态势；另一方面，对于每一个客体来讲，个体对其运动属性的掌握依赖于一段时间内其运动轨迹的表征积累。

杨仕云（2009）认为，可以用"即时动态空间表征"一词表达运动客体之间即时的位置关系和由距离/数量的集合而形成的运动客体空间构型。本书认为，用"运动态势表征"来表达更恰当一些，这种运动态势表征的质量依赖于个体对运动空间客体的空间关系的建立。

杨仕云（2009）还用"延时动态空间表征"表达运动客体尤其是单个客体的运动轨迹表征。本书认为，直接用"运动轨迹表征"更能直观和直接地表达动态空间表征特点。运动轨迹表征的是运动空间特有的空间和时间段结合的产物（静止客体是没有这样的表征的），其空间构型依赖于一段时间的运动客体运动轨迹的积累，也可以说是依赖于不断整合各个时间点上的运动态势表征。

因此，本书提出，动态空间表征是对运动客体的运动空间态势及运动客体之间关系的表达，包括运动态势表征和运动轨迹表征。前者是一个时间点概念，即某个运动时刻的运动空间构型表征；后者是一个时间段概念，也就是由运动轨迹积累形成的轨迹表征。由于时间因素的加入，两种动态空间表征不是一成不变的，而是随时变化的，依赖于在线计算。

(二)动态空间表征的建构是计算的结果

本书将计算观点引入动态空间表征的建构中,提出动态空间表征计算,即不管是运动轨迹表征还是运动态势表征,从运算的观点看,动态空间表征建构就是在对运动特征进行分析的基础上,利用材料驱动加工(自下而上)形成整体表征,这个过程也包括自上而下的加工过程,因为这是动态的表征计算,当下感知到的和在头脑里进行的任务表征是不一样的。这个过程因为有时间因素的加入而使视觉运算过程变得更为复杂,要求个体的判断和运算更为精确。

运动态势的即时加工是通过动态视觉的在线计算完成的,或者说,运动态势表征的形成可能更多依赖于视觉计算,由表征计算和视觉在线计算共同完成;而对运动轨迹表征的加工,更多是由表征计算完成的。运动轨迹表征计算的形成需要一定的空间积累和时间积累,其形成过程本身就是一个计算过程,在运动轨迹形成清晰的图像表征之前,认知加工主体需要对轨迹或运动痕迹进行确认、比较、特征检测(如果将轨迹看作一个整体的物体的话就是这样)。在运动轨迹形成后,还需要确认轨迹特征,以及轨迹本身之间点与点、段与段、局部与局部之间的类别属性和数量属性,从而形成对整体的完形的轨迹表征的正确认识。表征计算对运动属性的掌握依赖于一段时间内的运动轨迹表征,这是一个复杂的视觉加工过程和表征计算过程。静止客体是没有这样的动态表征计算的。

值得一提的是,虽然我们把计算分成了两种形式,即视觉计算和表征计算,前者指对当前视觉刺激的直接加工,后者指表象表征加工,并按照静态空间能力和动态空间能力进行了区分,如表4-2所示,实际上,诸多空间任务的完成都依赖于两者的协同作用。正如我们在动态空间部分提出"态势表征"一词一样,动态视觉在线加工按照其直接加工的特点,不应该用"表征"一词来表达,但对于不断变化的动态空间构型来讲,用"态势表征"一词又恰好能表达出动态空间中像电影一样的一帧帧动态画面。

表4-2 视觉空间计算的内容

类型	视觉	表征
静态空间能力	静态视觉计算 (传统领域,如Marr的理论)	表征计算 (如Kosslyn等的理论)
动态空间能力	动态视觉在线计算 (运动模式分类与识别)	动态表征计算 (运动态势表征和运动轨迹表征)

第五章
视觉空间能力的可塑性

可塑性的性质和程度是心理学的核心问题。经验能在多大程度上改变人的能力？经验的效果会随着时间而改变吗？在外界环境的影响下，个体变异的起源和决定因素是什么？长久以来，研究者对这些问题说法不一。由于本书关注飞行员飞行经验对其空间能力的影响，这就涉及空间能力的可塑性问题。飞行员的飞行实践是具有长久的影响还是仅仅使短期的空间绩效得到改善？其可塑性是否稳固？这些都是值得探讨的问题。本章将阐述行为与脑的可塑性、视觉空间能力可塑性的效应检验。

第一节 行为与脑的可塑性

认知行为可塑性的研究主要表现在对认知功能与行为的形成和发展、行为自动加工的获得性及其影响因素方面的考察。认知行为的终生可塑性是以脑结构的终生可塑性为基础的。本节将阐述可塑性、行为可塑性、脑可塑性及其表现。

一、可塑性

"可塑性"（plasticity）一词来源于希腊文"plastos"，意即"成型"。可塑性是出自生物学中的一个概念，指有机体在对环境反应的过程中，其结构和功能的可变性和突变性，这种可变性和突变性使人类能够适应外界环境的变化。此后，

James 在其 1890 年出版的《心理学原理》(The Principles of Psychology)一书中，在谈到人类行为对调节的易感性时，第一次将可塑性的概念引入神经科学领域。Hebb 在 1949 年第一次明确将这一概念作为其神经心理学理论的中心思想，并认为，大脑在发育成熟之后仍然会受到多种因素的影响而发生功能和结构的改变。现今，可塑性的概念已经被许多学科领域所借鉴，如对神经系统可塑性水平和某些行为模式的变化规律加以解释。认知行为作为大脑的功能表现，其稳定性、易变性和可塑性问题一直受到研究者的关注。

通过学习和训练某项任务来考察某个认知功能的可塑性是当前行为可塑性研究的重点。通过考察，可了解哪些认知功能、哪些智力可随着训练而得到改变，哪些又是比较稳定而不易改变的。这就为很多领域，如人才培养、人才选拔、临床上患者功能丧失后的恢复训练等提供了参考依据。比如，可塑性研究对于人员的选拔和训练研究具有重要的意义。从认知行为角度看，人员选拔就是选拔那些在所需要的认知行为上表现较好的人员，人员训练则涉及如何更大程度地提升人员的认知功能表现。

大脑可塑性研究为认知功能与行为的可塑性研究提供了生物学基础，或者说大脑可塑性研究本身就包括脑功能表现，也就是认知行为的可塑性。认知神经科学把心理与大脑的统一理解作为自己的目标，强调心理活动是大脑的功能这个简单的真理。在较长时期关注了静态认知过程的神经基础后，现在更多的研究者越来越关心由学习和发展引起的神经系统的变化。人类行为与大脑功能可能通过以下途径反复循环（刘海燕，李玲玲，2006）：外界环境刺激—脑结构与功能的变化（可塑性机制）—行为变化—脑结构与功能的进一步变化（脑可塑性）—行为完善。大脑结构和功能与行为不断相互影响、相互促进，使大脑功能与行为变化更有机地结合起来。可塑性研究的重点是了解行为改变和中枢可塑性机制的确定性关联，并最终能够引导目标范畴内的行为和中枢改变，这将促进正常人的学习过程（董明皓，2013）。因此，认知功能的行为可塑性和脑可塑性同时受到关注。

二、行为可塑性

认知心理学和认知神经科学中的"行为"一词是作为脑的功能表现而存在的，包括感知、记忆、思维、学习、智力等各种认知行为、心智活动和外在动作反应，即行为包括内心行为与外部行为，内心行为是人的有意识的或无意识的、内省的、观念的活动，是一种心理操作；外部行为是人的言语的、动作的、社会的活动，是一种可观察的、可作用于外物的、可影响他人与环境的行动。在形式上，行为包含各种形式的认知活动、认知技能和动作技能。从一般意义上讲，人的行为不仅仅是遗传的本能活动，而且具有发展性和可塑性。例如，不仅人类的视觉、听觉和躯体感觉皮层存在可塑性，即使像语言、记忆、运动技能等高级认知领域也同样存在可塑性（Mano et al.，2003）。本书将关注空间认知能力的可塑性。

（一）认知行为的发展

一个正常的个体从出生到成熟，各项心理指标都出现了变化和进步，在环境和已有经验的作用下，获得了多种认知功能和多种行为模式。从仅能运用视觉、听觉、触觉、动觉等方式感受外界环境刺激的婴儿，到能解决复杂问题的社会个体，可塑性表现为人类在一生中表现出各种不同行为模式的能力，表现为人类适应各种生态环境和复杂刺激情境的能力。在个体发展的进程中，脑为个体的心理发展奠定了坚实的物质基础。在人作为生物体的基本构造中，尤其是神经系统与大脑规定了心理发展的可能性，而丰富的后天生活环境无疑将这种可能性转变为了现实性，既给予了脑物质基础以重塑形态和结构的机会，也给予了基于物质结构的功能可塑性得以实现的机会。人类自身发育进程中存在的各种行为可塑性和适应性是各种毕生发展理论中的一个关键点。

（二）练习和学习后行为的自动化

我们第一次做一项复杂的作业时会显得笨手笨脚，即使给予足够的注意资源也会显得不协调。在多次练习之后，即使是最具有挑战性的任务也能变得自动化，需要很少或者不需要注意资源。只要有足够的练习，动作和认知活动就会逐步变得程序化和自动化，任务会完成得更加精确。在早期，Hasher 和 Zacks（1979）就指出，有两条途径可以导致自动化：一是遗传；二是练习与实践。由遗传原因导致的自动加工是某种先天的反应倾向和本能行为，和个体固有的神经结构特性有关，是造成个体能力差异的较稳定的因素。不过，正是由于这种自动加工是稳定的，而且难以被操纵、可控性低，因此，更应该受到关注的是由练习、学习与实践引起的自动加工，它是熟练技能的重要基础。

由练习与学习引起自动化的心理机制受到了研究者的重视。最有影响的是

Anderson（1982）的思维的适应性控制（adaptive control of thought，ACT）理论，该理论非常成功地解释了人是如何获得特殊领域的技能的，强调了基于相似性的大量与长期的练习在程序性知识学习迁移中的重要作用。在ACT理论中，动作技能和认知技能的获得经历了三个阶段：①转化阶段：对用陈述性知识表征出的规则进行解释，并做出尝试，执行操作；②联结阶段：多次操作形成以产生式形式表征的程序性知识，各产生式之间的联系加强，达到程序化；③协调和精练阶段：技能因练习而稳定，元认知策略的协调机制可导致意识控制特征的进一步消失，直至达到自动化水平。可见，每一个领域的专家在其领域内所表现出来的迅速而正确的认知与行为技能是大量练习与学习的结果，熟练使专家在记忆系统中存储了更大的产生式系统，有利于问题的解决。自动化水平的获得与提高既意味着智能与技能的获得与提高，也意味着潜能的开发与利用，还意味着训练、学习、教学方法的有效性。

（三）行为自动化进程的影响因素

功能与任务能否实现自动加工、在多大程度上可以实现自动加工取决于两类因素：一类是隐性因素，行为可塑性取决于相关的基因特性，即个体在遗传特性上所存在的差别；另一类是与认知行为相关的显性因素，显性因素对可塑性水平的影响更为明显。这些显性因素主要包括以下几个方面。

1. 年龄差异

研究表明，在不同年龄阶段，各种认知技能的作业水平均发生着较大的改变，老年人的认知功能是人类行为可塑性中一个重要的研究领域。例如，在一些认知功能上，老年人仍然保留着发展潜能的能力。但在一些可塑性较低的认知任务上，即使给予他们强化训练，其作业水平仍然显著低于年轻被试（Baltes，Kliegl，1992）。

在空间能力上，总体来看，Uttal等（2013）在对217项研究进行元分析后没有发现年龄对空间能力训练水平有显著影响，即儿童、青少年和成人经过空间能力训练后，其提升水平是一致的。他们认为，应该通过更为严格的设计，来检验空间技能在特定年龄时期是否具有更强的可塑性。

2. 性别因素

Uttal等（2013）的元分析还发现，男性和女性对空间训练都有很大的反应，即空间训练能同时提升男性和女性的空间能力,然而,空间能力的性别差距并没有因为训练而缩小。这是不是提示,可以通过额外的培训来缩小空间能力的性别差距?这是值得探索的。

一些使用大量训练的研究确实发现,空间能力的性别差距可以被缩小,甚至被消除(Feng et al., 2007)。此外,许多训练研究表明,由于个体最初的水平不同,其在训练中的提升表现也是不同的(Just, Carpenter, 1985; Terlecki et al., 2008)。例如,Terlecki等(2008)的研究表明,最初空间能力得分较低的女性被试一开始进步缓慢,但在后来的训练中进步得更快。相比之下,男性和女性的初始得分越高,在训练的早期表现越好。这表明,如果训练时间不够长,女性被试从训练中获得的收获似乎会更少。因此,是否可以通过适当的训练方法消除空间能力的性别差距仍然是一个悬而未决的问题,但很清楚的是,男女都可以通过训练较大程度地提高他们的空间技能。不过,这还要看任务,如心理旋转任务,试图缩小这种特定空间技能的性别差距的努力可能是劳而无功的。心理旋转任务对于女性来讲是较难的任务,难以通过训练而达到高水平。

3. 训练水平

可塑性是个体在某一领域内对专业技能或专业知识长期不断投入的结果。各种认知技能要达到较高水平,均需要经过广泛且高质量的训练,并要经过人生中一个长期实践的过程,特别是在技能习得的早期,足够的训练显得尤为重要,例如,Feng等(2007)的研究就采用了大量时间训练,这就是一种广泛的训练,发现大量训练可消除空间能力的性别差异。高质量的训练也一直是各认知训练领域研究的重要内容,如飞行员的空间技能与飞行技能训练,因此,训练方法的改进和教学指导的渗入就显得尤为重要,即良好的学习策略和学习方法的应用使任务可塑性有了积极的引导力量。

4. 个体动机水平

个体动机和对任务目的警觉水平的提高,是提高认知行为效率的动力性和情绪性因素。有关这种动力性因素影响认知绩效的研究有很多,在此不再赘述。不过,这些因素会混淆年龄、性别和训练上的差异,从而导致无法对各个组潜在的绩效水平做出准确的评估。

另外,同时考虑到影响训练效应的隐性和显性因素造成的个体差异,个体认知功能的初始水平可能会影响训练的可塑性程度。例如,如果同时开始训练的话，那些最初水平比较低的被试比那些最初水平比较高的被试对训练的反应更好（Uttal et al.，2013），也就是说，最初空间技能较差的被试最有可能从空间训练中受益。在某种程度上，这种效应可能源于一个上限，它限制了最初具有高水平空间认知功能的被试的提升程度。这提醒我们，空间训练对空间能力（指最初认知功能水平）不同群组的改善程度是不一致的。

（四）行为的终生可塑性

从更深层次讲，可塑性概念通常是指人类在一生中表现出各种不同行为模式的能力，表现为人类适应各种生态环境和复杂刺激情境，可把人类行为的可塑性看作生物进化和社会文化积淀的产物。进化与文化传递的共同作用产生出了具有普遍性的行为可塑性效应，从而建立起了人类整合的智能体系和适应性体系。人类自身发育进程中存在的各种行为可塑性和适应性是各种毕生发展理论上的一个关键点（Baltes et al.，1998）。对婴儿认知与行为可塑性的研究，可以揭示脑发育和婴儿认知发展之间的精确的平行关系，掌握人类认知、运动、社会能力的起源与发展。同样，对老年认知可塑性的研究无疑有助于揭示年老化进程中的认知特点与规律。从行为研究来讲，可塑性研究主要集中探索行为可塑性的条件及其程度以及那些与年龄相关的制约因素。从这层意义上看，可塑性就是指人类在一生中表现出各种不同行为模式的能力，这些行为模式是人类适应各种生态环境和复杂刺激情景的智能体系和适应性体系。

三、脑可塑性及其表现

（一）脑可塑性

临床医学家与心理学家通过对成年期脑损伤及儿童早期脑损伤的观察发现，儿童早期发生的脑损伤导致的认知与行为缺陷较少，由此提出了脑的可塑性概念。

一般而言，凡是影响认知活动的可塑性机制，一定会影响神经系统和非神经细胞的功能（Gazzaniga，1998）。大脑作为人类行为的源头，会受到环境、生理因素、经验和训练的影响，可以发生可塑性变化。例如，皮层感觉、运动功能的映射是依赖个体经验中基于时间的变化过程，经常运用的功能在皮层中的投射比例增大，这种投射不是绝对不变的解剖关系。神经可塑性即指大脑发育成熟之后仍然能受到多种因素的影响而发生功能和结构改变的特性，这是人类一生行为发展和变化的重要基础。这意味着脑的发展从根本上会涉及一系列脑功能和结构的改变,即脑可塑性。

脑可塑性是指脑可以为环境和经验所修饰,具有在外界环境和经验的作用下塑造脑结构和功能的能力,分为结构可塑和功能可塑(郭瑞芳,彭聃龄,2005)。脑的结构可塑是指大脑内部的突触、神经元之间的连接可以由于学习和经验的影响而建立新的连接,从而影响个体的行为。它包括突触可塑和神经元可塑等。脑的功能可塑可以被理解为通过学习和训练,脑区功能增强,或形成了新的认知技能和动作技能,也就是行为的可塑性。行为的可塑性是以脑的形态与结构的变化为基础的,脑结构基础的可塑性和脑功能表现的可塑性是相统一的。

近年来,现代神经生物学方法提供了压倒性的证据,证明正是遗传因素和个人经历的相互作用引导和支持了大脑的发育(Stiles et al.,2012)。大脑在没有关键的遗传信号的情况下不能正常发育,在没有必要的环境输入的情况下也不能正常发育。越来越多的神经发展心理学家逐渐认识到,可塑性是发展过程中的脑以及成熟以后的脑对环境积极适应的特性(刘海燕,李玲玲,2006)。神经系统输入的改变、输出连接导向的改变都会导致系统的重组,这种重组既会发生在宏观层面(包括行为、解剖、生理方面),也会发生在微观层面(包括分子和细胞方面)(王亚鹏,董奇,2007)。

(二)脑结构和形态的可塑性

众所周知,人脑重量超过了大多数动物,特别是人脑与体重之比更是超过了其他动物。这是人的大脑具有明显优越于其他物种的结构可塑性的先决条件。人类怀孕10个月的婴儿在出生时的脑约为350克,而在成熟时约为1400克,出生时与成熟时的脑重量之比约为1:4。出生时尚未充分发育的脑为其后天的结构可塑性提供了条件。可见,仅从形态上看,人脑具有很大的可塑性。脑可塑性在宏观层面的变化表现为脑重的变化、皮层厚度的变化、不同脑区沟回面积的改变等(王亚鹏,董奇,2007)。

脑结构和形态的改变是对周围环境的积极适应。比如,当神经元过量或者突触过剩时,就会发生神经元的自然死亡和突触的大规模丧失,这在生物学上被称为衰减事件。哺乳动物中神经元过剩的平均比例大约是50%(Stiles et al.,2012)。人脑在发展过程中也存在着衰减事件。衰减事件代表脑的某些形态和结构上的变化会直接影响到认知功能的发展。作为一种影响结果,衰减事件使得不同职业的人群形成其典型而特殊的脑结构，也就使得不同职业的人群有不同的认知特征。

（三）脑突触和功能区的可塑性

脑可塑性在微观层面的变化表现为树突长度的增加、树突棘密度的改变、神经元数量的改变、大脑皮层新陈代谢的变化、突触效能的改变、突触连接的改变，以及皮层表征面积、表征区域、表征方位和表征区域之间联合或分离的变化（王亚鹏，董奇，2007）。从脑的微观发展来看，分子水平和细胞水平的可塑性是知觉、记忆和认知等过程的重要基础，而更高级的认知技能和动作技能的形成与发展则与脑功能分区有关。即使是成熟的个体，脑结构仍处于动态变化之中。杨雄里概述了三个层次的脑结构可塑性（杨雄里，2002）：①突触可塑性。突触是神经元之间实现信息传递的关键位点。突触功能的强弱取决于其信息传递效率，而突触传递效率受神经活动或经验的支配。学习过程可以丰富神经细胞之间的联系，并可以促使其他一些神经细胞把神经纤维生长到与学习活动相关的脑区域。这样，学习过程的刺激使细胞之间的联系变得更为丰富和复杂，由此大大促进了信息的交换和处理。②神经元条件性活动。神经元在某种特定刺激条件下会出现活动的增强。例如，在视觉皮层上对特定光条进行反应的特异性视觉神经元的存在。③皮层代表区可塑性。皮层代表区不是固定不变的，而是一个动态性结构。经验或训练可以使皮层代表区的精细结构发生重组。这种经验依赖性的结构重组可以用来解释为什么人类会学会某些智能和运动技巧。

研究者用大脑功能区的可塑性来解释由训练带来的自动化行为与智能。练习所导致的自动加工伴随着脑激活的变化。一种观点是减弱说。一些研究者（Kassubek et al.，2001）通过脑成像技术发现，在由控制性加工向自动加工转化的过程中，和任务相关的脑区域的激活呈现出程度上的减弱，完成任务的效率越高，这种激活减弱现象就越明显。例如，Jansma 等（2001）运用 Sternberg 的加因素法范式研究工作记忆对动词的提取，发现随着练习次数的增加，和工作记忆有关的脑区，如背侧前额皮层、右前顶部皮层的激活减弱。另一种观点是重构说，认为任务的控制性加工和自动加工分别由不同的脑模块运行（Jueptner，Weiller，1998），在自动化的深层加工过程中，发生了脑模块之间的激活重构。而基于磁共振成像的人脑可塑性研究发现，长期的训练导致相关领域专家在进行任务时相应脑区的激活面积缩小，这一趋势说明长期的训练使得专家的大脑能够用更少的资源处理更多的任务（Tang et al., 2007），支持了功能区的可塑性。

（四）脑的终生可塑性

Wiesel 和 Hubel（1963）提出的关键期是可塑性研究领域中的一个重要概念，是指作为行为水平和行为类型基础的神经结构处于一个高度的可塑期阶段。在这一时期，脑在结构和功能上都具有很强的适应和重组的能力。在关键期这个特定时期，特定的环境信号或经验对某些"经验依赖"的认知功能的可塑性是绝对必要的。还有一个词是敏感期，指的是体验期待期，即机体环境或经历的变化会导致神经组织的替代模式，从而在这一过程中传递出更大的灵活性（Stiles et al., 2012）。

不过，更应该受到关注的是脑的终生可塑性。可塑性并不是神经系统的偶然特性，而是神经系统尤其是大脑自生命开始到生命终结的整个进程中都保有的特性。另外，行为可变性和大脑可塑性也并不是一对一的映射关系，两者的对应关系是以多样的方式表现出来的。当机体进入成熟期后，一般认为神经结构的可塑性水平会随着年龄的增大而降低。然而，后来的研究（Buonomano, Merzenich, 1998）发现，在脑受损、中风以及神经系统受到破坏之后，一种行为能力的丧失往往伴有中枢损伤或者损伤脑区周围脑区的功能替代，尽管两者机制不同。大脑在发育过程中会表现出发展可塑性，而且在发育成熟以后，大脑皮层仍然存在可塑性。特别是在长期的学习或训练之后，成年人的皮层上仍然出现了明显的可塑性现象，即使在脑发育成熟之后，脑的结构和功能也并非一成不变，而是仍然保持着高度的可塑性。可见，脑可塑性是伴随人的一生的（Stiles et al., 2012）。

第二节　视觉空间能力可塑性的效应检验

多年来，视觉空间认知发展的研究大多集中在空间技能的生物学基础上，对影响空间思维的因素以及如何改善这些因素对空间能力的影响的研究相对较少。不过，大量研究发现，空间能力是可塑的，即使是少量的训练也可以提高男性和女性、儿童和成人的空间能力。因此，空间训练在提升空间能力以及更广泛的科学教育方面发挥着较为重要的作用。本节介绍视觉空间能力的可塑性及其检验、视觉空间能力可塑性研究的实践意义。

一、视觉空间能力的可塑性及其检验

（一）一项元分析

在空间能力可塑性上，Uttal等（2013）为了确定训练和经验是否以及在多大程度上可以提高空间能力，对217项研究进行了元分析，调查了空间技能训练的规模、调节因素、持久性和普遍性，在剔除异常值后，发现相对于对照组，训练组的平均效果（Hedges's g）为0.47（SE=0.04），表明训练效果稳定，且不受培训和后测之间延迟的影响。他们还发现，训练也转移到没有直接训练的其他空间任务上。几个重要的调节变量包括控制组的存在和类型、性别、年龄和训练类型。例如，早期的空间训练可能更有帮助，Mix和Cheng（2012）的研究表明，练习空间技巧可以提高一年级和二年级学生的数学成绩。可见，空间能力具有很强的可塑性，空间思维训练是有效的、持久的和可转移的。这个论点基本上适用于所有空间技能类别。在Uttal等（2013）有关空间能力的2（内在信息、外在信息）×2（静态心理操作、动态心理操作）的所有分类特征（表2-1）中，每个类别都是可塑的，且空间能力的内在信息与外在信息、静态心理操作与动态心理操作这些不同类别的空间能力之间在训练效果上几乎没有差异。

Uttal等（2013）认为，空间能力可塑性的研究不仅有助于阐明空间认知及其发展，而且有助于指导有关哪些空间训练项目可以以经济和教育上可行的方式实施的政策决策，他们特别强调空间能力与STEM［STEM是科学（science）、技术（technology）、工程（engineering）、数学（mathematics）四门学科的英文首字母］学科之间的联系，提倡用空间能力训练来提升学生的STEM能力，空间训练可以提高学生的STEM学科的兴趣、成就和成就的潜力。例如，即使是稍微提高旋转数字能力，也可以帮助一些学生解决更多的有机化学问题。

（二）空间能力的练习效应与可塑性

视觉空间认知加工过程与大脑的特异性功能相关，不仅依赖于控制性加工，还依赖于自动加工。Kosslyn等（1987，1990）的"高水平视觉空间认知加工子系统理论"是从脑功能模块的基础上对空间认知进行的划分，不同的视觉空间认知任务的可塑性水平是不一样的。按照该理论的观点，加工子系统是对神经网络所做的一种功能性的描述。如果在网络上反复进行这样的输入、输出，则会使网络上各联结的权重得以改变，从而使该网络在再次获得输入时，所产生的输出量更大、噪声更小。由于训练是有选择地改变各种联结上的数量，这将有助于使网络上某些特定的子系统对环境中有意义的模式更加敏感，使其成为专门寻求有效信息的各种具有适应性的过滤器，这是练习效应产生的基本机制（Kosslyn，1987）。

  游旭群等（1998，1999，2002，2004）认为，视觉空间认知加工任务的可塑性水平用练习效应和年龄效应来检验完全是可行的。可塑性水平既能够表现出随着系统训练的进行而出现行为功能增强的练习效应，也能够表现出随着年老化进程而出现行为功能减弱的年龄效应。视觉空间能力有练习效应，说明在神经网络上，输入输出模式的重复进行使网络上各联结的权重得以改变，就会使后继同类模式的激活变得容易和敏感。游旭群等（1998，1999，2002，2004）发现，并非所有的高水平视觉加工水平都会随着外界系统训练的影响发生相应的改变，反映出练习效应在神经网络分布上的不平衡性。表象旋转、数量空间关系判断和视觉特征提取任务表现出可塑性较强的特点，年龄与长期系统训练是影响自动加工过程形成的两个因素。而表象扫描、运动推断和类别空间关系判断等任务易于获得自动加工，有相对稳定性和较弱的可塑性。晏碧华等（2011，2015）发现，飞行员在动态空间加工中表现出距离加工、运动特性加工、定向控制、整体策略、表征计算等加工优势，这也是职业训练对飞行员动态空间加工的影响，显示出可塑性较强的特点。总体来看，在视觉空间领域，有些认知加工和遗传因素紧密相关，而有些任务可以经过训练得以完成。通过揭示各个视觉空间认知任务的练习效应，可以推论各个任务自动加工可塑性水平的高低。

  从训练时间来看，要高水平地完成如表象旋转这样的任务，需要长时间的练习与实践积累。系统训练对空间能力的影响不容忽视。当然，短时训练产生的效果也可以被检测出来。例如，晏碧华和游旭群（2008）发现，作为想象练习的心理模拟对空间表征质量有增强效应，说明短期训练在空间表征建构方面有积极作用，不仅支持了视觉空间能力的练习效应，也支持了练习对行为可塑的普遍意义。而要更高水平、自动化地完成空间任务，需要长时间的训练。例如，特殊职业人员（如飞行员）的表象旋转能力强是其职业特点使然，不是短时练习所能达到的水平，练习效应是长时功效。视觉空间认知技能只有经过时间的推移和练习的增加才能达到质的飞跃，才有可能显现出自动加工的效果。

从训练效果来看，Uttal 等（2013）发现，虽然大多数有关空间技能的训练研究没有包括训练持久性的测量，但训练效果是可以持久的。事实上，对于训练后立即进行的测试和训练结束后延迟进行的测试，训练效果的大小在统计学上是相似的。因此，需要进一步研究的是哪种培训最可能产生持久的效果。并且，最好能探索出怎样的空间训练具有良好的转移效果，即空间训练效果转移到了没有训练的任务上或其他领域的绩效上，如转移到技术与工程能力上。例如，Kozhevnikov 和 Thornton（2006）发现，物理材料的交互式、空间演变的丰富性对折纸任务测验的后测成绩产生了促进作用。在某些情况下，不同任务涉及不同的材料和不同的概念需求，我们需要开发能够促进各个任务之间紧密耦合的训练，而足够的培训或经验才会使绩效转移到其他空间任务或其他领域成为可能。由此来看，飞行员三维空间的飞行实践对于提升多个空间任务绩效必然有良好效果。

本章强调了空间能力训练和练习对行为与脑可塑性的重要意义，关于空间能力训练的方法学问题将在本书第九章阐述。

（三）空间能力的年老化效应与可塑性

在第二章中我们已经知道，有些空间任务的衰老化还是非常严重的，如视觉工作记忆任务。游旭群等（1998，1999，2002，2004）在探索视觉空间认知训练效应的同时，也对这些任务的年龄效应进行了考察，认为有年龄效应说明衰老必然会导致大脑某些神经细胞与结构活动特性发生改变，从而导致相应认知功能发生不同程度的改变。他们的研究发现，并非所有的高水平视觉加工都会随着年老化进程的影响发生相应的改变，反映出年龄效应在神经网络分布上的不平衡性。并且，凡是出现练习效应的任务往往也表现出了相应的年龄效应，如表象旋转、数量空间关系判断和视觉特征提取任务中均表现出了年龄效应，老年人完成这些任务较困难。

在老年人的空间任务训练上，Uttal 等（2013）的元分析认为，空间训练在各个年龄阶段都是有效的，其中也包括老年人，只要给予足够的空间训练，老年人的空间技能也可以得到提升。在 Uttal 等（2013）分析的研究中，大部分的研究对象是静态空间，对于动态空间，研究也发现训练可以提高老年人的空间绩效。处理复杂动态场景的能力在现实生活中至关重要，Legault 等（2013）总结认为，这种能力会随着衰老而减退，但其效率会随着训练而提高。他们的实验评估了老年人在动态虚拟现实环境中提高跟踪速度阈值的能力，如图 5-1 所示，结果表明，这种能力受到正常衰老的显著影响，但感知认知训练可以显著减弱老年人的年龄相关效应，经过训练的老年人表现出了和年轻人相同的学习效果，显示出了较强的可塑性。老年人的训练效应提醒我们，健康老年人保持学习是非常重要的，持久学习才能使其高效地处理生活中的各种空间任务。

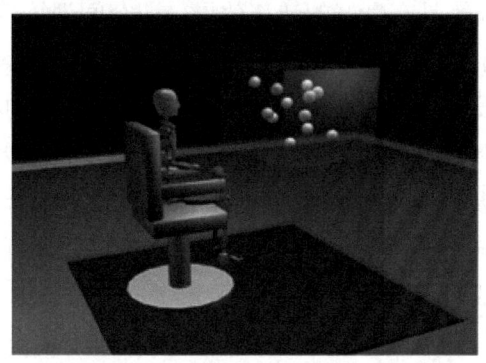

图5-1　利用动态虚拟现实环境对老年人进行空间训练

资料来源：Legault I，Allard R，Faubert J. 2013. Healthy older observers show equivalent perceptual-cognitive training benefits to young adults for multiple object tracking. Frontiers in Psychology，4，29-35.

二、视觉空间能力可塑性研究的实践意义

脑、行为的终生可塑性为实施训练和实施教育的系统影响、为个体和群体的学习活动提供了可能。认知和行为塑造中的核心因素是教育能力和接受教育的能力，只有人类才会有意识地按照某个特定标准或目的来修正自身的行为，以建立特定的行为标准。

（一）为实施训练与教育提供了可能

从教育和训练的长时功效性来讲，任何成效的取得都需要一定时间的积累。从有意识的控制性加工到无意识的自动加工，从外显的陈述性知识的获取到内隐的程序性知识的形成，从一般知识到自动化认知技能和智慧技能的转化，无不需要一个漫长的酝酿和积累过程。因此，对教育长时功效性的理解，应坚持两个方面：一是教育与学习时间的积累；二是在实践过程中，教育和学习的效果处于动态发展中，直至充分展现出最终效果，显示出行为可塑性。这提醒我们，可塑性是终生的，教育和训练也可以是终生的。正如Uttal等（2013）的元分析研究给我们的启示，空间训练对空间能力的改善不仅限于那些最初水平特别低的人，最初

水平较高的个体也可以从训练中受益，持久训练是积极有效的。

（二）提高特殊职业人员选拔预测的准确性

从选拔的角度分析，某些难以获得自动加工的视觉空间能力往往显得更有价值。例如，在航空领域，良好的视觉空间心理表象能力是飞行员维持恰当的飞行状态、进行空间定向的基础。因此，要使飞行员能够具有较高水平的表象能力，就必须首先解决好选拔问题。在选拔之初，就要求重点考察那些与飞行职业紧密相关且在后天难以获得自动加工的视觉空间认知能力并将其作为选拔系统中的核心要素，这也正是某些国家在飞行员选拔上一直强调选拔那些"天生"飞行员的核心所在。再如，对于一些特殊人才，如体育人才和音乐人才的选拔，必须了解备选人员的发展潜能，同样也要将某项运动技能和音乐能力的可塑性作为选拔的核心要素，这样就避免了教育资源和训练资源的浪费。研究不同认知技能的可塑性水平，是提高心理学选拔系统有效性的关键环节。

（三）有效促进脑损伤患者的功能康复

从认知行为和大脑可塑性两个角度阐明认知技能的可塑性水平，对于各种脑功能障碍的临床康复训练具有重要意义。通过对健康被试和各种脑损伤病人进行对比，运用特定任务可以分析大脑损伤后的可塑性和功能代偿性。Stiles 等（2012）认为，神经可塑性和认知发展的重点是早期脑损伤儿童的大脑和认知发展的动态模型。因为他们发现，同样的导致神经损伤的模式，会大大损害成年人的认知能力，但对儿童的纵向研究显示其只有轻微的认知缺陷。虽然可塑性在儿童认知、语言、运动、感觉和情感功能等不同区域的表现和适应性不同，但总体上反映了在神经基底受到严重损伤的背景下，大脑和认知功能仍保持正常的动态和自适应的发育过程。

视觉空间训练对于脑损伤康复具有独特意义。选择性地进行特殊领域的系统训练可使特殊儿童的康复训练达到事半功倍的效果。视觉表象能力不仅是空间智能的核心，同时还具有最大程度的鲜明性、多样性和灵活性，是想象的主要材料和儿童知识的主要内容，儿童在思维过程中比成人更多地使用表象。由于空间智能具有这种整体性和非逻辑性特点，它更能直观反映个体对世界的理解，更能直接反映个体的真情实感。不管是能力缺损（如弱智）儿童，还是情感缺损（如自闭症）儿童，他们的逻辑性、分析性思维表达受到的影响更多，而空间智能和动作技能受到的影响则相对较小。因此，可对他们进行空间能力的表达与训练，如电脑游戏训练、绘画训练、玩具摆放训练、沙盘游戏训练等，让孩子通过这些途径来表达自己的感受和理解，既可以促进其空间智能的养成，也可以从整体上提高特殊儿童的康复性训练效果。例如，研究者运用电脑游戏对8～9岁的儿童进行训练后发现，儿童的心理旋转能力得到有效提高（De Lisi，Wolford，2002）。宋丽波等（2003）应用表象训练技术对弱智儿童的表象清晰度和表象记忆进行训练，发现表象训练技术对于提高弱智儿童的表象清晰度和表象记忆力是有效的，表象清晰度越高，训练对记忆提高的帮助越大。

第六章
飞行员静态空间能力可塑性

在上一章中我们知道,视觉空间认知加工任务的可塑性水平用练习效应和年龄效应来检验完全是可行的。游旭群等(1998,1999,2002,2004)对高水平视觉认知加工中的练习效应和年龄效应进行了深入、系统的探索研究,本章将对多个关于高水平空间任务的职业练习效应的可塑性水平研究予以述评,从而展现飞行员静态空间加工优势及其空间能力的可塑性,深入了解飞行员静态空间的认知计算优势。本章内容包括飞行员静态空间能力可塑性研究、飞行员静态空间能力的计算优势及其可塑性。

第一节 飞行员静态空间能力可塑性研究

飞行员空间能力的可塑性研究是通过将飞行员组与对照组进行对比,两组通常在性别、年龄、利手性和文化程度上均相匹配,以发现飞行员和普通人在不同空间任务中的认知加工差异,揭示飞行员的职业训练和飞行环境对空间能力的影响。本节将介绍飞行员表象旋转、空间关系判断、视觉特征提取、视觉表象扫描和静态空间定位。

一、表象旋转

（一）表象旋转与飞行活动

高水平的视觉空间认知活动是以表象为核心，对各种视觉空间信息进行加工、处理的过程。与低水平的、感觉意义上的视觉加工相反，高水平的视觉加工不仅与大脑的特异性功能相关，还涉及视觉再认、空间定位和定向、轨迹追踪，以及表象转换等高级的认知加工过程（Kosslyn et al., 1990）。视觉表象能够以多种方式进行转换，其中最为典型的一种就是以表象为基础的心理旋转。心理旋转是空间表征转换的典例，它以表征的产生为前提，并对表征进行旋转操作。表象旋转不仅被视为一种典型的视觉空间认知活动，而且被作为评定飞行员空间定向认知水平的主要指标之一，是飞行员从事飞行所必备的一种认知因素。

（二）飞行员表象旋转的认知加工特点

为了探索系统的飞行训练对高水平的视觉空间认知活动中的表象旋转加工子系统功能水平的影响，游旭群和杨治良（1999）对20名现役歼击机飞行员和20名作为控制组的被试进行了实验检测。

实验所采用的刺激图形如图6-1所示，该刺激结构来自Dror等（1993）的实验。每个刺激形状的面积不超过2.6cm×3.2cm（视角为3.1°×4.3°）。第一个形状是正立的，顶部是一个黑色的小正方形。在第二个形状中的相同位置上也是一个黑色的小正方形，它有助于被试确定两个刺激的相应部分。实验共有四个旋转角度（0°、90°、135°、180°），在每个角度上，其中一半刺激为一致性匹配，另一半刺激则互为镜像。

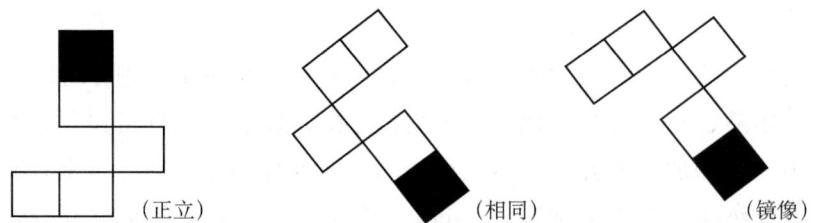

图6-1 飞行员表象旋转加工子系统特性的初步研究的刺激样例（分别为正立、相同、镜像）
资料来源：游旭群，杨治良. 1999. 表象旋转加工子系统特性的初步研究. 心理学报，31（4）：377-382.

实验要求被试根据屏幕上所呈现的两个图形的方位来判断它们是否为同一个图形。当时的实验任务是由一台计算机来控制的，对所有测试均进行随机化处理。被试如果认为两个图形相同（尽管方位不同），则按"Y"键，反之则按"N"键。

游旭群和杨治良（1999）的实验发现，除0°旋转角度外，无论在其他各旋转角度的反应时方面，还是在反应正确性方面，飞行员组均与控制组有非常显著的差异，即飞行员在90°、135°、180°旋转角度上均优于控制组，反应时更短且正确性更高。这就不难看出，由一个旋转加工子系统所执行的加工量的改变对两组被试的反应时的影响方式不同，飞行员的反应速度和正确性受加工量改变的影响要小于普通被试。

（三）飞行员表象旋转的可塑性

按照Kosslyn（1991）的观点，除形状编码和确认两个子系统外，至少还有三个子系统参与表象旋转：第一个是用于对各部分的表征位置进行转换的子系统；第二个是用于对各部分间的空间关系进行监控的子系统；第三个是用于查询已被储存的信息以引导转换子系统重新对各部分位置进行恰当的安排。游旭群和杨治良（1999）的实验结果表明，飞行员在表象旋转加工的速度和准确性上均要高于一般被试。虽然该实验任务本身涉及多个子系统的参与，但唯有那些负责旋转加工的子系统可能是导致飞行员组与控制组间存在差异的主要原因。从两组在0°旋转角度上的反应时无显著差异的结果可以推测，负责形状识别和确认的加工子系统具有相对稳定的特性，但从两组被试在旋转斜率（旋转角度增加）上的差异可知，飞行员在涉及那些方位表征变化方面的加工上具有非常明显的优势。在国外，Dror等（1993）在采用不同实验设备的条件下，对16名飞行员和16名控制组被试进行心理旋转测试，同样也发现飞行员在心理旋转上相对于常人具有优势。由此可以认为，表象旋转加工能力能够通过外界环境的系统训练而获得改善，其主要原因在于练习效应。

二、空间关系判断

（一）空间关系判断与飞行活动

Kosslyn等（1992）指出，人们通常是以两种特性不同的表征方式进行空间关系识别的：类别空间表征（对应类别关系）和数量（坐标）空间表征（对应数量关系）。类别关系阐明相邻部分间的空间关系，有助于对那些具有易变性且结构复杂的客体建立起某种可描述性的结构（Marr，1988）。数量关系可提供用于计算第二级数量关系所需要的信息，诸如各部分间的距离比（Baker et al.，1999），并特别有助于定向。两种分离的加工子系统分别执行对两类空间关系的表征，但在某个加工阶段上还要趋于融合。晏碧华等（2008）的研究证实了两类空间关系既分离又协同的特点。这个融合点大致位于大脑Wernicke区附近的皮层联合区位置，两种典型的空间信息只有在这一区域中得以整合后，客体才能获得真正意义上的识别。

由于类别关系和数量关系加工子系统分别位于大脑皮层上的不同区域，并且不同皮层区域上特定神经回路所表现出的神经特性以及神经细胞特异性的表现方式不同，因此相应的加工子系统在空间关系识别方面可能会表现出不同的认知特性。基于Kosslyn等（1990）高水平视觉加工的理论模型揭示，视觉空间加工神经认知特性的一条重要途径就是检验个体在完成特定视觉空间加工任务中是否存在系统训练效应。

在实际飞行中，可以说，一切操纵行为都时时要求飞行员对类别和数量这两种空间关系做出准确而迅速的识别和判断。比如，在着陆时，就要求飞行员以恰当的下滑角度保持正确的下滑曲线。在类别水平上，飞行员必须清楚地知道飞机究竟位于这个下滑线的上面还是下面。然而，这类信息尚不足以提供充足的信息以帮助飞行员保持良好的下滑角度。因此，飞行员还需要获得进一步的线索，要么是来自外部视野的信息，要么是来自飞行仪表的信息，这样他们才能获得下滑中有关偏差的更加具体的信息，即飞行员只有在识别出各种偏差量大小的前提下，才能够有效地对飞机下滑过程中所出现的偏差进行控制和校正。

可见，空间关系识别不仅是一种典型的视觉空间认知加工能力，也是飞行员在日常飞行训练中所必须触及的一项基本心理品质。因此，有必要通过实验明确系统飞行训练是如何影响飞行员对不同空间关系的识别的。

（二）飞行员空间关系判断的认知加工特征

游旭群和杨治良（2002a）对20名歼击机飞行员和20名控制组被试进行了视觉空间关系判断的测试。

实验刺激来自Dror等（1993）的刺激模式，根据计算机设备做了相应调整。基本刺激由一根水平棒和一个"×"构成。棒的大小为0.6cm×2.4cm，视角为0.8°×3.0°；"×"的面积为0.4cm×0.4cm，相应的视角为0.5°×0.5°。研究者通过改变"×"的位置来控制测试的难度水平。对于类别空间判断来说,"×"被置于刚好触及这根棒的位置时为较难测试,而距该棒2cm以上(视角为2.4°)时则为较易测试。对于数量空间判断来讲,"×"距离棒上下1.27cm为边界线所在的位置,当"×"落在该边界线上下2.54mm(视角为0.3°)内时为较难测试,而距这个边界线5.08mm以上(视角为0.6°)时则为较易测试,即把"×"距离标准长度的距离进行变换以达到控制难度水平的目的。在实验过程中,随机将棒的呈现位置向上或向下移动6.00mm,以便确保被试不会记忆棒在屏幕上的位置,同时还随机将"×"向左或向右移动,但都控制在该棒的左右端范围内。刺激结构见图6-2。

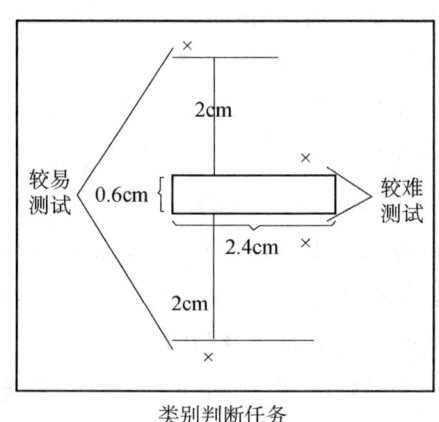
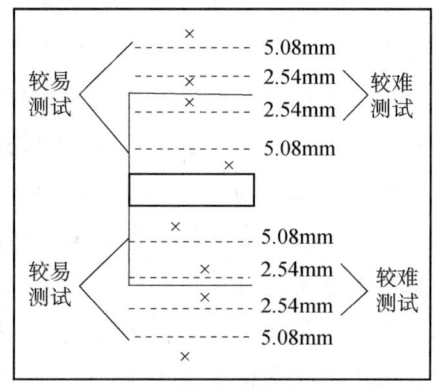

图6-2 飞行员视觉空间关系判断实验刺激结构图

资料来源:游旭群,杨治良.2002.视觉空间关系识别中的认知加工特性.心理学报,34(4):344-350.

类别判断任务要求被试判断一个"×"是出现在棒的上面还是下面,通过改变"×"与棒之间的距离进行难度水平控制。数量判断任务要求被试判断"×"是否位于距离该棒上下1.27cm内。在正式实验之前均设有练习实验,并且在数量判断任务中需要先给被试呈现出位于这只棒上下1.27cm边界线的画面,同时要求他们学习并掌握这个间距,而后再进行数量判断任务。

游旭群和杨治良(2002a)的研究发现,在类别判断任务上,两组无显著差异,且两组的成绩呈现出天花板效应。在数量判断任务上,飞行员组在较难测试条件下的反应时和反应正确性水平均与控制组有非常显著的差异,飞行员的反应既快又好。因此可以认为,由数量空间关系加工子系统所执行的加工量的改变对两组被试的反应时和反应正确性的影响方式不同,飞行员对数量关系识别的反应速度和准确性水平受难度水平改变的影响显著低于控制组，表明飞行训练有助于提高飞行员对数量空间关系的判断和识别能力。

（三）飞行员空间关系判断的可塑性

游旭群和杨治良（2002a）的实验中出现了飞行员与其对照组在数量空间关系识别任务上的分离现象，但在类别空间关系识别任务上则未出现这种现象，这个结果和Dror等（1993）的研究结果是一致的。可见，飞行训练对两种空间关系的影响途径不尽相同。通常，练习效应的产生也同大脑半球的信息加工方式密切相关。许多研究（Kosslyn et al., 1992；Chabris, Kosslyn, 1998；Jacobs, Kosslyn, 1994）表明，大脑左半球要比右半球更善于识别类别空间关系，而右半球要比大脑左半球更善于识别数量空间关系。游旭群和杨治良（2002a）的实验中所获得的结果意味着飞行员在某些特定的有关大脑右半球的活动上要优于一般的被试，即存在于大脑右半球上的、用于进行数量空间关系判断的加工子系统较易产生明显的练习效应。Gordon和Leighty（1988）在一项对美国海军航空兵的认知特征的研究中指出，飞行员在涉及右半球的信息加工方面表现出了较大的优势特征，而在大脑左半球的信息加工方面则与普通人大致相当。需要指出的是，游旭群和杨治良（2002a）采用的国内飞行员被试在其招飞测试中未接受过视觉表象方面的测试任务，也就是说，初步可以排除数量关系识别任务上可能会导致组间差异的选拔效应。由此可以认为，数量关系上的组间差异同飞行员所从事的职业活动有密切关系。

类别判断任务中没有随外界系统的训练而发生功能显著增强的练习效应，从而大脑表现出了功能的稳定性或可塑性较低的认知特性。按照神经生物学的观点，神经结构的稳定性决定着行为水平的稳定性和一致性。Kosslyn（1991）认为，一些具有稳定性的视觉加工更多是同先天的、固有的脑神经功能结构特性相联系的。而在数量空间关系的识别加工上，飞行员与对照组出现了明显的分离，即表现出了显著的练习效应。可见，在特定领域内所接受的训练有助于空间视觉化和空间定向能力的提高，且空间判断水平的改善同系统训练或实践的次数呈线性递增的函数关系（Kosslyn et al., 1990；Gaylord, Marsh, 1975）。这些研究的发现不仅证明了空间认知加工中训练效应的存在，而且同Kosslyn关于视觉表象加工子系统上存在练习效应的观点相一致。飞行员在数量空间关系判断加工上所出现的分离现象正是神经网络上这种练习效应的外部表现，从而证实了数量空间关系加工表现出了可塑性较强的认知特点。

三、视觉特征提取

（一）视觉特征提取与飞行活动

人们对客体的观察及其形状的识别通常是在各种视觉噪声条件下，即客体的某些部分在被遮挡的情况下进行的。例如，物体的某些部分可能被草丛或大雾所掩盖掉。在这种情况下，视觉系统是通过抽取客体关键特征的方式来解决这类形状识别问题的。所谓关键特征（critical feature），是指客体所具有的个性特征（characteristic feature），这些特征能够使一个客体有别于另外一个客体，即使在该客体部分被遮挡或被扭曲的情况下，其结构的拓扑空间关系仍然维持恒定。视觉特征提取（visual features retrieval）是指在借助视觉表象加工条件下，对图形被遮挡部分（即图形残缺部分）进行恢复的一种完形加工过程。这一加工过程能否得以正确实现取决于被试对物体关键特征（即物体固有的空间拓扑特征）的有效提取，并通过视觉表象对所提取到的客体关键特征进行延伸，以便达到视觉表象空间上的完形效果。

视觉特征提取是飞行员日常飞行训练所必须触及的一项重要的飞行认知能力。在飞行实践中，飞行员必须能够在可视性较差的环境中控制飞机状态并保持正确的航向，特别是在被云雾遮挡的地标识别、夜航和大雾等能见度较差的气象条件下，以及在受到电子干扰情况下的仪表飞行状态中尤为如此。因此，良好的视觉特征提取能力对于飞行员保持良好的飞行姿态、提高飞行情境意识水平、保持飞行定向能力及有效地执行作训任务具有重要意义。

（二）飞行员视觉特征提取的认知加工特征

为了检验经过系统的飞行训练是否会引起飞行员对视觉特征提取加工水平的改变，游旭群（2004）招募了20名现役飞行员和20名控制组被试参与了实验。

实验刺激如图6-3所示。通过连接一个、两个或三个近似椭圆形的光带来构成实验的刺激形状，即呈不同分割状和斑点状的各种图形。这些光带构成一个由灰色阴影区组成的图形，它能使被试清楚地感知到这个图形模式。实验有两种刺激：无附加视觉噪声的刺激和有附加视觉噪声的刺激。实验任务是通过比较难易两种实验条件下的作业方式来评定被试提取视觉特征的能力。在容易任务的条件下，被试观察由一个曲线轮廓所构成的形状并要求其判断一个"×"是否落在这个形状上；在较难测试的条件下，一些视觉噪声（由九条不规则曲线构成）已经被随机地附加在这个形状上了。其中一半刺激类型的测试的"×"落在了图形刺激内,另一半则落在了这个形状之外。实验处理与分析是从刺激复杂性和任务难度两个方面分别进行的。刺激的复杂性是由光带条数所决定的,光带数越多,表明刺激的复杂性越高;任务的难度水平是根据有无视觉噪声的干扰来划分的,有视觉噪声干扰的条件为较难测试,反之为较易测试。

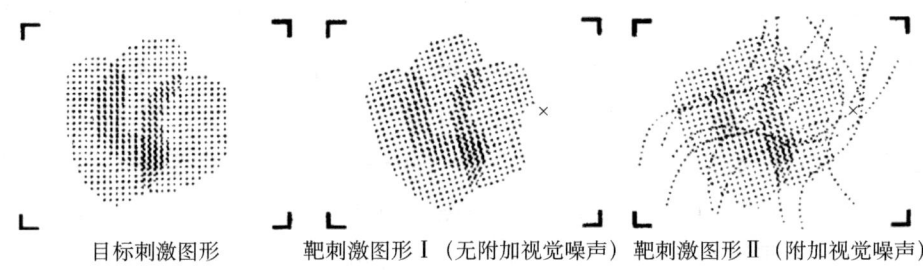

目标刺激图形　　靶刺激图形Ⅰ(无附加视觉噪声)　　靶刺激图形Ⅱ(附加视觉噪声)

图6-3　飞行员视觉特征提取实验刺激样例

资料来源:游旭群. 2004. 视觉特征提取加工中的认知可塑性. 心理科学,27(1):46-50.

游旭群(2004)的实验结果表明,飞行员组在有视觉噪声测试条件下的反应时和反应正确性水平均与控制组有显著差异,飞行员的反应时更短且反应正确性更高。这一结果表明,在视觉噪声背景下,飞行员具有较高的视觉特征提取加工能力;而在无附加视觉噪声任务上,两组的反应时和反应正确性均无显著差异。

(三)飞行员视觉特征提取的可塑性

游旭群(2004)的实验结果揭示了视觉特征提取加工中存在练习效应。训练历来被作为提高某种特殊技能的一种重要手段。特定的职业很可能抽取或保留了人们某种特殊的认知模式,从而使某种特殊能力获得相应的发展和提高。游旭群(2004)的实验结果显示,随着刺激复杂性水平的提高,飞行员在视觉特征提取的反应速度上表现出的优势也越来越明显,刺激复杂性水平的改变对飞行员反应时的影响要显著低于对照组。在任务难度上,飞行员也显示出优势。可见,日常的飞行训练的确有助于提高飞行员对客体视觉特征的提取和识别能力,即飞行员即使在较困难的视觉条件下仍能维持良好的视觉特征提取加工能力,从而在相应表象加工子系统的功能特性上表现出较为显著的练习效应。

四、视觉表象扫描

（一）视觉表象扫描与飞行活动

Kosslyn（1987）提出表象与对现实客体的知觉相类似的观点。视觉表象中的客体同样具有大小、方位、位置等空间特性，同时也是可以被扫描的。表象扫描是要求被试构成一个视觉表象并加以审视的过程，如同利用内部的"眼睛"来扫描，以确定其中的空间特性。表象扫描涉及系统转移人对物体或图画的注意，这种表象移动发生在客体的背景上。表象扫描常常被人们用来在表象层面上扫描客体或场景并对所发生的某种事件做出预先的判断以及对各种表象模式进行检查，因此这一加工是获得良好情境意识水平的基础。

在飞行中，飞行员常常被要求对各种飞行方案产生出各种表象模式。例如，在着陆过程中，飞行员必需利用这种表象模式来控制飞机的姿态和高度，以便能够以正确的角度和方位着陆于跑道上。此外，飞行情境意识是由飞行员对外界环境的表象所构成的，如有关其他飞机与自己飞机间的相对位置等，这些都要求飞行员对表象情境进行必要的扫描（Dror et al., 1993）。因此，表象扫描是日常飞行训练中所必须触及的一个认知要素。

（二）飞行员视觉表象扫描的认知加工特征

为了检验飞行训练是否有助于提高飞行员的表象扫描加工系统的功能水平，游旭群和杨治良（2002b）用实验测试了20名海军现役歼击机飞行员和20名控制组被试。

实验刺激来自Kosslyn等（1990）的实验模式，为环状正方形，是由20个0.7cm×0.7cm的小正方形构成的，每个边上分别有6个小正方形，环形刺激的总面积为4.2cm×4.2cm（视角为5.6°×5.6°）。每个试次中均有3个黑色小正方形，分别位于环状刺激的3个边上。一个长为0.5cm、视角为0.6°的箭头在被试按空格键后出现在这个环内的中心区域。箭头顶端与目标正方形的距离分别为2.1cm、1.2cm以及0cm（即相连），通过这种距离设置来控制表象扫描的难度，即距离越远，表象扫描任务越难，如图6-4所示。

在被试学习这个环状刺激直到他能够记住这些黑色小正方形的位置后，这个箭头以极快的速度（用时为50ms）呈现在这个环的中心，之后整个形状全部消失，要求被试判断这个箭头是否指向一个黑色的正方形。由于箭头呈现时间非常

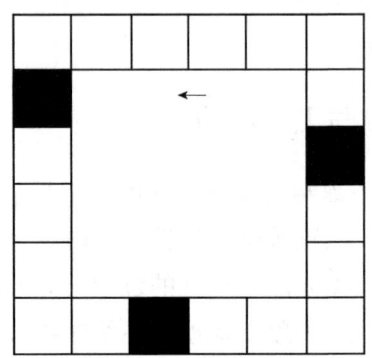

图6-4 飞行员视觉表象扫描加工实验材料示意图

资料来源：游旭群，杨治良.2002. 视觉表象扫描加工可塑性水平的研究. 心理科学，25（1）：18-21.

短，被试根本无法根据知觉进行判断。这可以被视为一种表象扫描加工。

游旭群和杨治良（2002b）的实验发现，飞行员和普通被试在表象扫描上没有显著差异，尤其是在较难任务上也没有差异，表明表象扫描加工在其特定的神经网络上没有表现出随系统训练而发生显著的练习效应。

（三）飞行员视觉表象扫描的可塑性

尽管表象扫描对于飞行员日常飞行训练具有一定的重要性，但系统的飞行训练并没有使得这一加工水平获得显著的提高，即相应神经网络在受到相同刺激模式的反复作用下，并未能够表现出一种功能增强的练习效应。这一结果也证明了练习效应在高水平视觉加工神经网络上的表现是不平衡的。因此能够推断，这一加工可能会表现出一种功能可塑性相对较低的认知特性。这个结果也与Dror等（1993）的研究结果一致。一方面，这个结果说明了表象扫描是一个相对稳定和独立的加工子系统。这是因为先天和固有的神经解剖特点已经在网络上一个有限的激活区进行了划分。与负责表象转换的加工子系统相比，负责表象扫描移动的加工子系统只获得了较少的激活。另一方面，执行表象扫描任务没有涉及多个加工子系统的参与，而由较为单一的加工子系统所完成的加工活动往往易于表现出可塑性水平较低的认知特性。因此，表象扫描能力具有相对稳定的认知特性。

五、静态空间定位

传统的空间定位测验（localization test，LT）是静止的定位测验，是一种较为典型的视觉空间工作记忆任务，而工作记忆一直是飞行员认知能力研究的重要内容，因此，我们有必要回顾相关研究内容。

（一）视觉空间模板

工作记忆是一种对信息进行暂时性加工与储存的能量有限的记忆系统，是保持和处理在线有限信息的能力（Baddeley，1992），是知觉、长时记忆和动作之间的接口，是思维过程的一个基础支撑结构。工作记忆和多种认知任务相关，是人类的基本智力和基本认知能力。智力测试中的一般因素（g 因素）是最为重要的，即"g is primary"（Spearman，1923），后被一些研究者改进为"g/working memory is primary"，将工作记忆和 g 因素视为平等地位（Kyllonen，Christal，1990；Tirre，Raoufl，1998）。工作记忆能良好地预测学业成绩、执行功能、流体智力（Fukuda et al.，2010）。Johnson 等（2013）发现，视觉位置变换工作记忆任务和韦氏智力量表的相关达到 0.56，并认为工作记忆是高级认知能力的核心要素。Goldman-Rakic（1994）还把工作记忆评价为"也许是人类心理进化中最重要的成就"。

关于工作记忆，广为接受的理论模型是三成分模型（Baddeley，Hitch，1974），该模型认为工作记忆由中央执行系统、视觉空间模板和语音回路三个部分组成，其中视觉空间模板又被称为视觉空间工作记忆（visuo-spatial wokring memory，VSWM）（Logie，1995），负责视觉信息的储存与加工，用于产生、操作和存储视觉形象。视觉空间工作记忆包括客体工作记忆和空间工作记忆（Smith et al.，1995；Zimmer et al.，2003；Klauer，Zhao，2004），其中，客体工作记忆对物体的大小、颜色和形状进行加工和存储，而空间工作记忆则与空间位置、运动等特征有关。这种分离性结构得到了神经心理学及脑成像研究的支持（Courtney et al.，1996；沃建中等，2005）。不过，在实际操作中却很难设计一个任务能将客体记忆和空间记忆完全分离，因为客体必定存在于一定空间中，因此对影响客体工作记忆的空间因素进行控制，或设计客体、空间分离性较好的任务是当前的研究方向之一。Cornoldi 等（2000）认为，视觉空间工作记忆不仅不是一个单一的系统，而且可以根据使用材料、任务类型和个体主动控制的程度进行分化，如客体记忆和空间记忆、视觉特征记忆（如颜色、形状、背景等）和空间关系记忆（如大小、方向、位置、空间构型等）、视觉细节和视觉整体记忆、空间顺序性和空间同时记忆、空间分类和空间坐标记忆、空间自我中心和空间他中心。这些分化不是在同一水平上进行的，前三种划分指向视觉表征的区分或者视觉表征与空间表征的区分，后三种划分则是针对空间表征的分类。

（二）飞行员的视觉工作记忆

飞行员属于工作记忆能力较强的人群，基本上所有的飞行员心理选拔系统都会重视工作记忆的重要作用。在现代航空飞行中，飞行员的工作方式已经向认知、监控的方向转变，短时间内完成对大量信息的综合加工、做出准确判断的决策过程已成为飞行活动的主要特征，这无疑将对飞行员的认知能力提出更高要求（Hoermann，1999）。研究发现，飞行员在包括数字工作记忆、短时记忆、数字鉴别和汉字旋转等在内的认知能力上显著高于常模（丹笑颖等，2004），并且性能越复杂、机动性越大的飞机对飞行员工作记忆的要求就越高。万憬等（2006）发现，高性能战斗机飞行员的数字工作记忆能力明显比运输机飞行员更高。此外，作为人机系统的监控者，飞行员需承担从感觉输入到决策输出的信息加工任务。武国城（2002）认为，决策是飞行员信息加工的核心环节，以判断为前提并受注意和记忆品质的影响，工作记忆是决策过程的重要机制，要做出及时而正确的决策，就需要在工作记忆中保持几种假设和检验这些假设的先验概率。

视觉空间工作记忆的储存与加工功能一直是预测飞行员训练与飞行绩效的良好指标。Tirre和Raoufl（1998）认为，在飞行驾驶过程中，视觉空间工作记忆的在线加工和暂时储存能力与飞行员的基本认知能力、认知加工速度、事件管理的动态加工及手眼脚多重协调能力都有密切的关系，并决定了这些加工处理的效果。

（三）静态空间定位任务的操作性

在视觉空间中，定位反应可以更直观地表达出被试对客体位置关系表征和数量表征的整体掌握情况。通常，大多数工作记忆任务有确定的需要储存的单元（item），如字母、文字、词汇、数字等（Miyake et al.，2001），都有确定性的数目或位置。而在空间定位任务这种视觉工作记忆任务中，没有确定性的、明晰的记忆单元，需要对距离进行加工编码、储存、提取和执行处理。Gordon（1986）编制的CLB中的空间定位任务是以距离表征的建构为基础。齐建林等（2003）探讨了常用的五项空间能力测验的结构效度，其中空间定位测验采用Gordon所编任务，结果发现，定位测验测试的是个体的空间定向因素，该结果与Gordon和Leighty（1988）的理论相符，即定位测验测试的是空间能力三个因素中的定向因素,在这里,空间定向表现为对视觉刺激图形各元素排列关系的理解能力。

不管空间定位任务测验预测的是定向能力还是视觉化能力,空间定位任务都显示出了较强的操作性,即在中央执行系统注意控制的辅助下,视觉空间模板可以自动或控制性地完成视觉操作。Miyake等(2001)探讨了视觉空间工作记忆、执行功能和空间能力之间的关系,证实视觉空间模板和中央执行系统有紧密联系。因此可以认为,空间定位测验是能充分实现探测视觉空间模板操作性的任务。

(四)飞行员静止空间定位的加工特征

动态空间定位能力在起飞和着落阶段对于处理飞行器与环境之间的关系、飞行与机场环境中客体之间的关系非常重要,空间定位任务也是较为纯净的空间工作记忆任务。为了探查飞行员在静态空间定位任务中的视觉空间模板的表征建构特征,刘真等(2016)采用对照研究范式,对25名现役民航飞行员和25名普通成年男性进行了实验研究,以考察静态空间定位中的定位机制及视觉空间模板的操作特性与可塑性。

在静态空间中,采用有距离参照和无距离参照单一目标定位任务对比考察飞行员和控制组被试的表现,目的是考察准确的距离表征对空间定位的影响。有距离参照单一目标定位任务是自创设的定位任务,一个6×8的方格矩阵呈现3s,其间某个方格中有一个"×",让被试记住"×"在矩阵中的位置,示意图见图6-5(a)。无距离参照单一目标定位任务采用Gordon(1986)的传统任务,刺激由一个黑色长方形框架和一个位于该框架某位置的"×"构成,同样呈现3s。实验任务是让被试记住"×"在格子矩阵或大方框中的具体位置,然后请被试根据记忆在答题纸上的方格内标出"×"的位置,答题纸为6×8方格,答题纸见图6-5(c),这种反应形式也是沿袭了Gordon(1986)的传统。反应指标为正确率。实验为2(被试)×2(有无距离参照)的混合设计。两个任务均包括24个测验,项目顺序经随机化后固定。

静态空间单一目标定位任务的结果表明,有距离参照任务的难度较小,被试的解决策略是记住目标点在纵向与横向的距离单位,即方格数量,这是空间距离的数量化表征,飞行员没有表现出优势。而在无距离参照任务中,飞行员的完成情况较好,说明飞行员在无距离参照条件下也可较精确地进行定位,他们在定位任务的距离编码上具有优势。

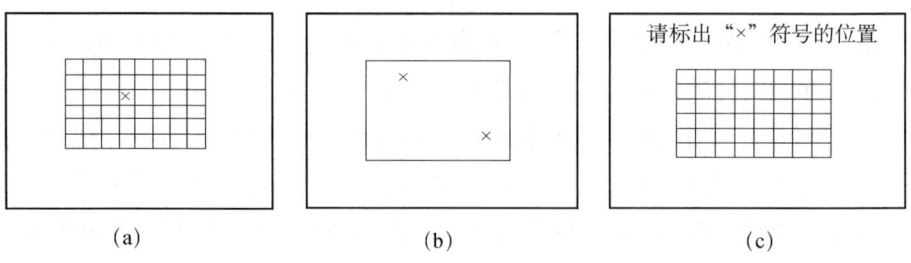

图6-5　静态空间定位有距离和无距离参照两个任务所用材料示例

注：(a) 有距离参照单一目标定位；(b) 无距离参照双目标定位；(c) 单个答题纸方格示例。
资料来源：刘真，晏碧华，李瑛等. 2016. 静止与动态定位任务中飞行员视觉空间模板的表征计算. 心理科学，39（4）：814-819.

刘真等（2016）又考察了两个目标在静态空间定位过程中的相互作用，与单一目标定位任务不同的是，被试需记住两个"×"在格子矩阵或大长方形框架中的位置［无参照任务见图6-5（b）］。结果记录了有参照和无参照任务中的总正确率和双目标正确率。前者是指24个测试中48个目标定位的总正确率，后者是指24个测试中将双目标都同时判断为正确的情况。结果发现，有距离参照任务是简单的距离数量化任务，飞行员和普通被试无异；不过，飞行员易于掌握无参照的距离表征，且其对双目标的判断具有协同作用，也就是说，飞行员对双目标同时定位的准确性更高。

（五）飞行员静态VSSP的加工特点及其可塑性

静态空间有距离参照和无距离参照是两种性质不同的任务，前者是将空间距离数量化后的短时记忆任务，而后者是要将距离进行加工并保持的工作记忆任务，包括编码和储存过程，飞行员在完成无距离参照任务中的定位更好。更值得关注的是双目标任务。在双目标任务中，个体除了要对两个目标和空间背景的位置关系进行识别、记忆外，还要对两个目标的相互关系进行定位，这不是简单的一加一关系。刘真等（2016）的实验结果显示，同等条件下，单目标定位任务的正确率均大于双目标定位任务中的总正确率，双目标定位判断中，在对双目标均判断正确的情况下，正确率才显得更有价值。飞行员在进行双目标空间定位时完成得更好。

在静止空间，VSSP的操作特性主要表现在对空间位置的编码和存储上。从加工性质看，有距离参照任务将距离加工转化为距离单位加工，个体只需储存距离单位。而无距离参照任务要对距离直接加工，没有记忆单元（如数字等）。但当有距离参照任务把这些距离数量化后，任务就变得较为容易。因此，对于静止

VSSP来说，对客体建构明确的距离关系表征非常重要。飞行员的加工优势在静态空间定位方面表现为形成较为准确的距离表征，而距离表征能力对飞行绩效的预测也得到了公认（游旭群，杨治良，2002b）。飞行技术水平越高，飞行员的空间定位能力越强（刘宁等，1994），正是飞行实践提升了飞行员准确建构空间距离表征的能力。从可塑性的角度看，在有距离参照任务中，两组之间无差异，显示认知功能具有稳定性的特点，属于简单任务，而无距离参照任务中的空间定位，尤其是双目标协同定位具有认知功能易变性的特点，可以通过系统训练而获得改善。

第二节　飞行员静态空间能力的计算优势及其可塑性

上述研究内容显示，飞行员相对于普通人在一些高水平空间任务上具有加工优势，表现出飞行职业对空间能力的影响效应。本节将继续讨论飞行员在静态空间能力上的认知加工特征，内容包括飞行员优势空间能力研究意义、飞行员静态空间能力的计算优势、飞行员静态空间能力的可塑性。

一、飞行员优势空间能力研究意义

寻求飞行员的优势空间能力可发现飞行训练对提高空间能力的效用和影响途径。同人类其他的认知加工能力一样，人类的视觉空间加工能力也是在长期进化和后天实践过程中建立和发展起来的。从神经基础看，视觉加工能力的构成是以大脑神经结构的组成方式为基础的，这种组成方式及其功能是特定神经系统和环境发生相互作用时表现出的规定性。神经结构决定着视觉认知功能的特性，这种认知功能又影响和作用于这个结构，共同构成了特殊职业的独特能力特点。在职业训练领域，这种观点表现为职业对特殊能力的塑造作用，职业特征保证了某些特定能力得到优先发展。对于飞行员来说，长期的飞行使其某些特定能力得到优先发展，表现出特定行为功能增强的现象。

从选拔的角度分析，要选拔那些在空间能力核心任务上能进行高水平认知加工的候选者，选拔那些在需要长期飞行实践才能提高的空间能力上有一定"天赋"的候选者。选拔之初就解决了经过系统训练才能解决的问题，可以极大地提高选拔和训练效率。从训练的角度分析,设置相应的动态空间能力核心任务的训练体系,可以让飞行学员快速、高效地掌握经过长期职业实践才能塑造的空间能力,使训练达到事半功倍的效果。

就可塑性看,选拔之初就应解决自动加工难度大的任务(低可塑性),因为这类任务的成绩很难经过训练得以提高。对于高可塑性的任务,选拔之初就应解决经过系统训练才能解决的问题,这样就可以节省训练资源。那么问题来了,哪个是核心任务呢?现实中,通常是解决系统训练的问题。Hasher和Zacks(1984)认为,遗传和练习两条途径会导致认知加工自动化,由遗传原因导致的自动加工是稳定的,且难以被操纵、可控性低,因此可以作为一种基础检测。因此,在实践中,有关可塑性的研究更应该关注的是熟练技能的训练效应。

二、飞行员静态空间能力的计算优势

(一)从任务性质分析飞行员静态空间能力的计算优势

就本章介绍的有关飞行员静态空间任务的加工特性来看,各个任务中,飞行员的加工特性和优势如表6-1所示。

表6-1 飞行员静态空间计算优势与可塑性

任务	飞行员的加工特性和优势(与普通被试相比)	认知可塑性
表象旋转	飞行员在非0°旋转角度上的表现均优于控制组,其反应速度和正确性受加工量改变的影响小,在那些涉及方位表征变化方面的加工上具有明显优势	认知功能易变性
空间关系判断	数量空间关系判断上,飞行员在较难测试条件下的反应时和正确性均好于控制组	认知功能易变性
	类别空间关系判断上,飞行员和普通被试没有差异	认知功能稳定性
视觉特征提取	在视觉噪声背景下(即较困难的视觉条件下),飞行员具有较强的视觉特征提取加工能力	认知功能易变性
视觉表象扫描	飞行员和普通被试在表象扫描上没有显著差异	认知功能稳定性
空间定位	飞行员在无距离参照的空间定位尤其是双目标协同定位上表现更好	复杂任务认知功能易变性,简单任务认知功能稳定性

表6-1中的研究结果固然和任务设置的条件有关,然而我们还是可以知道,不同的空间任务和空间加工子系统的训练效应不一样,或者说,位于神经网络的各个子系统所发生的练习效应是不平衡的,训练对表象旋转、数量空间关系判断、视觉特征提取和复杂的无距离参照空间定位任务有正向影响,或者说,这四

种任务对训练较为敏感；而类别空间关系判断、视觉表象扫描加工和简单的有距离参照的空间定位任务对职业训练显得不够敏感。再者，大脑在存在练习效应这种神经功能特性的同时，还存在一种衰减效应的功能特性，即有关视觉方面的信息在穿越神经网络的特定通路时会有不同程度的衰减，表现为有关神经细胞群的兴奋性水平不高，神经功能衰减效应也可能是空间任务对训练不敏感的原因之一。

从空间任务涉及的高水平空间认知的加工子系统来看，涉及多个子系统协同加工的任务往往表现出练习效应，表象旋转至少有三个子系统参与加工，数量空间关系判断是对坐标进行编码以及有关坐标表征指令的查寻，加工也较为复杂，视觉特征提取是在视觉条件较为困难情况下的加工，因此这三个空间任务中的加工活动易表现出认知功能易变性的特征。执行类别空间关系判断、表象扫描任务就不如表象旋转任务那样涉及多个加工子系统的参与，而由较为单一的加工子系统完成，因此这三个空间任务中的加工活动往往易于表现出认知功能稳定性的特征。

按照 Kosslyn（1987）的观点，空间任务固有的神经解剖特点已经在神经网络上进行了有限的激活区划分。如果一个加工区所获得的激活区域占比较大，那么其他加工区所获得激活区域的比例就会相应减小。因此，各个任务由于其激活的神经网络区域不同，就会表现出不同的训练效应。

（二）从空间因素分析飞行员静态空间能力的计算优势

从第二章内容可知，测量学的研究将空间能力的因素结构解析为三个因素，而飞行员在这三个因素上都表现出特定的加工优势。

第一，空间定向能力。空间定向能力是飞行技能中的核心因素，飞行员最主要的认知特征是具有比较强的空间定向能力（见第一章）。在表象旋转任务中，涉及空间元素重新排列的加工子系统和空间定向能力密切相关，如对各部分的表征位置进行转换的子系统，以及引导转换子系统重新对各部分位置进行恰当的安排的子系统，因此，飞行员在表象旋转能力上表现出了加工优势。

第二，视觉化能力。空间视觉化也是空间能力中较能表现个体差异的稳定因素之一。视觉化能力主要表现为一种表象性控制能力。空间视觉化与过去经验有一定的相关，从事与空间视觉化能力密切相关的职业的人员比没有从事相关职业的人员的空间视觉化能力衰退更慢（Salthouse et al., 1990）。在数量空间关系判断中，对较难任务线段的视觉化能力使飞行员在该任务上表现出了加工优势。在视觉特征提取任务和空间定位任务中，更是需要保持空间构型视觉的能力，而飞行员表现出的加工优势，正是其视觉化能力较强的表现。

第三，空间关系能力。空间关系表征的是客体与客体之间或客体的部分与部分之间的相互关系。类别和数量关系分别描述不同的空间特性。游旭群（2004）发现飞行员在数量关系判断上的优势。其实，在涉及精确的位置判断时，数量空间关系加工子系统都会参与其中。比如，视觉特征提取是通过视觉表象对所提取的客体关键特征进行延伸并达到视觉表象空间上的完形效果，从空间因素分解来说，视觉特征提取任务包括对客体以及客体部分的空间关系加工，还有推出视觉表象的视觉化能力，而飞行员在视觉特征提取上具有加工优势，显示了飞行员在数量空间关系判断和视觉化能力上的优势。定位任务也可以更直观地表现出被试对客体位置关系表征和数量关系表征的掌握情况，空间关系的掌控有利于定位任务的完成。

可见，在空间能力的三个因素上，研究者都发现了飞行员对空间能力的加工优势，都寻求到了飞行员优势视觉空间任务。

三、飞行员静态空间能力的可塑性

关于静态空间能力，研究者通过对飞行员和控制组被试进行的一系列对照研究（游旭群等，1998，1999，2002，2004；刘真等，2016）发现，一些特定的视觉空间认知加工，如表象旋转、数量空间关系的判断、视觉特征提取、复杂空间定位等表现出在认知功能上具有相对可塑性和易变性的特点；而另外一些加工，如表象扫描、类别空间关系判断和简单空间定位等表现出在认知功能上具有相对稳定性的特点。高水平视觉加工往往是在多个加工子系统的协同作用下实现的。游旭群等（1998，1999，2002，2004）认为，一方面，受外界环境或内部脑功能结构特性改变的影响，一些加工子系统能产生协同作用的神经网络上特定的联结权重会获得增大或减小，从而表现出了易变性和可塑性的认知特点；另一方面，这些内外环境因素的改变可能对神经网络上某些特定联结权重的影响较小，从而使由一些加工子系统构成的认知加工任务表现出了相对稳定或不易改变的特性。

需要再次强调的是，就选拔飞行员以及其他特殊职业人员的基本原则而言，认知可塑性较低，即具有认知稳定性的空间任务由于具有认知功能特性较稳定的特点，可以作为选拔的基准任务，如表象扫描、类别空间关系判断任务和有距离参照的简单空间定位任务等，尤其是那些与职业要求紧密相关且功能可塑性水平相对较低的认知能力，更是应该作为心理学选拔系统中的核心能力而加以评价。而对于认知可塑性较高的任务，如表象旋转、数量空间关系判断、视觉特征提取和无距离参照的空间定位任务，如果在选拔之初就选拔高水平个体，则可以解决经过系统训练才能解决的问题，这将会为日后实施有针对性的训练提供必要的参考依据。

第七章
飞行员动态空间加工优势研究

动态空间能力对于特殊职业非常重要。在航空领域,视觉空间能力对飞行技能的预测效度的提高还要得益于未来关于运动空间的研究。在传统静态空间领域,研究者在定向、视觉化、空间关系三个因素上均发现了飞行员的加工优势(晏碧华等,2012)。相对于静态空间,动态空间和真实的飞行情境有着更为紧密的联系。可见,有必要进一步探讨飞行员在多种运动形式和运动任务下的反应特点,寻求发现飞行员运动知觉和运动空间判断的认知加工特性与加工机制。本章涉及的运动均为真动运动模式,内容包括飞行员动态空间能力加工水平初步检测、飞行员客体特征与运动特征加工、飞行员动态空间表征建构、飞行员动态空间定向、飞行员动态空间定位、飞行员动态空间能力计算优势及可塑性。

第一节 飞行员动态空间能力加工水平初步检测

动态空间能力是对运动客体的反应和处理。在运动空间领域,国外专门针对飞行员认知加工特征的研究还没有系统开展,有必要进一步探讨飞行员在多种运动形式和运动任务下的反应特点,寻求发现飞行员运动知觉和运动空间判断的认知加工特性与加工机制。本节内容包括飞行员动态空间能力研究的必要性、飞行员在 RAT 中的认知加工水平、飞行员在 RAT 中的总体加工优势。

一、飞行员动态空间能力研究的必要性

对飞行员动态空间能力进行探讨是非常有意义的。我们在第三章已经陈述了动态空间能力的研究现状,知晓了动态空间能力研究是空间能力研究的重要内容和必然趋势。对飞行员动态空间能力的加工特性进行的研究通常是采用对照组设计,以运动知觉和运动空间为研究主题,通过设置多种运动形式的运动判断任务,探讨飞行员和控制组被试对运动空间的加工特征及其差异性。

从理论上看,首先,通过对各种运动任务认知加工特性的考察,我们可以获得这些任务的认知加工规律。其次,我们可以初步获取飞行员和普通被试关于运动知觉和运动空间形成的心理物理学特征,获得运动空间心理物理映射个体差异的证据。最后,通过对多种不同的运动形式任务的探讨,对运动客体的运动特征,如速度、时间、距离、运动轨迹等与影响运动空间的物理因素,如背景、遮挡、空间纹理、客体自身运动特征等的心理物理关系进行区分,我们可以发现影响运动知觉和运动空间判断的关键因素。

从实践上看,首先,运动知觉的研究可以使我们更加清楚地认识到人类是如何认识我们周围这个动态的世界,使我们明了人类如何运用关键的运动线索和视觉线索进行运动判断,以及采取哪些认知捷径达到自动加工。其次,寻求飞行员在运动知觉和运动空间判断上的独特性,可以发现飞行训练和飞行实践对提高运动知觉和运动空间判断的效用和影响途径,有利于设计出更为生动的检测工具、更敏感的训练程序来提升飞行员的动态空间能力,由此可以提高飞行员的选拔和训练效率。

二、飞行员在RAT中的认知加工水平

杨仕云等(2009)采用RAT,初步探讨了民航飞行员、飞行学员和普通大学生的动态空间能力的加工水平。他们招募了13名现役民航飞行员、15名民航一年级飞行学员和19名普通成年男性进行对照研究,对所有被试在性别、利手性、视敏度等方面进行了匹配。

实验基本刺激为在显示器屏幕上一上一下以不同速度但进行同方向的水平匀速运动的两个圆点,它们各自向着自己的目标线(竖直线)前行,并在运动一段时间后消失(未达到目标线)。基本设置为白色背景上的彩色圆点,圆点直径为

0.5cm（视角为0.6°），两个圆点分别为红、绿两种颜色。竖直目标线的宽度与长度为0.2cm×6cm（视角为0.24°×6.9°），两条竖直目标线均为黑色，其位置可控，圆点到目标线的垂直点为目标线中点。在速度上，圆点匀速运动的速度有三个水平。在运动方向上，两个圆点有从左到右和从右到左两个水平。在圆点消失处和目标线距离上，两个圆点各有远近两个水平。这样，一共有6（速度不重复设置结合）×2（圆点颜色）×2（运动方向）×2（距离）共48种不同的刺激形式。该刺激的基本模式采用Pellegrino和Hunt（1991）设计的相对到达时间任务刺激。

被试需要完成两个任务。距离判断任务要求被试判断红、绿两个圆点的消失点中哪个离自己的目标线更近一些。到达时间判断任务要求被试判断哪一个圆点先到达自己的目标线（假定其消失后以原来的速度继续前进）。因变量为反应时和错误数。

杨仕云等（2009）的研究结果表明，在距离判断任务上，飞行员的成绩好于飞行学员，飞行学员的成绩好于普通大学生；在到达时间判断任务上，飞行员的成绩好于飞行学员和普通大学生，而飞行学员和普通大学生之间无差异。这个实验总体上发现了飞行员和飞行学员在动态空间能力加工上优于控制组被试。

三、飞行员在RAT中的总体加工优势

杨仕云等（2009）发现，飞行员在动态空间能力上的优势充分表现在距离判断任务的加工速度上，以及到达时间判断任务的加工速度和加工准确性（错误数少）上。尤其是到达时间判断任务不仅依赖于被试对距离的评估，还需要被试对客体运动的相对速度进行权衡，这是一个对客体多重表征进行协同判断的复杂过程。实验结果表明飞行员在客体运动到达时间判断上的绝对优势。

在距离判断任务上，飞行学员的成绩优于普通被试，说明现有飞行员的选拔在一定程度上对参选者的数量判断任务的加工水平进行了筛选，而飞行员在距离判断任务上的表现优于飞行学员，说明还应提高数量判断任务的选拔效率，寻求更具有代表性的核心任务，如动态客体的距离表征。在到达时间判断任务上，飞行学员的判断成绩和普通被试相比无明显优势且低于飞行员，说明在现有选拔中还应该重视和引入动态任务的检测。

第二节　飞行员客体特征与运动特征加工

杨仕云等（2009）的实验只是初步检测了飞行员、飞行学员和普通被试在相对到达时间任务及其派生的距离判断任务上的总体加工特点，并没有对被试内变量进行深入分析。其实，就任务特点进行分析，相对到达任务的判断绩效受到多个因素的影响，这些因素总体上可以分为两大类：客体特征和运动特征。本节将介绍运动认知中的客体特征与运动特征、飞行员对客体特征与运动特征的认知加工、飞行员对客体特征与运动特征的分离优势。

一、运动认知中的客体特征与运动特征

（一）客体特征与运动特征

在视觉运动和运动空间判断上，客体特征与空间特征的加工分离和两条视觉神经通路的一般组织原则是对应的。大量研究围绕客体识别与空间认知任务进行了探讨，均证实了客体属性和空间属性的分离性加工（Pickering et al., 2001）。两条解剖上不同的神经通路和皮层通路分别对客体本身以及客体的空间属性进行加工（Mishkin et al., 1983; Goodale, Milner, 1992）。但是，两条通路，尤其是顶通路（"where"通路）的功能并不局限于此。顶通路不仅负责客体定位，对物体在空间中的相对位置关系与视野各成分的向量和发生总体反应，还能产生物体运动知觉。Mishkin等（1983）认为，顶通路中的许多区域均包含具有很强方向选择性的神经元，对于运动分析和空间知觉起到重要作用。

因此，值得探讨的是，个体在判断运动客体时是如何协调运动客体属性、运动空间属性（方向）以及运动线索特征（距离、速度与时间）的？在客体特征和运动特征两者之间，会不会出现个体对运动特征进行优先加工的现象？这样的行为研究虽然并不能找到两条通路在加工运动客体时的具体激活特点与分工，但还是可以为两条通路在加工运动客体时的功能差异研究带来一定启示。

在运动客体加工中，视觉变量和经验变量都影响着运动判断，个体会采用直接策略或认知协商策略来进行判断。在第三章中我们已知，在简单运动判断，如TTC判断中，对碰撞时间的估计受到两类信息源的影响（DeLucia, 2004），即视

觉不变量 tau 和经验变量。在复杂运动中也是如此，通常物体的位置变化会在视网膜上留下轨迹，这是探讨运动知觉产生的生理感官因素，但视觉系统会利用外部信息进行判断。例如，人类视觉系统会利用外部信息补偿眼睛运动，这样眼睛就可准确捕获运动画面以及实现对运动表象的转换（Furman，Gur，2012）。可见，对于复杂运动（二阶运动以上）客体，个体会协调视觉变量和经验变量以对运动客体的客体特征和运动特征进行不同的加工。

（二）RAT的客体特征与运动特征

RAT 是较为复杂的多阶运动模式。在 RAT 中，其运动特征和所有的动态任务一样拥有三个运动元素，即速度、距离、时间。两个客体的相对速率是判断的主要依据，当然也有个体可能依赖于距离优先策略，运动特征引起的视网膜距离的变化可作为判断的直接依据。不过，这种判断会受到认知变量的影响，最主要的认知变量就是客体特征，如客体大小会影响个体对相对距离和速度的感知。因此，个体需要协调客体特征和运动特征以获得准确判断，表现为对认知协商策略的使用。

由此可知，在加工运动客体时，不同动态空间能力的个体在客体特征和运动特征上会有认知加工差异。系统探索 RAT 的客体特征和运动特征加工特点及两类特征的加工差异是有必要的，受职业影响的飞行员又会具有怎样的加工优势？面对复杂运动客体，飞行员又会如何协调视觉变量和经验变量？

二、飞行员对客体特征与运动特征的认知加工

为了考察飞行员在 RAT 及其变式中的认知加工特点，晏碧华和游旭群（2015）对35名现役民航飞行员和31名普通成年男性进行了对照研究，同样，在选取被试的时候，对两组被试在性别、年龄、视力和文化程度上进行了匹配。他们一共进行了三个实验研究。

（一）运动客体颜色、方向及速率对运动时间判断的影响

这是实验1，考察了两个客体的颜色、运动方向、速率大小对 RAT 判断的影响，并同时探讨了民航飞行员在这些影响因素上的加工优势。

该实验的基本刺激为：两个彩色圆点在显示器屏幕上同时出现，一上一下以

不同速度进行同方向的水平匀速运动,各自向对面的黑色目标线前行,在运动一段时间后消失(未达到目标线),见图7-1(a)和图7-1(b)。红、绿圆点直径均为0.5cm(视角均为0.6°),竖直目标线的宽度与长度为0.2cm×3cm(视角为0.24°×3.6°),圆点到目标线的垂直点为目标线中点,两中点相距7cm,两条竖直线连接起来可成为一条直线。两个圆点从出现到消失经过的时间为3s。在速度上,圆点

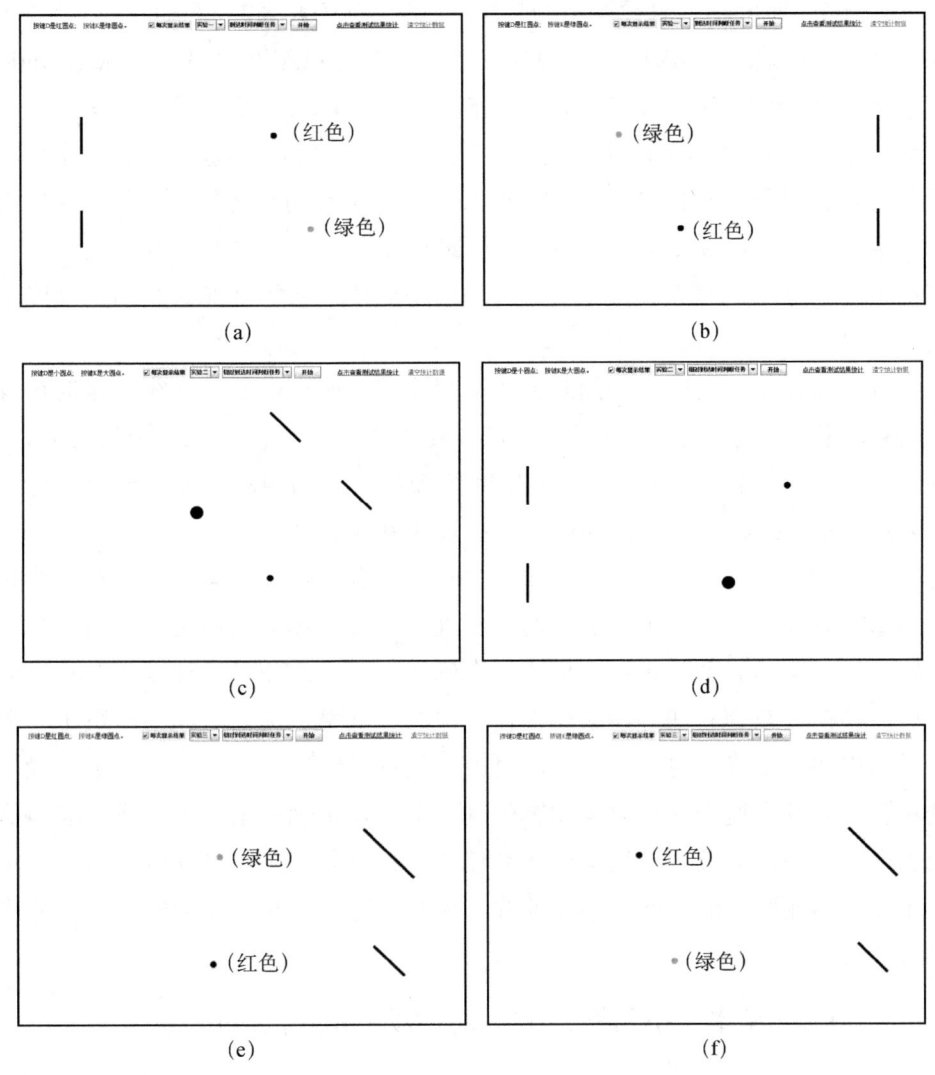

图7-1 相对到达时间任务实验材料截屏图

注:(a)(b)为实验1材料,(c)(d)为实验2材料,(e)(f)为实验3材料。
资料来源:晏碧华,游旭群. 2015. 相对到达时间任务中飞行员对客体特征与运动特征的分离. 心理学报, 47(2): 212-223.

匀速运动的速度有3个水平：4.0cm/s、4.5cm/s、5.0cm/s。在运动方向上，两个圆点有从左到右（西→东）和从右到左（东→西）两个水平，且与X轴无方向偏差。在消失点与目标线距离上，设置两个水平：速度快的圆点离目标线远，先到达；速度慢的圆点离目标线远，后到达。在起始点进行了距离控制，不设置速度快圆点距离目标线近和两个圆点同时到达的情况，以保证任务的相对难度。这样，一共有6（速度不重复设置组合）×2（圆点颜色）×2（运动方向）×2（相对快速消失点距离）共48种不同的刺激形式。就相对速度比率（velocity ratio）来看，一共有3种速率：1.250∶1、1.125∶1、1.111∶1。第一种速度差最大，在刺激形式中占1/3，余下两种比率非常接近，归为一种。在速率水平设计上，以往研究难度通常会区分1.5∶1和2∶1两种速率水平且两个客体中的某一客体的速度是恒定不变的（Law et al.，1993），相比较而言，该实验的难度更大。实验的因变量为反应时和正确率。这个实验程序也是对杨仕云等（2009）的实验程序的优化。

面对运动客体，被试需要判断哪一个圆点先到达自己的目标线（假定其消失后以原来的速度继续前进）。实验设计为2（被试）×2（颜色）×2（运动方向）×2（速率大小）的混合设计。其中，根据客体颜色与运动相对速度的结合，将颜色划分为两个水平：红色-较快速度，绿色-较快速度。

实验1的结果表明，颜色特征对RAT判断没有影响，而运动方向和客体的速率大小影响着判断，总体上，被试对从左到右运动客体的判断更快更准，对速度差异较大的大速率运动也是反应更快且准确率更高，即使是运动判断经验丰富的飞行员，其在从左到右任务和大速率任务中的准确率也更高。和控制组比，飞行员的反应更快且正确率更高。在反应时上，飞行员的快速加工优势集中体现在从右到左运动以及小速率的相对运动客体判断上。在正确率上，飞行员的准确反应全面表现在两种方向及两种速率的运动任务上。此外，飞行员在两个运动方向和两种相对运动速率上的反应时均无差异，说明飞行员对相对运动的运动特征的掌握更为精确。

（二）运动客体大小与视线方向对运动时间判断的影响

这是实验2，考察了客体大小因素与视线方向对RAT判断的影响，并同时探讨了飞行员在这些影响因素上的加工优势。视线方向变量的含义是运动往返方向是否与通常水平的视线一致。实验区分了运动客体的大小和视线方向，如图7-1

(c) 和图7-1（d）所示。两圆点的直径分别为0.5cm（视角为0.6°）和1cm（视角为1.2°），即小圆点和大圆点。在速度上，圆点匀速运动的速度只有两个水平：4cm/s、5cm/s。在运动视线方向上有两个水平：水平运动方向、与水平视线有45°夹角的运动方向。对两种方向都设置了往返情况，即在水平视线上设置了从左到右（西→东）和从右到左（东→西），在45°视线上有从西南向东北方向和由东北往西南方向。这样，一共有2（大小圆点与速度不重复设置）×2（大小圆点上下位置）×2（运动往返方向）×2（视线方向）×2（相对快速消失点距离）共32种不同的刺激形式。

实验2发现，客体大小会影响普通被试的相对到达时间判断，出现了RAT的大小到达效应，即当大客体快速行驶而小客体慢速行驶时，被试对它们的相对到达时间更易区分，而当小客体快速行驶且大客体慢速行驶时，小客体的优势表现就不明显。此外，实验证明了与两眼视线方向不一致的运动方向会使相对运动时间的判断更难。与控制组比较，客体相对大小和客体运动方向对飞行员对相对运动时间判断的影响大为降低，反应时和反应正确率均显示飞行员对两个运动客体相对到达时间的判断已经能够脱离客体大小的影响，没有表现出大小到达效应，并且飞行员能准确掌控运动方向，这种优势尤其表现在与两眼视线方向不一致的运动客体的反应正确率上。

（三）运动背景对运动时间判断的影响

这是实验3，研究者改变了运动空间构型的背景因素，让两条目标线与水平运动轨迹形成135°夹角，且两条目标线中一条长3cm，一条长5cm。不同长度的倾斜目标线设置虽然并没有真正改变圆点到目标线中点的位置，但对圆点与目标线之间的距离知觉造成了干扰，实验刺激如图7-1（e）和图7-1（f）所示。通常情况下，人们对客体的形状识别及其运动状态的观察是在各种视觉噪声下完成的，有背景变化和视觉噪声的运动更接近于现实环境中的物体运动。目标线特征的改变使运动背景发生改变，这种改变非一般性干扰（如可视条件的改变），它在一定程度上已经改变了客体与目标之间的关系，影响到了被试对客体之间的位置关系和距离关系的知觉。

为了考察目标线特征对判断的影响，研究者将实验1中的相对到达时间判断同方向结果作为"基准实验"引入实验3中进行方差分析。实验3结果表明，飞行员对相对运动客体的判断并没有受到目标线特征改变的影响，与控制组比较，飞行员易于从视觉干扰条件下提取目标客体的运动信息。

三、飞行员对客体特征与运动特征的分离优势

（一）飞行员在RAT上的分离优势

RAT是两个客体的竞争运动，实验结果显示，普通被试对相对到达时间的判断容易受到客体特征、运动方向和背景特征的影响。在客体特征中，颜色对运动客体的相对时间判断没有影响，而客体大小会影响相对到达时间判断，有大小到达效应。研究发现，在运动特征中，作为计算机化的RAT测试任务，其两个客体的运动方向、视线方向和速率大小均会影响时间判断。此外，目标线运动背景的改变会对普通被试的判断有影响。

与控制组比，飞行员的反应快或正确率高或二者兼具，飞行员对相对运动的判断在一定程度上已经脱离了客体方向的影响，能对速率较小的任务进行精确分辨，并不受视线方向改变的影响和目标背景的干扰作用，即相对于控制组被试，飞行员能对时间任务中的相对速度和相对距离的水平加以良好区分，并能根据相对距离和相对速度预测相对到达时间，在判断中整合相对速度和相对距离信息的优势更明显。飞行员在RAT中的加工优势实际上就是其对运动客体的运动状态掌握的优势。虽然个体对运动客体的运动状态的判断会受到客体特征和背景特征的干扰，但是这种干扰对飞行员的影响不大。需要进一步说明的是，运动方向作为运动空间属性，并没有对飞行员的RAT判断有所影响，飞行员只对运动线索特征（距离与速度）这些视觉流变量做出反应，体现了运动优先加工特征，即在飞行员身上体现了客体属性和空间属性加工让位于运动属性加工的现象。这样的加工特点证明了运动客体和静止客体的空间属性加工可能是不同的。

（二）飞行员分离优势的解释

在认知方式上，游旭群和于立身（2000）发现，飞行员具有较强的场独立性特征，这种场独立性特征与其较高水平的视觉空间认知能力相关。和场依存性相比，具有场独立性特征的个体在问题表征上更少受先导组织结构特点的制约（Kent-Davis, Cochran, 1989）。在RAT中，飞行员没有或较少受到客体变化特征和背景特征的干扰，再次证明了其具有较高的场独立性特征。

在加工特性上，从结果来看，运动特征加工经过飞行训练后更容易形成自动

加工，但对客体属性的加工难以形成自动加工。与静止客体相比，运动客体整合了客体特征、空间特征和运动特征，控制组对运动特征的加工由于缺少熟练性，从而使其受到了客体特征和空间特征的影响。由于飞行实践的长期影响，飞行员对运动特征的自动化加工程度较高，视觉自动操作水平较高，对视觉变量判断更精确，由此就可以分离运动客体的客体特征与运动特征。当然，飞行员还能分离运动空间属性对运动线索特征的影响，体现了更高的运动优先加工水平。

从视觉通路功能来看，由于对运动物体的知觉与判断依赖于物体表征区和运动加工区的交互，由两条通路协同作用，在加工运动客体时，控制组对运动特征的判断更容易受到客体特征的影响，两种属性加工更易发生关联。对于有良好动态空间能力和飞行实践的飞行员来讲，两类特征的加工较少发生关联，因而其能对运动特征进行精确控制而较少受客体特征的影响，显示飞行训练可能增强了运动加工区的功能。

总之，研究证实了运动客体特征、运动空间属性和运动线索特征的加工存在个体差异，飞行实践是飞行员获得练习效应的最佳途径，飞行员在 RAT 上表现出优势，这可为飞行人员选拔和技能训练提供实证参考。

第三节 飞行员动态空间表征建构

动态空间表征建构是指对动态客体或运动客体的活动或运动轨迹形成表征。个体在进行动态空间表征建构时会采用不同的策略。本节将介绍动态空间表征建构及其策略、飞行员动态空间表征建构策略、飞行员动态空间表征建构的策略优势。

一、动态空间表征建构及其策略

如第三章所述，动态空间任务解决策略可被看作一个连续体的两端，即整体策略和分析策略（Gluck，Fitting，2003）。在整体策略中，被试会利用刺激之间的空间关系信息，当被试利用这种策略时，他们的绩效与视觉化能力密切相关。当被试运用分析策略时，空间信息的空间性会减少，被试会更多依赖于推理能力（Saucier et al.，2003）。

Cocchi 等（2007）的动态视觉工作记忆任务（即 BFT）是一个典型的动态空

间表征建构任务。在这个任务中,被试需要辨认、记忆和识别一个圆球的运动轨迹,客体曾经的运动方向和运动轨迹等信息可以被离线存储,被试需要构建运动轨迹表征。在这个过程中,个体采取的问题解决策略可能会有差异。

二、飞行员动态空间表征建构策略

为了考察动态空间表征建构中策略运用的个体差异,并探讨飞行员动态空间任务解决策略特征,戴琨等(2010)运用动态视觉空间工作记忆任务对22名民航飞行员和26名普通成年男性进行了考察。

实验程序采用Visual C++语言编制。实验基本刺激为一个在显示器屏幕上运动着的黑色圆点,圆点的直径为0.7cm,运动速度为2.5cm/s,从屏幕左边运动到右边,沿着屏幕X轴做不规则的上下折线(直线)运动,并在运动15s后消失。每次运动结束后,圆点的运动轨迹会有6个拐点,加上起点和终点共有8个坐标点,如图7-2所示。被试在学习和记忆圆点运动轨迹的过程中,需要记忆8个拐点的位置和运动路径。在运动范围上,圆点从起点到终点运动的左右跨度(X轴)为25cm,在上下跨度(Y轴)上,最高拐点和最低拐点之间的垂直距离为10cm。

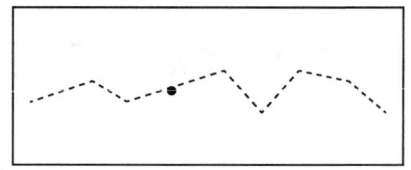

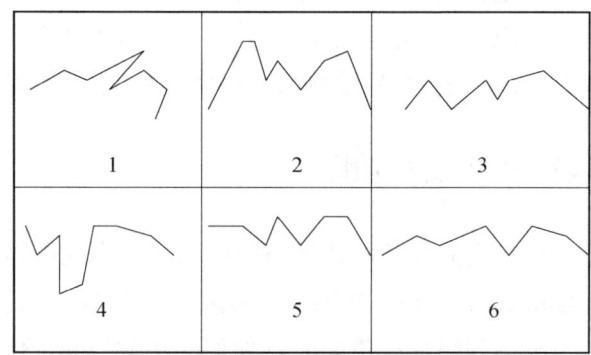

图7-2 视觉空间工作记忆任务(BFT)示意图

注:6个选项中,1为起点相同,2为中间相同,4为末梢相同,3、5为整体相同,6为正确答案。

资料来源:Cocchi L,Schenk F,Volken H,et al. 2007. Visuo-spatial processing in a dynamic and a static working memory paradigm in schizophrenia. Psychiatry Research,152:129-142.

该研究一共设置了15个运动轨迹测试。在每个测试结束后屏幕会空白2s，随后出现6个选项，被试需要从6个选项中选出正确的圆点运动轨迹图。在6个选项中，除了一个正确答案外，其余5个选项可分为两类：①3个错误项被称为"局部相同"，分别为起点相同（起点两条线段的长度和方向与标准答案相同）、末梢相同（末梢两条线段的长度和方向与标准答案相同）、中间相同（中间三条线段的长度和方向与标准答案相同），这三种选项只是在局部上与正确答案相同而已，但在整体结构上和正确答案是不同的，包括结构不同、线段数量的总数不同（即拐点数不同）、在X轴、Y轴上的距离范围都与标准答案有较大差异。②2个错误项被称为"整体相同"，这2个选项和标准答案一样有同样的X轴、Y轴上的距离范围，在拐点数量上也是一致的，只是在线段方向和长度上有所差异。这样，在6个选项中，分别有3个"局部相同"和3个"整体相同"选项，其中3个"整体相同"选项中有一个正确答案。这种任务设置对Cocchi等（2007）的BFT进行了改动，尤其是进一步明确了6个选项的整体性或局部性特征。

该任务可形象地展示运动客体的轨迹特征，被试需要对运动轨迹片段进行整合以形成整体的运动轨迹图，并建构运动圆点的运动轨迹表征模式。随后，被试要对随后同时出现的6个选项进行选择，选择刚记忆的圆点运动轨迹。此外，为了进一步评估被试在完成任务时所采取的策略，在每个被试完成所有测验后，研究者用问卷调查了两个问题：①"请描述你在记忆和识别圆点运动轨迹时所用的策略"；②"当你在做这个测试时，你觉得自己有没有什么捷径"。

戴琨等（2010）的结果表明，首先，在15个轨迹测试中，飞行员的选择速度快于控制组，选择正确次数上也多于控制组，飞行员对运动客体的运动轨迹能更快速、准确地加以"完形"，以形成完整表征。其次，由于6个选项可分为"局部相同"和"整体相同"，因此在错误选择次数中，"整体相同"的错误选项虽然表达的是选择错误，但说明被试最大限度地采取了整体策略。将被试正确选择次数和整体性错误项选择次数合并，就得到被试在15个测试中的整体策略选择次数，研究发现了两组在整体策略的运用上有显著差异，飞行员更多使用整体策略。

此外，研究者对策略问卷进行了统计。两组被试对问卷上的两个问题的回答大体可以被归为两类：①"我努力去记住圆点运动轨迹的最突出的特征，然后看选择项中有没有这种突出的特征"，并且这种突出的特征是"最高的点、最低的点和最长的线段""相邻线段之间构成的图形，如夹角什么的"……这种策略实际上是对圆点运动轨迹的总体特征的描述与掌握。②"中间没有太注意，我把重点放在了运动结束前的一些特征上了""记住开始的方向""末尾方向好记"……这些回答被归为局部策略。22名飞行员中，有21名飞行员做整体策略回答或类似回答；26名对照组被试中，有19名被试做整体策略回答。独立卡方检验结果显示，$\chi^2=4.31$，$p<0.05$，说明飞行员组与控制组在整体策略的运用上有显著差异。

三、飞行员动态空间表征建构的策略优势

研究发现，飞行员在对运动客体运动轨迹的动态工作记忆的整体性知觉、记忆与识别上具有优势。在完成运动轨迹的动态工作记忆时，飞行员更多采用整体策略，对运动轨迹的表征更倾向于整体掌握，控制组更多采用局部策略或者片段策略。在整合视觉信息上，飞行员组具有优势，也就是说，在要求合并刺激元素、将客体表征转化为整体表征时，飞行员更具有优势。这些优势也反映了飞行员能够整体掌握运动空间的运动态势，主动构建运动圆球的运动轨迹表征，表现出表征建构优势，并对运动情境有着更为清晰而准确的意识，且具备相应的高认知、判断和决策能力。

第四节　飞行员动态空间定向

本节将介绍飞行员空间定向动态任务及其加工特征，以及飞行员动态空间定向优势。

一、空间定向动态任务

在纸笔测验中，研究者通常用确定客体不同视图的任务来检测个体的定向能力，这些不同视图一般是客体的起始状态和结束状态，定向能力体现在个体对不同客体状态的关系判断中。动态空间中的定向通常是指对运动客体的方向进行调节与控制，使之与其他客体的关系保持实验所要求的状态，强调定向控制过程和对客体方向的即时掌握。SODT-R是连续性控制任务，在任务执行上可从三个方面对个体差异进行研究（Contreras et al., 2007; Peña et al., 2008）：反应潜伏期、反应频率和投入时间。另外，从整体成绩来看，被试最终成绩的好坏还可从

其控制运动客体的正确性上得到体现，包括两个方面：方向偏差，是指终点运动轨迹方向和目标点的方向偏差；距离，是指终点与目标的距离。方向偏差越大、距离越远，则绩效越差。

二、飞行员空间定向动态任务加工特征

为了探索飞行员在空间定向动态任务上的加工特征，晏碧华等（2011）采用SODT-R对22名现役民航飞行员和26名普通被试进行了检测。

实验基本刺激为红色和蓝色两个运动圆点，圆点直径均为0.5cm，起始状态为两个运动圆点距离目标20cm，目标为直径1cm的黑色圆点，两个运动圆点的起始运动方向与能够达到目标的正确方向有90°夹角，两个运动圆点保持相同的1.5cm/s的匀速连续运动。如果不对运动圆点加以控制，它们就会在10～20s后行进到屏幕边缘并消失。被试通过鼠标点击屏幕上方的左右箭头来控制运动圆点的运动方向（即定向），如图7-3所示。有两组箭头，位于中间的中心箭头表示控制的是相应的同色圆点，其方向表示当前该色圆点的运动方向；每组箭头中的左右两个箭头是用来控制运动圆点的方向的，每点击一次，运动圆点就依据这个方向偏移10°后再继续运动。这种箭头展示及其功能在每个试次中均是不变的。

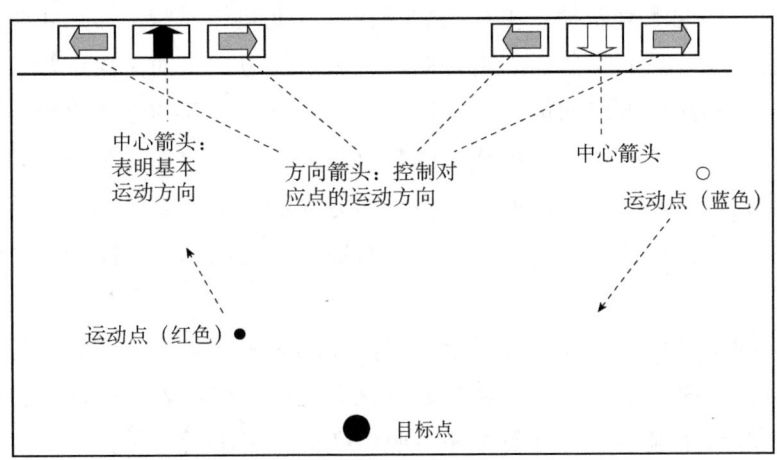

图7-3 SODT-R示意图（运动点目标为上下方向示例）

注：虚箭头即按照中心箭头指示的运行方向。控制红色圆点的中心箭头为实心箭头，红色运动点为实心圆，控制蓝色圆点的中心箭头为空心箭头，蓝色运动点为空心圆。

资料来源：转引自：晏碧华，游旭群，杨仕云. 2011. 飞行员在空间定向动态任务中的加工优势. 人类工效学，17（4）：5-8. 采自：Santacreu J. 1999. SODT-R and SVDT-R. Dynamic computerized test for the assessment of spatial ability（revised versions）. Technical Report. Madrid：Autonomous University of Madrid.

被试需要对两个运动圆点的运动状态进行估计并确定先控制哪个圆点，然后继续对两个运动圆点进行权衡与控制，以使两个圆点朝向目标点的行进更近且更准确。一共有 13 个试次，其中有 4 个练习试次。每个试次的持续时间为 20s，即在 20s 后，运动圆点将停止运动且保持终点状态。电脑自动记录两个圆点的终点到目标的方向偏差和距离，以及被试的反应潜伏期、反应频率、投入时间。

晏碧华等（2011）的研究发现，飞行员在方向偏差上小于对照组，在反应频率上也比对照组小，而在反应潜伏期上则比对照组长，两组在投入时间、距离上未表现出差异。

三、飞行员动态空间定向优势

SODT-R 采用的刺激和控制方式能更好地反映真实世界的动态刺激，需要被试整体掌握动态刺激的当前运动状况和即将发生的运动状态。被试在每个试次中都有对客体运动方向和如何点击方向箭头以控制路径的权衡过程。

方向偏差是衡量定向能力好坏的一个最直接的指标，它展示的对客体方向的控制，使运动客体向既定的目标前行。实验结果显示，飞行员在对客体的方向控制上好于对照组，他们能够快速掌握对方向控制的操作并及时调整客体的方向。两组在反应潜伏期上有差异，飞行员的反应潜伏期更长一些，即在实验之初客体开始运动后，飞行员并不急于点击方向箭头来调节方向，而是通过较长时间的观察来权衡先控制哪个方向的箭头，表明飞行员对圆点运动的整体权衡较好。反应频率更进一步显示了被试对运动状态的整体掌握程度，它更像是一个情绪指标，有些个体比较冲动，会不停地通过鼠标点击方向箭头来控制运动客体的方向。实验结果显示，飞行员的反应频率显著少于对照组，说明飞行员反应的情绪稳定性也较好。

投入时间变量显示了被试对每个试次的控制时间，如果在方向上的控制偏差较少且没有走弯路，则被试完成整个任务就会更快一些，表明被试对自己的调节更满意。实验结果显示，飞行员组和对照组在该变量上没有差异。由于整个控制调节的时间有限，有些被试在还没有达到满意状态的时候时间就不够用了，而有些被试的圆点离目标点太远，当自觉满意时，其没有发现运动点的方向与目标点还有偏差。每个被试都希望自己能充分利用时间并操作到最后，这些都会导致两组没有差异。在运动结束后运动圆点到目标点的距离上，两组也没有差异。有时即使是运动圆点的方向正确,但其距离目标点的远近也是不同的,由于被试要集中注意力调节客体的运动方向,其对距离权衡的重视相对要少一些,因此,距离在两组被试的每个试次中均是一个相对随机的变量,这就可以解释为什么两组在该变量上没有差异。

由此可见,飞行员的方向偏差较小,显示了飞行员在动态空间中的定向能力好于对照组,表现在飞行员能快速掌握方向和控制操作并及时调整客体的运动方向。而飞行员在反应潜伏期和反应频率上的优势则显示了飞行员在完成动态空间任务时采取了整体的动态权衡策略。

第五节 飞行员动态空间定位

从第六章的静态空间定位任务中已知,静态定位的边界与范围是清晰的,如果这种定位的边界与范围是动态的而不是清晰可见的,那么个体会如何加工处理?本节将介绍动态空间定位任务与动态VSSP、飞行员动态空间定位的加工特征、飞行员动态VSSP的加工优势。

一、动态空间定位任务与动态VSSP

(一)动态空间定位任务

动态空间定位任务是对运动客体的空间定位。对于运动物体,没有时间维度的空间定位是没有意义的。日常生活中,我们除了要在空间维度上定位物体,更要在时间维度上定位物体,准确知觉并预见运动物体将在何时运动到何地,形成物体何时运动到某个位置的时间判断,并在此基础上完成在线运动空间定位。对运动物体的处理需要利用运动空间能力进行定位、定向,并对运动时间和空间距离进行估算。动态空间定位任务的操作性比静态空间定位任务更强。由于定位任务考察的是视觉工作记忆,定位测验能在一定程度上实现探测VSSP操作性的任务。

(二)动态VSSP及其操作机制

传统的视觉空间模板研究大多基于静止客体或静态空间。在VSSP研究上,有研究证实 VSSP 还可以被分为两个子成分：静态视觉信息加工和动态视觉信息加工（Cocchi et al.，2007）。研究者应用两种视觉空间任务证实了静态和动态两种视觉空间工作记忆的分离，并认为将视觉空间工作记忆分为静态空间和动态空间比将其分为视觉客体和视觉空间更符合其自然特性（Pickering et al.，2001）。对动态 VSSP 特性的考察是当前视觉工作记忆研究的热点内容，因此，有必要通过探索动态定位任务的反应特性来挖掘动态 VSSP 的认知加工特性。

和静态视觉工作记忆一样，动态视觉工作记忆除了包括存储过程外，还包括多种加工过程。在动态空间中，内部画板的作用特别重要。内部画板是一个基于空间的复述机制，负责存储、计划和控制空间动态信息，尤其是对运动和运动顺序的暂时记忆（Logie，Pearson，1997）。对于动态刺激，Cocchi 等（2007）认为，个体要记住一个复杂的动态刺激，要经过两个编码阶段：第一个阶段是在线心理表征的形成，这个分析性的阶段需要注意资源对动态刺激进行扫描、编码并进行内部画板加工；第二个阶段是，当表征形成后，更多的注意资源和组织过程是针对连续的动态表征，最终重建刺激的运动轨迹表征，这个阶段类似于对静态刺激的知觉组织过程。不管是静态空间还是动态空间，工作记忆的功能在于加工和创造新表征而不仅仅是激活旧记忆表征。为了强调这一点，Baddeley（2000）提出了工作记忆的第四个子成分，即情景缓冲器，并将情景缓冲器理解为中央执行系统的存储结构。情景缓冲器存储来自经 VSSP 操作后形成的新表征、言语线索及其他情景线索，以支持后续的加工操作。

和静态视觉工作记忆既关注客体表征也关注空间表征相比，动态 VSSP 更关注动态空间表征。在运动空间中，个体知觉不断变化的客体位置及客体之间的关系，发现空间顺序，其运动空间表征不是一成不变的，加工方式是即时在线加工。Tirre 和 Raoufl（1998）认为，动态视觉任务的成功完成需要个体对视觉刺激的特征、大小、位置的迅速变化进行集中注意，并准确做出及时判断，因此对动态视觉刺激的认知加工速度是非常重要的。除了认知加工速度外，动态 VSSP 的即时空间表征的形成也是非常关键的。由于动态 VSSP 的基本特性会随时间发生变化，每个时间点形成的表征不一样，因此动态表征中关键静态表征画面的形成对于任务的完成就很重要。Boucheix 和 Schneider（2009）探讨了静态表征和动态表征的关系，发现在动态客体中，形象和整合的静态表征的及时形成对于理解客体运动有重要作用。Ayres 和 Paas（2007）认为，知觉和认知过程的有限性不利于理解一个连续变化的视觉情境，外部表征的结构和内容需要被快速的感知和理解，而动态表征很难被直接感知到或对其进行直接加工，静态表征的形成和传递就成了关键步骤。

二、飞行员动态空间定位的加工特征

为了探查飞行员在动态空间定位任务中 VSSP 的表征建构特征，刘真等（2016）对 25 名现役民航飞行员和 25 名普通成年男性进行了实验研究，探索了动态空间定位中运动轨迹定位机制和动态 VSSP 操作特性。

在动态空间单一目标定位任务中，受传统静态空间定位任务的启发，刘真等（2016）设计了两个子任务。实验材料均采用 Visual C++ 语言编制，使用微软基本库（Microsoft Foundation Class，MFC）和 Windows 提供的图形设备接口（Graphics Device Interface，GDI）技术绘制运动轨迹。

无运动轨迹参照单一目标任务的基本刺激是一个在显示屏上进行直线运动的黑色圆点，圆点直径为 0.5cm（视角为 0.6°），起点在屏幕的左偏上位置但不是恒定的，运动速度为 3cm/s。圆点依次完成以下运动：从左至右 Acm→从上至下 Bcm→从右至左 Acm→从下至上 Bcm。圆点回到起点后消失，运动轨迹最终形成 Acm×Bcm 的长方形（$A>B$）。当圆点消失 500ms 后，在已消失运动轨迹中会出现一个黑色的"×"，呈现时间为 500ms。实验在 A、B 距离上进行了控制，分别有 8.8cm×6.6cm、9.6cm×7.2cm、10.5cm×7.9cm 三种情况，圆点完成长方形运动分别需要 10.3s、11.2s、12.3s，每种情况下的 A/B 比恒定为 4/3，从而保证与答题纸方格矩阵的长宽比等同，以便于将运动轨迹图映射至答题纸上。每种运动轨迹下均有 6 次判断，顺序经随机化处理后固定。

有运动轨迹参照单一目标任务的基本刺激同上述任务一致，不同的是在运动圆点消失后会即刻出现圆点运动轨迹实线图 3s，然后出现黑色的"×"，呈现时间为 500ms。可将有运动轨迹参照任务看作静态空间与动态空间的过渡，而无运动轨迹参照任务则是纯粹的对运动轨迹在线编码和储存质量的检测，见图 7-4。

实验要求被试记住"×"在消失的运动轨迹中的具体位置，然后在答题纸上标出"×"的位置。实验为 2（被试）×2（有无运动轨迹参照）的混合设计。动态空间单一目标定位任务的研究结果表明，飞行员组比控制组在有轨迹任务和无轨迹任务上的表现均较好，且无轨迹参照会对控制组产生更大的影响。

刘真等（2016）又设计了动态空间的双目标定位任务，与动态空间单一目标

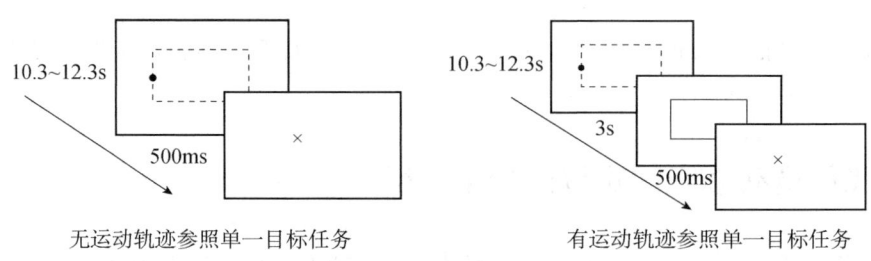

图 7-4 动态空间定位：实验关键步骤流程图

资料来源：刘真，晏碧华，李瑛等. 2016. 静止与动态定位任务中飞行员视觉空间模板的表征计算. 心理科学，39（4）：814-819.

定位任务不同，该任务会同时呈现两个"×"，被试需记住两个"×"在消失的运动轨迹中的位置。实验结果表明，飞行员完成任务较好且其优势充分体现在对双目标同时判断正确上，无运动轨迹参照会对控制组的双目标判断正确率产生更大影响。研究结果表明，飞行员能较好利用双目标的位置关系来掌握动态空间的整体构型。

三、飞行员动态VSSP的加工优势

动态空间实验有轨迹和无轨迹定位对照任务的设置是为了考察清晰运动轨迹的表征建构和储存对运动定位的重要性，有运动轨迹参照任务是将空间分画面呈现，个体需要加工和储存画面表征并进行叠加，这种空间拆离也会对任务绩效产生影响。而无运动轨迹参照任务即纯粹动态空间，空间构型需要在工作记忆中即时生成并被保存下来，是难度更大的工作记忆任务。在运动空间上，有运动轨迹参照任务在动态VSSP中将动态表征的关键步骤固定下来，就大大提高了完成绩效，关键的静态表征的形成和传递在动态任务中非常重要（Ayres，Paas，2007）。飞行员完成无运动轨迹参照任务更好，表明飞行员在某种程度上已经较少依赖呈现的轨迹，在完成任务时更多依赖运动表象表征。

在双目标任务中同样如此，飞行员能较为充分地利用两个目标的协同位置关系进行判断。这说明在动态空间中，飞行员的优势体现在即时建构运动空间的关键表征，并将动态刺激形成整体构型以用于执行。可以说，飞行员的运动空间认知优势正是其表征建构优势的体现。空间能力较强的个体往往能准确建构空间表征并运用内部注意进一步编码、保持和处理，而后准确再现出来并加以执行（Ball et al.，2013）。

第六节 飞行员动态空间能力计算优势及可塑性

上述多个实验研究结果显示,飞行员相对于普通人在动态空间任务上具有加工优势,表现出飞行职业对动态空间能力的影响效应。本节将继续对这种优势效应进行总结,内容包括飞行员动态空间能力优势、飞行员动态空间计算优势、飞行员优势动态空间能力的可塑性。

一、飞行员动态空间能力优势

20世纪90年代初,一些研究者曾经预言,在飞行员选拔中,心理运动能力是最有可能产生新的理论突破的领域(Gal,Mangelsdorff,2004),而这种新的可能产生理论突破的领域就包括动态空间能力,即对运动客体的关注。运动物体的测验在预测一些飞行情境时很重要,并具备良好的效度。相对于一般认知能力和静态空间能力,动态空间能力和真实的飞行情境有着更为紧密的联系。

本章陈述了笔者有关飞行员动态空间能力的实验研究,通过几个任务的研究结果可以看到,飞行员在运动客体动态空间加工上具有一定的优势,我们将这些优势表现加以汇总,如表7-1所示。

表7-1　飞行员动态空间能力优势

任务	飞行员的加工特性和优势(与普通被试相比)
RAT初步检测	飞行员的加工优势表现在距离判断任务的加工速度上,以及到达时间判断任务的加工速度和准确性上
RAT客体特征与运动特征分离	对相对运动的运动特征掌握更为精确,且在一定程度上已经脱离了客体方向的影响,能对速率较小任务进行精确分辨,并不受视线方向改变的影响和目标背景的干扰作用。飞行员的"运动优先"加工特征是指客体属性加工和空间属性加工让位于运动属性加工的现象
动态空间运动轨迹任务(BFT)	在对运动客体运动轨迹的动态工作记忆的整体性知觉、记忆、识别上具有优势,更多采用整体策略
空间定向动态任务(SODT-R)	在动态空间中的定向能力更好,表现在能快速掌握方向控制操作并及时调整客体的运动方向,且采取了动态权衡策略来协调定向判断
动态定位任务	即时建构运动空间的关键表征,并将动态刺激形成整体构型用于定位,定位优势体现在无运动轨迹参照定位和双目标动态定位任务中

可见,在动态和运动空间,飞行员在多个任务上具有加工优势,这种加工优势主要表现在对运动距离的精确掌握(RAT)、对运动时间的较好把控(RAT和

SODT-R）、对运动信息的优先加工（RAT），且较少受到客体物理特征和运动背景信息以及其他信息的干扰作用（RAT 和 SODT-R）。这种加工优势也体现在运动轨迹的完形上（BFT 和动态定位任务），能够在线建立运动轨迹相对比较完整的表征。

二、飞行员动态空间计算优势

本书第四章中已经陈述了研究者关于动态视觉和运动空间计算的观点的基本内容。本章对飞行员的动态空间加工优势进行总结，认为其表现在两个方面：在线的运动视觉计算优势和运动一段时间后的运动表征计算优势。这些计算优势体现在不同的任务上，如图 7-5 所示。

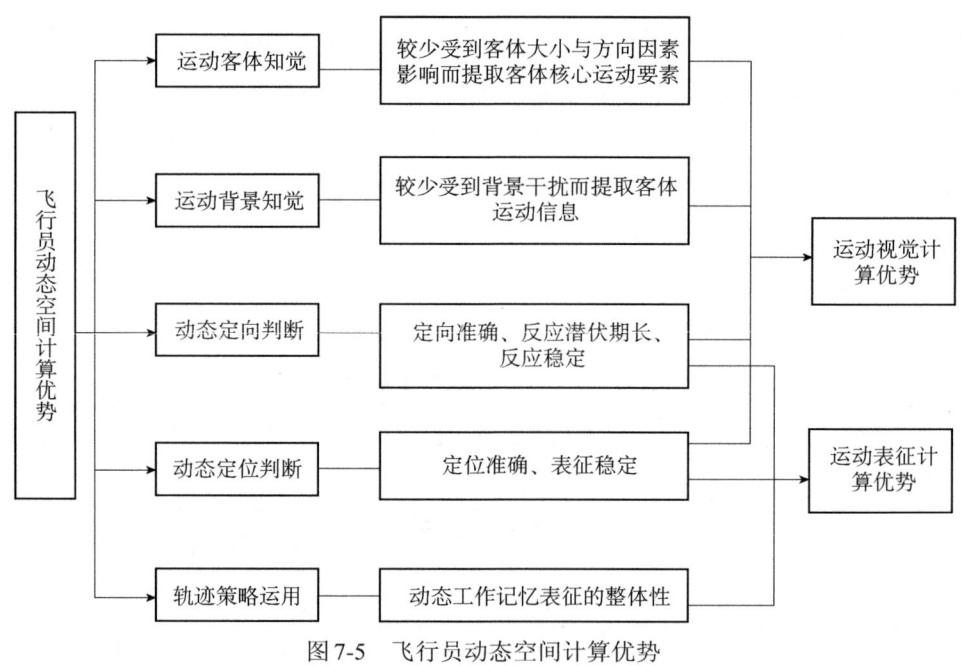

图 7-5　飞行员动态空间计算优势

飞行员的优势通过其在完成相应动态空间任务时的认知加工效率体现出来。正是这种视觉计算和表征计算优势，使飞行员完成动态空间任务的绩效更好，或者说，飞行员较高的认知加工绩效正是其计算优势的体现。

运动空间的即时视觉计算依赖于个体对运动空间客体的空间关系的建立，即个体的运动客体空间关系判断能力，如 RAT。计算质量较高表现为被试对即时的客体位置关系和数量/距离关系能够准确和清晰地进行整体性掌握，并且保持较长时间的稳定性。在空间定向动态任务（SODT-R）中，同样需要飞行员能即时掌控单个运动客体或同时运动的双客体的运动态势，并能对运动客体的运动态势进行控制。有着良好空间技能实践的飞行员之所以表现出判断优势，也正是由于其对运动空间的即时视觉计算质量较高。

在动态空间运动轨迹任务（BFT）和动态定位任务中，飞行员表现出动态轨迹表征计算优势。在这两个任务中，单个客体运动轨迹表征的空间构型依赖于一段时间的运动客体运动特性的积累。在动态空间定位任务中，从计算的观点看，静态空间的计算体现在无距离参照定位任务中的距离编码计算，动态空间的运动计算体现在对运动客体的在线加工并形成关键表征。在动态空间定向任务中，对客体运动方向的调整依赖于客体现有运动方向，而对运动方向的感知必然是运动客体在运动一段时间后才能对其做出准确判断，这也涉及表征计算。

总之，飞行员的运动视觉计算优势和运动表征计算优势通过各项任务指标反映出来，飞行员能够主动地、动态地、整体地掌握运动空间的运动态势和运动累加效果，对运动情境有着更为清晰而准确的意识，并具备相应的高认知、判断和决策能力。

三、飞行员优势动态空间能力的可塑性

从表 7-1 和图 7-5 中可知，飞行员在动态空间的多个任务上均表现出特定的加工优势，飞行职业特性对飞行员动态空间能力有良好的塑造作用，飞行职业训练可提升飞行员动态空间能力，表现出运动视觉计算优势和运动表征计算优势。从任务本身来看，飞行员在各个动态空间任务中均表现出了认知可塑性较高的特点。

值得一提的是，在游旭群等（1998）的实验中，实验条件下的表象运动推断是一个相对稳定的加工子系统，是一个认知可塑性较为稳定的任务。表象运动推断是一种运动推断，是在表象里进行的移动，和本章介绍的连续运动状态的判断和控制不一样，对连续运动状态的掌握更难。另外，这也可能和反应方式有关，本章介绍的任务是对连续运动的整体掌握，或是对运动时间的判断（RAT），或是对运动构型的建构（BFT 和动态定位任务），反应方式也是较难的，且不同于表象运动推断的符号位置判断这样一种简单判断。因此，本章介绍的多个任务的可塑性较高，具有认知功能的易变性特点，这和任务性质相关。

在任务属性上，本章介绍的各个运动任务都是高水平认知活动，而非简单的感知觉加工，多个认知过程，如动态工作记忆（BFT 和动态定位任务）、预期（SODT-R）等都参与到加工中，体现了运动空间任务的复杂性。在 RAT 的变式研究中，客体大小、运动背景和目标都发生了改变，这些认知内容对整个判断过程也造成了影响。依据空间任务的加工规律，涉及多个子系统或模块协同加工的任务往往表现出练习效应，这样的任务通常激活的神经网络区域也较大，也就表现出不同的训练效应和可塑性。这种可塑性还表现在个体差异上，即飞行员能采用自己独有的方法和策略来进行运动空间判断，如本章介绍的多个任务均体现了飞行员整体的动态权衡策略，这种独特性也是飞行员运动空间能力提高的表现。

第八章
动态空间加工的认知渗透性

简单地讲，认知渗透（cognitive penetration）关注的是我们的经验是否会影响我们的感知判断。比如，一名飞行员和一个普通个体看一个运动客体或者看一架飞机飞行，他们的视觉经验在现象特征上会有所不同吗？如果不同，这种认知经验渗透又会对我们的知觉判断产生什么样的影响？本书主要关注有飞行经验的飞行员的空间认知加工特点，试图用认知渗透这个概念来解释高水平空间认知过程中，个体的认知经验、高水平认知过程、认知策略对其空间认知尤其是动态空间认知的影响，体现经验个体的认知灵活性和适应性特点。本章内容包括动态空间认知渗透性的内涵与表现、飞行场景中的认知渗透性。

第一节 动态空间认知渗透性的内涵与表现

认知渗透概念整体上体现了人类自上而下的认知加工特点。尤其是在运动空间中，面对动态的、变化的空间和情景，面对空间的不确定性问题，人类会使用自己的一套经验理论来解决这个问题。按照贝叶斯不确定性降低的原则，人类感知系统会应用高层次的认知概念和认知过程来解决低级别的不确定性。本书认为，用高层次的认知经验与过程来解决低级别的不确定性，正是认知渗透性的核心所在。在这个过程中，有认知经验的个体会呈现出主动认知的特点。本节将介绍为什么要提出认知渗透性、认知渗透性的内涵、动态空间认知内容渗透、动态空间认知过程渗透、认知渗透性可拓展研究内容。

一、为什么要提出认知渗透性

本书拟表达两个观点：空间认知的可塑性与空间认知的渗透性。可塑性视角说明了空间认知的可变性，尤指经过系统环境影响和训练后空间认知的适应性功能增强，如第六章和第七章展现的飞行员静态空间能力和动态空间能力的加工优势。这是从较为宏观的视角整体说明了空间认知随着时间积累而展现出的特性，是从功能水平论证了空间认知计算的适应性。本章拟从认知渗透性视角展现空间认知功能增强、优势加工的认知加工特点，可以说是从较微观的认知加工机制视角，即从认知水平来具体阐明优势效应。

已经得到学界公认的是，视空间知觉通常依赖于三个线索（三种信息来源）：①光学信号，如双眼差异（两个视网膜图像之间的差异）；②生理信号，如调节（眼睛的焦距）和聚散度（眼睛）之间的角度；③将上下文信息或主观意义赋予这些线索。尤其是最后一种来源，视觉系统可利用以先验知识形式存在的有效生态含义（通常是自然场景）并将其对应到物理现实。Linton（2017）认为，可以从两个方面理解客观知识和主观意义对视知觉的影响：①感知过程是创造性的建构，认知心理学一词的创始者Neisser（1967）认为，"认知的中心问题"是视觉体验被创造性的建构的事实，认知一词也是指"对构建经验世界的不断创新的过程"；②在决定感知内容的过程中，大脑将发挥核心作用，这体现了认知的中心性。

需要说明的是，由于这种认知的中心性作用在静态视觉空间加工中已有较为广泛的阐述，关于静态空间有关知识经验对知觉判断的影响，历史上已经有很多研究，如形状与图形知觉的理解性、格式塔的分类原则等，因此本书不再把静态空间图形知觉中的知识影响内容作为突出点。关于静态空间能力的研究突出了表象计算、表征计算主题，即高水平空间认知能力主要表现为一种表象加工能力，而表象加工并非简单意义上的感知觉加工，同时突出了这种空间认知的高水平加工特点的可塑性。在讨论动态空间飞行员优势空间能力的认知可塑性的同时，本章将主要从运动知觉和动态空间判断的视角论述认知渗透性。

二、认知渗透性的内涵

(一) 心理学与哲学研究

"认知渗透性"(cognitive penetrability) 最初由 Pylyshyn 在其关于心灵的计算主义模型中提出和发展(Pylyshyn, 1986)。Pylyshyn 在其著作《计算与认知:认知科学的基础问题》(Computation and cognition: Toward a foundation for cognitive science) 中首先使用了"可渗透性"概念,并且 Pylyshyn 还用 Fodor 的模块性概念去描述早期视觉现象的认知不可渗透。Pylyshyn 的这个理论和概念自提出就一直受到细致讨论。

关于认知渗透性的界定主要有两种观点。一种着眼于认知结构,关注语义的逻辑关联,这就是 Pylyshyn 的界定,"如果一个系统是具有认知渗透性的,那么它的语义信息将融入个体的目标和信念,并能被它们所改变"(Pylyshyn, 1999)。另一种则着眼于知觉经验(主要是指视觉经验),关注的是因果上的关联,"如果视觉经验是认知可渗透的,那么这在律则上就是可能的,当两个主体在同一外在条件观察和受到同一个远端刺激时,他们会因为其他认知状态的不同而拥有不同内容的视觉经验"(Siegel, 2012)。Siegel 举例说,一张 X 光片在放射科医生与缺乏放射科专门知识的人看来是不同的,放射科医生凭借经验能获得更多信息,如是否有肿瘤。

哲学领域对认知渗透性的讨论较多,关注的问题至少涉及三个方面:①认知渗透性是否存在;②关于认知渗透性的相关问题的多样性,如认知渗透性与注意力、知觉的正当性、观察渗透理论、模块理论、非概念内容、社会认知的关系等;③关于渗透方与被渗透方的关联。其中第一个问题是被关注的热点。有研究者驳斥了对知觉认知渗透性存在与否的质疑(刘玲, 2016)。例如,心灵哲学家 Dretske (2015) 是少有的明确对认知渗透性持怀疑态度的人,他认为存在一种可以被称为"纯知觉"的部分,不为认知所污染,不过,测试并不能实现"纯知觉"。知觉经验的现象特征能表征高阶属性(如自然种类、因果性等),而有些病人,如联想性失认证(associative agnosia)病人却不能表征。病人能很精确地画出那些知觉线条,但却不能将其范畴化并命名那个对象。刘玲(2016)认为,Dretske 的测试不能说明高阶属性不能出现在经验现象性特征中,而且即使测试成功,也是用特定方法测出的结果,并不能说明知觉就是认知不可渗透的。可见,大部分哲学研究者均相信认知可渗透性的存在，虽然在哲学领域，这种认知渗透性包括的内容甚为广阔。

在视觉认知中，Cavanagh（2011）提出的认知独立性强调了视觉认知的复杂的感知推理，该观点支持了认知渗透观。这种认知渗透是无意识自动发生的。对于Cavanagh而言，视觉认知的推理机制在确定感知内容方面起着至关重要的作用。无论是贝叶斯线索整合的自上而下加工或是高级推理，还是仅仅与格式塔心理学相关的中间推理，重点都相同：视网膜信息不足以指定感知，因此推理机制是依赖于确定我们实际上看到的许多可能感知中的那个感知。不过，无论这些推理采取何种形式，视觉系统都使用它们来拒绝许多可能的选择，这些选择与原始感官数据和最终的感觉一样，即推论是从部分数据到最合适解决方案的基于规则的扩展。大脑中的一切加工最终都是基于规则的处理。

Linton（2017）探讨了视知觉尤其是深度知觉研究中的一个中心问题——"视觉系统是否依赖于客观知识和主观意义来指定深度知觉？"Linton认为，大部分研究者是认同这个观点的，即许多知识和意义对深度知觉有明显贡献。

（二）动态空间认知渗透性的内涵

从心理学尤其是认知心理学的视角看，以往有关认知渗透性的界定强调了概念或背景知识对某种作业加工（或系统）产生的影响，也就是认知内容渗透，本书认为，还可以从认知加工过程的渗透来进行理解，也就是高水平视觉判断过程中有诸如推理、归因、预期、主动策略等高级认知过程的参与，即认知渗透性是指个体的认知经验对作业加工产生的影响，这种认知经验既包括个体的概念与背景知识，也包括其认知加工过程。认知内容与认知加工过程不能分离。

本章用认知渗透性来强调在运动知觉和动态空间加工这种较为复杂的过程中，除了个体的知识经验参与其中外，动态空间判断活动中还有自上而下的高级的认知加工过程。认知渗透性可用来解释这种用高层次的认知经验与过程来解决低级别视觉加工中不确定性的认知特点，并用个体的认知渗透性来解释可能存在的个体差异。

运动客体的运动信息加工特性已经受到较多关注（如本书第三章中所述），这是运动知觉判断的认知不可渗透性（Pylyshyn，1999），而运动视觉加工的认知可渗透性受到的关注相对较少。个体的动态空间判断既会受到运动客体的意义属性（这种意义属性有些是个体主动生成的）、运动背景以及运动客体与关联客体之间关系的影响，也会受到高级认知过程的影响。从影响变量上看，动态视觉空间认知加工受到三类因素的影响：客体的物理信息，如运动三元素（时间、距离、速度）；视觉不变量，如tau，也就是视觉生理变量；认知经验变量，如客体相对大小、相互作用、运动背景、客体及背景知识等。认知渗透性更多关注影响视觉现象的认知变量。本章将着重于分析运动知觉和动态空间判断的认知渗透性。

三、动态空间认知内容渗透

（一）运动客体知识

一个无意义客体和一个有意义客体（如火箭、汽车、飞机）在屏幕上以同样的方向与速度前行，哪个客体会被知觉为更快？多个领域的研究发现，有关运动客体的特性知识会影响运动知觉判断。

在视觉领域，表征动量是指对运动客体的位置判断会向前偏移，表征动量研究已积累了大量的成果（Hubbard，2005，2014，2017），研究证实了运动目标的生命意义属性对表征动量具有影响。例如，当向被试呈现具有生命属性的刺激时，"头"前进的运动方向的偏移量大于"头"后退时的值（Freyd，Miller，1992；Freyd，Pantzer，1995；Nagai，Yagi，2001）。Reed和Vinson（1996）的研究给两组被试呈现相同的图形，其中一组命名为火箭，另一组命名为城堡，结果发现，火箭组的表征动量显著大于城堡组，而这一差异是由概念驱动的。董蕊（2015a）采用具有生命属性的刺猬简笔画和pacman图形（同时含有指向和朝向）开展了一系列实验，发现当目标刺激的朝向与我们的经验一致时（头朝前，向前运动）的表征动量显著大于不一致时的值。当用汽车和自行车以及人奔跑和站立姿势作为实验材料时，研究发现，有关客体快慢的速度知识可以影响表征动量（董蕊，2015b）。生动有意义的材料丰富了表征动量研究，也进一步说明了运动客体的身份特征和个体的概念驱动对表征动量有重要影响。不过，也存在不一致的观点。黄希庭和梁建春（2002）采用表征动量范式研究了内隐时间表征，发现小汽车和牛两种图形之间的表征动量并无显著差异，铁和棉花的表征动量也无显著差异。这可能与生动材料本身的朝向性和性质有关。

在TTC任务中，观察者能准确判断视野中的运动物体到达某一特定点的碰撞时间或接触时间（DeLucia，Warren，1994）。黄端和张侃（2008）采用两张有意义交通工具的矢量图片作为实验材料，即小轿车和三轮车，发现专职公交车驾驶员对小轿车的TTC估计差于对三轮车的估计，证实了概念信息会影响TTC估计。可见，对运动物体碰撞时间的估计具有认知渗透性，其判断依赖于现实刺激和已储存的知识经验的相互作用。

在视觉追踪研究领域，为了能够有效追踪，个体须建立起客体表征连续性，以便视觉追踪系统发挥预测功能，而行为水平、眼动水平、神经活动水平的预测机制不仅会受到客体运动特征的影响，还会受制于客体所属的语义类别（陈婷婷等，2012），视觉追踪系统可以有效处理目标形状、大小等简单特征，同时对复杂信息，如语义网络的改变保持高度警惕性，被追踪目标的语义一旦被激活，追踪成绩将大大提高（Liu et al., 2009）。因此，视觉运动追踪是视觉系统对客体运动信息和身份语义信息进行整合的结果。不过，客体运动信息的加工特性已经获得了比较广泛的研究，而语义信息加工机制的研究还有待进一步加强（陈婷婷等，2012）。

在RAT中，视觉变量和经验变量同时决定了RAT判断绩效，研究发现，RAT中存在大小到达效应，即个体倾向于判断大客体先碰上目标，并受到运动背景的影响，由此证明了认知变量对RAT判断的影响（晏碧华，游旭群，2015）。在运动方向判断中，晏碧华等（2019）对飞机客体和无意义客体进行对比，发现飞机客体的意义性会影响运动方向判断偏差效应的表现形式，说明了运动客体知识对运动空间方向判断的影响。

（二）运动背景知识

表征动量研究发现，表征动量大小受到客体运动背景的影响，有背景效应。Hubbard（2014）总结认为，有以下几种背景信息会影响表征动量：阴影、多模式（通道）信息、非目标刺激、场景特征等。研究发现，周围背景会对目标产生吸引力，使观察者在判断时发生了朝着周围背景偏移的倾向。Whitney和Cavanagh（2002）采用光栅条作为运动背景，发现运动目标的偏移量受到光栅方向的影响，朝着背景偏移。Thornton和Hayes（2004）采用虚拟现实技术构建生活场景，发现观察者对该情景中接下来可能发生的事情进行了准确预估，其判断依赖于丰富的生活经验。这一研究结果说明，表征动量在生态情形下也会发生，且发生在每天的日常生活中。

关于背景的例子通常是广阔的背景，背景的含义可能是局部性的，只有一个关联客体也会对运动客体构成影响。Hubbard和Rupple（1999）在呈现一个运动客体的同时呈现一个静止客体（称为地标），发现观察者在定位运动客体的位置时，常常会感知到运动客体朝着静止客体运动的现象，并称之为地标吸引效应（landmark attraction effect）。表征动量效应和地标吸引效应相结合，共同决定了个体对运动物体的位置定位。而且，个体对一个在地标附近的静止客体的记忆也是移向地标的（Hubbard，Ruppel，2000）。Hubbard（2008）还检验了运动客体对静止客体位移的影响，发现静止客体的记忆位移随着移动目标速度的增加而增大，随着两者之间距离的增加而减小，这从另一个角度说明运动目标和关联客体的相互作用对感知位移的影响。晏碧华等（2018）考察了飞行场景中表征动量的地标吸引效应和排斥效应，也发现个体有关非目标刺激的局部背景知识影响了动量判断。

（三）专家知识

关于背景的专业经验知识也会影响观察者对运动目标消失时的位置判断。专家知识本质上是高度具体的知识，是特定领域的，必须结合现实场景才能突出专家知识的作用。Didierjean 和 Marmeche（2005）发现，有经验的运动员会对篮球在下一场景中的可能位置做出更多的预判。Blätter 等（2011）采用飞行模拟机生成飞机下降的视频，发现专家驾驶员的知识经验使得其在判断运动目标的消失位置时的向前偏移量增大，而新手在观看飞机着陆的视频时没有显示出表征动量。采用道路场景视频也发现有经验的驾驶员显示出专家效应，即有经验的驾驶员的偏移量大于新手驾驶员的偏移量（Blätter et al.，2012），由此证明了观察者特定领域知识对表征动量的调节作用。专家驾驶员的表征动量效应反映了专家视觉系统的良好适应性，需要多年的经验才能填补其所感知到的视觉差距，并有助于他们对策略使用的管理。Didierjean 等（2014）用专家-新手范式研究了专家知识的影响，认为表征动量效应在某种程度上是一种"领域特殊"现象，涉及每个类别的场景和目标的知识。因此，专家可以提取不同的信息来促进表征动量效应，这些特定领域的知识是以组块的形式储存于专家记忆中的。这些都生动地说明了专家知识对运动客体位移判断的影响。

（四）运动模式知识

运动发生时的运动模式与运动特性知识会影响运动知觉判断。Bertamini（1993）用倾斜的平面作为背景，将圆圈置于倾斜平面然后消失，让观察者判断圆圈消失的位置，发现观察者的判断点向下偏移，这说明个体有关倾斜面的知识影响了判断。Hubbard 和 Bharucha（1988）发现，有关墙壁会引起运动客体反弹的知识会影响个体对客体运动方向的判断。Freyd 和 Finke（1984）发现，观察者可以归纳出一个运动客体的整体运动规律（如环形运动、逆时针方向等），然后用这种整体规律来预测运动，而不仅仅依赖于即时的知觉。Kelly 和 Freyd（1987）的研究发现，当实验中的诱发刺激产生形状上的变化时，个体不再能知觉到物体在指定方向上的运动，而是将其知觉为出现在不同位置上的静止物体，因此不会产生表征动量，这是由于不同形状的刺激产生了不同模式的内部标记，进而影响了表征动量的形成。Didierjean 等（2014）认为，这是由于表征动量涉及的知识有时是关于"朴素"物理原理的纯概念（就是基本运动模式概念）。Freyd 和 Jones（1994）认为，这种朴素物理知识的内隐性，强过关于客体运动的专家知识。Kozhevnikov 和 Hegarty（2001）就发现了这一点，在他们的实验中，当根据运动模式驱动信念和牛顿理论做出不同的预测时，专家表现出了与新手一样的内隐驱动信念。也就是说，尽管专家有物理知识，但他们仍然按照客体运动规律与运动模式进行主观判断，容易受到运动模式的影响。尤其是当运动客体是非自然客体时，观察者的判断更容易受到运动特性的影响（Zago，Lacquaniti，2005）。但当材料为生态材料时，专家知识会有作用。

值得一提的是，当前有关多客体运动的一个研究热点是运动客体之间的因果关系研究，运动客体因果关系研究可以为"运动模式知识影响动态空间判断"这一命题提供佐证。

理解与认知过程相关的客体间因果关系涉及知觉和认知中的根本问题，以及知觉和认知如何适应日常生活的问题。Hubbard（2013a）认为，运动客体之间或运动客体与关联客体之间的因果关系是可以被感知到的，这种因果关系是基于客体的物理特性和个体内在机制的交互作用，通常是自然而然发生的。他总结了现有研究中的因果关系类型，如发射（launching）、触发（triggering）、夹带（entraining）、牵引（traction）、制动（braking）、驱逐（expulsion）效应等。诸多刺激变量（如时间差、空间差、空间重叠、方向、速度、轨迹长度、大小、形态、生命性等）和观察者变量（如注意、眼球运动、经验、智慧、年龄、文化等）均会影响客体间因果关系的感知。不管是哪种因果关系，Hubbard（2017）指出，感知客体之间的因果关系和感知到的相互作用力并不依赖于客体之间的实际接触，当客体之间有一定距离时也可以发生，说明这种对因果关系的知觉是启发式的，而不是简单知觉，观察者关于客体运动有关运动学、接触体验和运动动力的基本知识促进了观察者对运动刺激因果关系的提取。这种启发式知觉体现了运动知觉判断过程中的认知渗透。

总之，观察者的认识或信念可以渗透复杂动态空间加工，这种知识或信念包括变化的或不变的知识、内隐的和外显的知识。然而，在具体的运动知觉研究领域中，究竟是什么样的知识决定了知识渗透或信念渗透，对此还需要进行具体分析（Hubbard，2017）。此外，对信息意义的认识程度和敏感性也会影响行为效应的大小。

四、动态空间认知过程渗透

传统上对运动知觉的划分是基于一阶运动模式，从诸如真动和似动角度进行的，也是从感知觉加工过程角度进行的基本划分。如果运动空间加工涉及二阶运动（如运动客体与运动背景信息）和三阶运动（如复杂相对运动或个体主观加工特征），则更应该关注高级认知加工过程，这也是本书在高阶运动中强调认知过程渗透的原因。

复杂动态空间加工中不仅有感知觉过程，还有高级认知过程的参与。Hubbard（2005）指出，表征动量不仅有对运动目标的运动来源归因，还会受到目标典型性、身份特征和背景的影响。Hubbard（2013b）在解释因果关系的产生机制时总结认为，诸多刺激变量和观察者变量会影响我们对运动目标和关联客体因果关系的判断，如客体特性、背景、学习和经验、预期、先验理解、邻近性推理、特定神经结构等，这些因素大都体现了较高级认知过程对动态空间判断的渗透。

（一）记忆

个体在进行动态空间判断时会利用记忆等一般认知过程，而不只是知觉。Hayhoe（2009）认为，记忆在视觉指引行为的控制过程中发挥着重要作用，观察者被认为会学习周围世界的动态特征以便指引他们自己的行动。在诸如驾驶这样的动态环境中（Blättler et al.，2011），他们学习了运动环境的复杂特征，存储了关于环境动态特性的内部模型，并用内部模型预测事件，这种预测是基于储存的记忆表征。当运动物体的动态特性发生改变后，眼睛注视这些客体的空间和时间精度也会发生改变，说明个体具有运动客体相关时空路径的精确内部模型，并且当有错误发生时，他们会快速更新该模型。正如Hayhoe所强调的，内部模型的发展是基于长期而广泛的实践。

（二）归因与推理

在整个视知觉中，前文已述，Cavanagh（2011）认为，个体的推理机制在确定感知内容方面起着至关重要的作用。

在运动空间，关于运动客体因果关系的研究都涉及运动归因和推理问题。发射效应是指如果一个观察者观察到一个运动客体（发动客体，launcher）接触到一个静止客体后，并且看到这个静止客体随即以同样方向和相同或较慢速度前行，那么，观察者就会认为后者的运动是由前者诱发的（Michotte，1963）。Hubbard等（2001）考察了发射效应中运动归因对表征动量的影响，当观察者把运动归因于其他物体时，偏移量减小；而当他们把运动归因于自身时，偏移量增大。White（2007）指出，发射效应中的客体遵循的是牛顿运动定律，发动客体和静止客体应该是互相加了同等的力。这样，如果观察者的反应和牛顿运动定律一致，那么两个客体的相互作用力应该是相等的。但其实，在发射效应中观察到的效应是发动客体作用于静止客体，并没有提及静止客体作用于发动客体（Michotte，1963），因此，发动客体常常被认为是两个客体中占主动的那个，是因果关系的主因（Hubbard，Ruppel，2013；White，2009），这被称为因果关系的不对称性。此外，表征动量的大小还取决于目标外部的力量。刘浩强（2014）认为，当被试把运动客体的动量归因于其他物体时，表征动量受到外部物体冲力的影响而下降。这些过程都体现了观察者对运动目标的运动归因过程，表现出了认知过程渗透。

关于运动客体和关联客体的临近性推理，哲学家Hume在18世纪就提出了世界事件在逻辑上是彼此独立的，因此观察者不能从感官体验中察觉因果关系；相反，因果关系的思想是建构心灵，并以具体事件的连续性为基础。Michotte（1963）在发射效应的因果关系解释中提出了放大（ampliation）机制，即主动客体的运动过程似乎延伸到被动客体，发动客体的运动被扩展以包括另一个对象的运动。放大意味着两个单独的客体运动被认为是在做单一的连续运动。这些启发式认知加工均体现了复杂运动知觉判断中个体主观经验和高级认知过程的参与。

（三）预期

预期指人们对未来的事件、情感或结果的信念。Jordan（1998）认为，表征动量反映了观察者的期望和意图。他提出表征动量的产生是由于空间感知的重映射激活了观察者对运动目标刺激的预期。重映射是指神经序列编码结构普遍存在于神经资源的行为规划和感知分配中，观察者行为计划与刺激特征知觉之间的相互作用对刺激定位的表征有影响。此外，他认为，经由自然选择保留的控制感知运动的推理算法本质上是动态环境变化时的朴素物理知识，表明人们认为的运动系统符合环境变化。打篮球的场景中，专家自动预期了可能的下一场景（Didierjean，Marmeche，2005），以及专家对场景运动的预期（Blättler et al.，2011，2012）都显示了预期的作用。预期理论使得对表征动量的研究从知觉领域进入认知领域（Hubbard，2014）。

在大尺度空间判断研究领域，预期一直是研究者关注的核心问题。例如，在空间巡航人类寻路任务的路径整合研究中，个体可能存在一种直觉的判断，这就是预期的作用。张为威等（2019）采用头盔式虚拟现实和分段式虚拟迷宫，探究了个体的预期如何影响其路径整合的准确性，通过指导语来控制被试对正确返航距离产生不同的预期，结果表明，预期作为一种非感知觉因素会影响人们进行路径整合，体现了人类路径整合的高度适应性和策略性。

（四）隐喻与同构

这是一种系统性的解释。在表征动量研究中，Finke 等（1986）提出了动量隐喻（metaphor），认为表征动量的存在是因为表征系统内化了动量原理。在物理世界，由于有动量的作用，一个运动的物体不能立刻停下来。类似地，人们对运动物体的心理表征也包含了动量的特征。动量随着运动物体速度的增加而增大，在心理表征中也存在相同的现象（Freyd，Finke，1985；Hubbard，Bharucha，1988）。

Hubbard（2006）提出了二级同构理论，同构是指内部表征的机能与外部客体的结构联系是相似的。他认为，偏移是物理世界和心理表征之间的二级同构，物理世界中的功能属性在心理表征时被保存或重建，所以心理表征就受到了物理原则的影响。Hubbard（2010）还提出刺激表征和背景表征一起构建了一个网络，该网络结构内部的空间激活和连接方式决定了运动客体的最终位置，这反映了物理空间与心理表征之间的映射。进一步，Hubbard（2013b）在解释因果关系的产生机制时指出，因果关系依赖于刺激的构型和刺激各部分之间的相互关系，如同格式塔原则一样，刺激构型和刺激之间的相互关系及背景对因果关系非常重要。有生命属性的客体更有可能出现惊人的因果关系，这就是由认知语境提供的。

（五）认知策略的运用

本书在第三章已经呈现了动态空间问题的解决策略，比如，空间问题解决的整体策略和分析策略（Gluck，Fitting，2003），通常空间能力较好的个体会更多运用整体策略。距离优先策略是一种捷径策略，低空间能力的个体常常会有相对距离信息优先倾向（Keshavarz et al.，2010）。另外，高空间能力个体会更多在动态空间采取认知协商策略而非直接策略。高水平策略的运用也体现了动态空间判断的高水平加工，这种策略性加工也正是认知渗透性的重要作用。

五、认知渗透性可拓展研究内容

虽然我们在上述内容中特别关注了运动空间的认知渗透性，但是需要强调的是，作为科学研究的心理学，应同时关注视觉空间现象的认知渗透性和非渗透性特征。动态空间判断受到视觉系统、运动客体的物理特征以及观察者经验特征的共同影响。通常物体的位置变化会在视网膜上留下轨迹，这是探讨运动知觉产生的生理感官因素，但视觉系统会利用外部信息进行判断（Furman，Gur，2012），同时观察者的经验和认知加工也会参与其中。从内容上看，观察者的经验对运动知觉有认知渗透，人们会根据已有的知识经验来理解运动模式和运动情景，从过程上看，复杂的动态空间判断有观察者高水平认知活动的渗透。

在动态空间判断的认知渗透性上，未来研究还需要着重于区分以下几点：①变化或不变的经验的影响。有关客体的知识和经验会影响判断，如果相关客体的经验是不变的，那认知效应和客体本身的物理效应或统计效应可能趋于一致。如果经验是可变的，或者说，如果最近的经验知识和以往不一致，那么认知效应和客体本身引发的客观物理效应就会有区别。客体知识的不变性越强，那么信念和经验的影响就会越弱。②外显知识与内隐知识的影响。与客体身份属性高相关的外显知识会影响效应，尤其是当客体相关信息作为变量被控制时。同时，知识也是内隐的（如隐喻论）。知觉效应是内隐知识和外显知识共同作用的结果。③高级认知过程的确认。在复杂运动中，记忆、归因、推理、预期等过程和知觉判断过程一起决定了最终效应。有没有纯粹的运动知觉过程呢？这是引人入胜的问题。

第二节 飞行场景中的认知渗透性

通过对飞行员动态空间加工的认知渗透性分析，可以了解飞行员动态空间加工优势的认知本质，通过考察飞行场景中特定飞机客体的意义性对运动空间判断的影响，可以促进理解飞行场景运动加工的认知渗透性对飞行安全的作用。本节将简要介绍飞行员动态空间加工的认知渗透性及飞行场景中的认知渗透研究。

一、飞行员动态空间加工的认知渗透性

在本书第七章中，通过对照组设计，我们发现了有动态空间经验的飞行员的认知加工优势。寻求飞行员在动态空间加工上的独特性，可以发现飞行训练和飞行实践对提高动态空间判断的效用和影响途径，深入探讨飞行员在空间任务、多种运动形式和运动任务下的反应特点，可以发现飞行员动态空间认知的认知加工特性与加工机制。通过这个探索过程，可以发现飞行员认知计算内容和认知计算过程的渗透性效应。

飞行员之所以在空间任务上表现出认知加工优势，是由于其在任务判断中有认知内容渗透和认知过程渗透。一方面，相较于常人，飞行员本身对空间任务的接触较多，经历了长期的飞行实践，对空间认知任务比较敏感和熟悉，积累了较为丰富和有效的专家知识、运动模式或空间模式知识，能够减少视觉干扰噪声对判断的影响（游旭群，2004），能够准确掌握运动客体的构型，获取最主要的空间结构。在动态空间判断中，飞行员的加工优势充分体现在这些认知内容的渗透上。例如，在动态定位任务（刘真等，2016）中，个体需要对由运动客体运动轨迹构成的方形进行准确构型和记忆，并在接下来的任务判断中保持这些运动轨迹构型，这就要求优势个体拥有较为良好的运动模式知识和空间知识。类似的还有动态空间工作记忆任务（戴琨等，2010）等，而相对到达任务（晏碧华，游旭群，2015）和空间定向动态任务（晏碧华等，2011）的完成需要个体有较强的即时方向和空间距离判断能力。另一方面，在完成空间任务时，飞行员能够采用自

己的认知策略和方法进行解决。在这个过程中，飞行员的记忆、预期、归因和推理以及他们有关空间认知的内隐知识与认知过程也会参与其中，促进了空间任务的解决，表现出专家的认知加工过程优势。

二、飞行场景中的认知渗透研究

（一）飞行场景中的认知渗透

一个运动场景中既会有运动客体的运动模式和运动特征，也会有相应的运动背景，观察者有关运动模式、运动背景和运动客体的知识都会对动态空间判断造成影响。在这个过程中，有经验的个体会利用其知识经验对运动判断进行较高水平的认知加工。

在第七章中，有关飞行员动态空间能力的研究大都直接设置对照组，对飞行员和普通被试进行考察，直接获取了飞行员动态空间能力的加工特点。为了进一步探索动态任务设置范式，且深入探讨生态刺激对动态空间判断的重要影响，研究者设置了飞行场景中的复杂运动任务，探索了飞机客体对动态空间加工的影响，以期在今后的研究中进一步考察飞行员有关飞机客体的专家知识对飞行员动态空间判断的影响。

1. 飞行场景中的表征动量

晏碧华等（2018）采用诱导运动范式设置了飞行场景运动，探索了飞行场景中表征动量的地标效应。诱导运动目标是有意义属性的飞机图像，并呈现和飞机关联强度较大、有明确因果关系的安全地标（飞机跑道）和危险地标（大山），使蕴含认知情绪色彩的关联地标对运动有一定的发动效应（有正负两个方向），两者共同构成有一定情景意义的运动场景，如图8-1所示。该研究主要考察了飞机运动目标和关联地标的相对关系、运动目标的运动方向及关联地标的意义属性和呈现时间对表征动量的影响。晏碧华等的研究结果表明，趋近安全地标的表征动量大于远离安全地标的表征动量，趋近危险地标的表征动量小于远离危险地标的表征动量，安全地标呈现出地标吸引效应，而危险地标呈现出地标排斥效应；并且，高关联的安全地标和危险地标使飞机的表征动量不受运动方向的影响，保持间隔期间呈现的安全地标和危险地标，即突然呈现的地标会使飞机的表征动量增大，整体上，飞行场景中飞机的表征动量较强，也就是飞行运动场景中动态飞机的心理惯性更大。晏碧华等（2018）的研究揭示了个体对运动空间的判断受制于运动目标、背景意义、运动场景特征、运动客体的相互作用的影响，飞行情景中的位置判断是一种具有认知可渗透性的高水平加工。

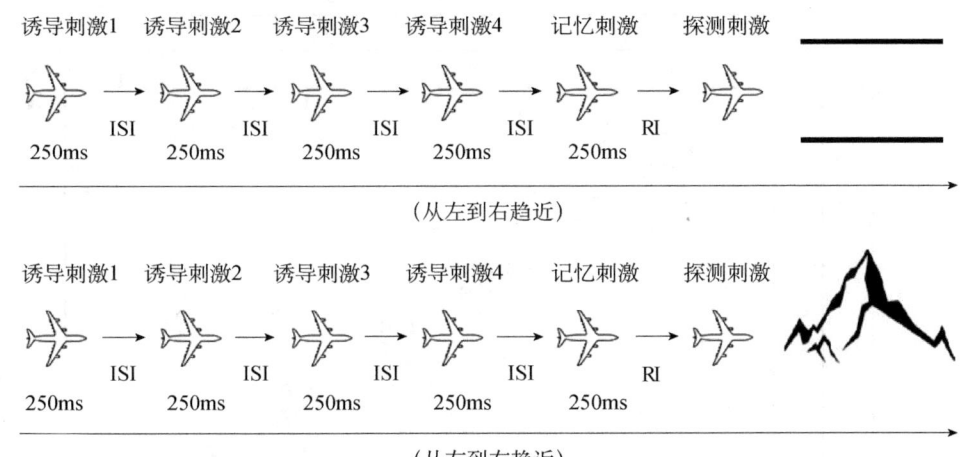

图 8-1　飞行场景中表征动量的地标效应实验程序示意图

注：飞机跑道为安全地标，大山为危险地标；内部刺激间隔（internal stimulus interval, ISI）是指相邻刺激呈现的时间间隔。

资料来源：晏碧华，刘晓敏，刘浩哲. 2018. 飞行场景中表征动量的地标吸引效应和排斥效应. 心理学报，50(7): 15-26.

在晏碧华等（2018）的研究中，地标和运动目标的关联性高，有较强的因果关系，构成了不同的意义情景。如果运动判断的偏移量仅仅是由表征动量和地标吸引效应导致的，那么偏移量只会受到运动客体的形状和地标大小的影响。而在研究中，观察者的偏移量受到了不同情景的影响，他们根据以往的经验知识去理解情景所包含的意义，说明表征动量具有认知可渗透性。方向效应的消解和地标的突然呈现使表征动量大幅度增加，这也正是这种意义渗透的结果。人们会根据已有的知识经验来理解情景，这再次证明表征动量不只是简单的知觉过程，也反映了高水平的认知加工。

2. 飞行场景中的运动空间定向

晏碧华等（2019）将诱导运动范式引入运动定向判断任务中，要求个体记忆目标预设运动轨迹，并判断目标的实际运动轨迹是否与其相同，实际运动轨迹分为相同、偏高、偏低三种，如果个体能正确记忆其实际运动轨迹，则其对相同轨迹的判断正确率应最高，同时对偏低和偏高轨迹的判断正确率应无显著差异，若对其存在差异,则说明个体的判断存在某种偏好,这是一种方向偏差。晏碧华等(2019)分别采用无意义刺激和意义客体飞机,旨在探索意义性是否会影响方向偏差的表现形式。其意义客体刺激模式见图8-2。

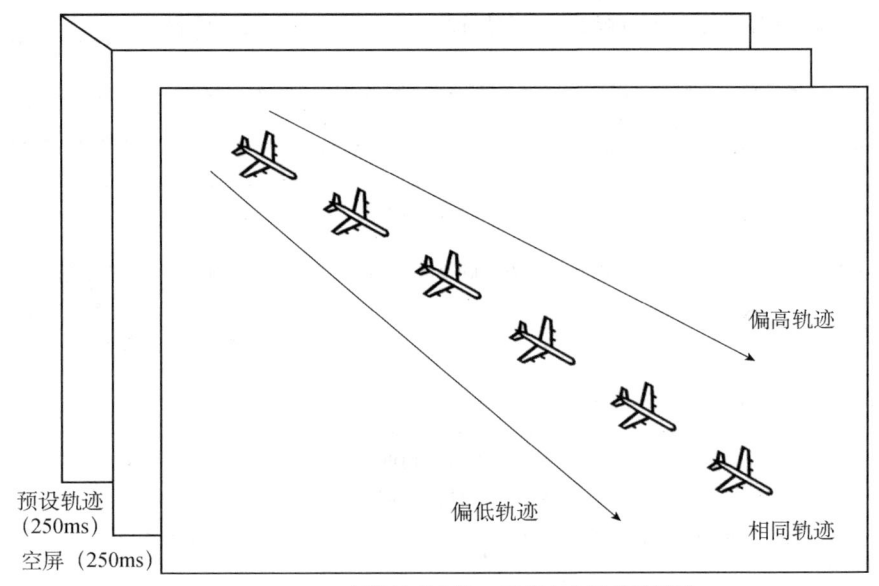

图8-2 飞机运动客体的定向判断(从左到右降落示意图)

资料来源:晏碧华,陈云云,张雅静等. 2019. 运动空间定向判断中的方向偏差及飞行惯性. 心理科学,42(3):556-562.

晏碧华等(2019)的实验研究结果表明:①被试对降落运动轨迹的判断正确率显著低于对起飞运动轨迹的判断正确率。②被试对无意义客体的偏高轨迹的判断正确率显著小于对偏低轨迹的判断正确率,表现出方向偏差。③飞行场景会影响方向偏差的表现形式,当飞机降落时,被试易将偏低路径判断为与预设轨迹相同;而当飞机起飞时,其易将偏高路径判断为与预设轨迹相同,表明降落时,飞机会被知觉为向斜下方越飞越低,而起飞时,飞机会被知觉为向斜上方越飞越高,表现出飞行惯性。这些研究结果揭示,运动空间方向判断会受到重力表征及个体知识经验等的共同影响,具有认知可渗透性。

在晏碧华等(2019)的研究中,客体的起飞和降落是不同的运动模式,被试有关运动模式的知识会影响判断结果。被试对客体降落时的运动定向判断正确率更低,这可能也是受到了重力作用的影响,而且重力对方向的影响可能更大。也就是说,被试有关重力的知识影响了其最终判断。相比于偏低轨迹,偏高轨迹被判断为与预设轨迹相同的概率更大，这可能也是受到了表征重力的影响。在偏高轨迹时，由于重力作用向下，被试主观上可能认为运动轨迹会下移，趋近预设轨迹而容易将其判断为相同；而在偏低轨迹时，由于重力作用向下而远离预设轨迹，被试更容易将其判断为与预设轨迹不同，判断正确率更高。当然，更有价值的发现是，方向偏差会受到飞行场景知识的影响，意义性在一定程度上影响了被试的判断。该研究中，显然飞机和起飞、降落的运动模式有更高的关联性，个体在观察有意义和无意义客体的运动时，会对飞机图标的飞行运动有更高的预期，从而更易受到飞机意义性的影响，导致更多错误的产生。总之，重力表征知识、客体意义性概念等因素会使运动空间定向判断具有一定的认知可渗透性，使运动空间定向判断表现出方向偏差，当客体为飞机时，这种方向偏差表现为飞行惯性。

3. 飞行场景中的认知过程渗透

从加工过程来看，在晏碧华等（2018）的实验中，如果偏移量仅仅是由表征动量和地标吸引效应引起的，那么这种效应更多是基于客体刺激的外形和轮廓，即更多是基于自下而上的加工，而表征动量不具有认知可渗透性；如果偏移量还会受到情景的影响，那就说明偏移量的产生还涉及了自上而下的加工，认知预期影响了表征动量，说明表征动量具有认知可渗透性。他们的实验结果显示，不同情景下的表征动量差异显著是受到自上而下的认知加工的影响，这也与Ruppel等（2009）的观点一致，即表征动量可能同时包含控制加工和自动化加工。控制加工指的是自上而下的加工，包括刺激对象的认知或背景知识；自动化加工指的是自下而上的加工，包括朴素的物理原则和刺激对象的物理特征等。表征动量前移量的大小同时受到自下而上加工和自上而下加工的影响。在方向偏差研究（晏碧华等，2019）中，当刺激材料是具有朝向性的有意义客体时，由于客体的朝向和运动方向及其意义性使被试对其运动形成一定的预期，在这种预期的影响下，有意义性的物体会增加被试判断其运动位置定向的难度。重力作用、朝向效应、物体意义性的概念信息等因素揭示方向偏差判断中存在高水平认知加工，体现了个体认知加工的灵活性和适应性特点。

（二）展望：飞行场景认知渗透的职业训练研究

飞行场景中生态刺激的研究是具有实践意义的。首先，有助于理解人类对环境的主动建构，理解人的感知和认知系统是怎样适应周围世界和日常生活的，准确的动态空间知觉与判断是成功适应环境的关键。其次，设置飞行刺激并将客体安全性评估引入运动判断中，有助于理解飞行运动判断中客体与背景复杂性以及认知过程的综合影响。

晏碧华等（2018）的实验的具体实践意义在于，在飞行场景中，个体对飞机运动位置的判断需要考虑飞机前进方向、地标或场景意义及地标出现时间的综合影响，这对于空中交通管制是非常重要的。晏碧华等（2019）的实验说明，在飞行场景中，空管员对飞行方向的判断必须充分考虑到重力、飞机朝向以及飞机的起飞、降落和飞行姿态的影响。这两个研究同时对飞行运动中飞行事故的判断有重要的实证参考作用。

未来研究还可以设置有飞机作为生态刺激的复杂运动核心任务，并将其用于飞行员飞行训练和航空空中交通管制训练中，提前排除可能出现的有意义的生态刺激判断带来的判断失误，进一步保障飞行安全。已有研究（Blätter et al., 2011，2012）发现，专家更易受到自身相关领域生态刺激的影响，其判断更有可能产生极化现象，那么这种作用能不能通过训练加以改善，是值得关注的。

第九章
飞行员空间能力专长及其养成训练

本章将从专长的角度阐述飞行员空间能力的加工优势及其养成与训练。由于飞行员相对于普通被试在空间认知能力的诸多方面表现出了优势,据此可以认为飞行员相对于普通被试具有空间知识和空间技能专长。在第八章认知加工渗透性的知识渗透部分,笔者提到了专家的专业经验知识影响着观察者对空间任务的判断,这反映了专家视觉系统的良好适应性。本章将探讨飞行员空间能力专长、飞行员空间能力专长的养成与训练。

第一节　飞行员空间能力专长

从 Chase 和 Simon(1973)论"棋艺中的慧眼"(Perception in chess)一文开始,对专长的研究距今已有 40 余年的历程。专长是人们在长期的生产实践中积累起来的财富,是领域知识与具体问题的解决方案相结合的产物。本节将阐述专长的内涵、特征与理论模型,飞行员空间能力专长以及情境预测视角下的飞行员空间能力专长。

一、专长的内涵、特征与理论模型

（一）专长内涵

专长（expertise），又称专家知识，指的是某一领域中的专家所拥有的相关专业知识，包括各种内容知识、行动技能及策略等。专长是在专家解决问题时所使用的经验性知识、判断性知识，尤其是专家在执行专门任务时的决策规则和技能。针对某个领域能够做出良好判断的才能被称为"专长"。

在柏拉图的早期对话录中，专家被称为"懂行的人"（ho epaiōn）。所谓懂行的人就是在某方面有知识的人，而这样的知识是指关于特定领域、特定行当的专家知识/技艺（詹文杰，2016）。专长作为在特定领域人类专家的认知、技巧和规则，反映了人类信息系统和模型的实际机理信息。专长在根本上是实践性的，紧密关联于实践目标的实现和实践问题的解决。

Guillermo等（2015）汇集了有关心理学视角的专长研究并进行了述评，共收集了35篇文章，涉及领域广泛，包括国际象棋、音乐、感知、教学、重症监护诊断、电子游戏、体育、舞蹈、数学、攀岩和指纹分析等。他们认为，有关不同领域专长的研究，可以根据其重点分为五大类：①专长的认知过程；②专长的发展；③专长和一般认知之间的关系；④领域间的技能转移；⑤专长研究的方法问题和框架。上述问题中，专长的认知过程、专长的发展及专长研究的方法问题和框架是专长研究的本质问题，专长和一般知识之间的关系以及领域间的技能转移可被视为专长研究的拓展与应用。

（二）专长特征

专长研究揭示出专家具有大量领域特殊的行为特征。Bransford等（2000）总结了专长的几个基本特征：①专家能识别新手注意不到的信息特征和有意义的信息模式，专家的有意义知觉模块说明专家具备较强的模式识别能力和表征能力；②专家获得的大量知识是有组织的，这种组织是围绕核心概念进行的，反映了专家对领域知识的理解深度；③专长是条件化的，具体用于特定情境下，反映了应用的情境；④专家能从自己的知识中顺利而灵活地提取重要内容，这说明专家的专门技能趋向于自动化；⑤专长是适应性知识，能弹性地处理新情境。这五个方面是相互关联的，其核心在于强调专家对领域知识的深度理解，既强调了知识的内在结构化组织，又包括知识的外在情境化联系和适应性。专家所具备的领域特殊的知识结构是专家拥有优势绩效的基石，而专家所具有的卓越能力就是一种解决复杂工作问题的能力，是一种适应真实工作情境的能力。

在认知特征上，Guillermo等（2015）总结认为，在基本感知过程上，专家会对相关领域有更多的关注和注意。例如，Sheridan和Reingold（2014）通过眼动研究发现，国际象棋专家在扫描棋盘时的注视次数比新手要少，具有有效地搜索视觉场景以寻找特定线索或目标的能力，且专家会迅速将与最佳走法相关的棋盘区域和不相关的区域区分开来。在信息的感知上，专家具有较高的信息整合技能，专家技能依赖于知觉全局、整体构型的能力。Hagen和Tanaka（2017）总结并探索了知觉学习机制和专长的养成，也就是专家和新手在知觉学习上的差异，指出领域专家可以轻松地区分复杂的感知信息。他们以人脸知觉等研究为例，说明了专家和新手相比具有整体处理知觉对象的特点，这和空间认知领域高绩效者往往采用整体策略是一致的。Cheung和Gauthier（2014）在一项关于新奇物体的研究中发现，获得感知技能涉及对客体刺激的感知和概念表征的整合，并且，客体的视觉信息和概念信息在多个层次上相互作用，视觉信息和概念信息的一致性配对促进了观察者成为专家，再次证实了整合处理是专家技能的显著特点。另外，专家的模式识别能力强于新手，模式识别是识别复杂刺激中有意义的关系的能力，Thompson等（2014）指出，专家技能依赖于快速的模式识别，而不依赖于分析性思维。

（三）专长理论模型

关于专长研究，目前已经形成了知识观、技能观、机制观、原型观等四种主要理论路线（胡谊，吴庆麟，2003；郝宁，2006）。理论要澄清的问题主要包括两个方面：专长的实质与专长的获得。

1. 专长的知识观

知识观是由Chi等（1988）开创的。该观点认为，专家拥有的丰富且结构良好的知识体系对其杰出的行为表现具有重要作用。专长是经过多年在相关领域内积累的经验以及这些领域知识与一般能力交互作用的结果。以Chi与Glaser为首的匹兹堡研究团队认为，在获得专家杰出行为的过程中，重要的影响因素包括组织结构性知识、自我监控、问题表征、程序性知识、解题情境和解题策略等。通过分析这些因素在专长发展不同阶段的变化，明确其作用机理，可以帮助新手尽快成为专家。

知识观并未提供关于专长获得的可操作的具体建议,而是更多谈到知识的组织。例如,Chase和Simon(1973)通过研究象棋选手在象棋学习过程中知识结构和处理流程的变化,提出专长的获取基于组块化信息处理能力的变化。由于象棋比赛对选手的每一步走棋时间有严格要求,因此象棋大师对棋局"模式识别"能力的依赖程度更高。郝宁和吴庆麟(2004)对可视化基础(Visual Basic,VB)编程专家和新手的知识结构进行比较,发现专家具有新手所不具备的领域特殊策略,同时也发现专家的知识结构比新手更合理。

2. 专长的技能观

Anderson(1990)所持的技能观从产生式理论角度验证并详细解释了技能获得的认知-联系-自动化三阶段理论,认为专长的实质在于能够执行某种近乎自动化的基本技能以及熟练进行问题解决。技能观强调了在技能自动化过程中,练习起着关键性作用。在技能观看来,能执行某种近乎自动化的基本技能、熟练进行问题解决,正是专家与新手最大的差异之处。而探讨专长的获得,核心在于揭示技能自动化的过程,以及分析专家在逐渐熟练解决问题的过程中所发生的认知结构、加工处理能力等方面的变化。

关于专长发展,Anderson(1990)提出程序化、战术性学习、策略性学习、问题知觉等,这些也是影响专长获得的因素。程序化是指从新手到专家的过程,涉及陈述性知识向程序性知识的转变。战术性学习意指获得实现某个特定目标的方法。策略性学习是指学会如何组织自己的问题解决过程。在问题知觉上,新手容易被问题的表面特征吸引,而专家更多是对问题的内在原理和关系的掌握。

3. 专长的机制观

Ericsson等(1993)开创的机制观认为,专长的实质在于动作或认知机制获得了对环境限制的最大化适应,而专长的获得则在于通过长期且专注的专门训练来促进动作或认知机制的优化。例如,Platz等(2014)对刻意练习对音乐成就的影响进行了元分析,发现了一个中等的平均效应($r=0.61$)。他们认为这表明了专门练习的重要性。

对于机制观,有批评者认为,其仅可解释基于行为表现的领域,如音乐、体育、弈棋领域的专长现象,而并不适用于其他更广泛的领域。Guillermo等(2015)总结认为,在专长的发展上,虽然专门训练理论表明刻意练习的数量是影响专长的关键决定因素,但个别专家的表现水平不能用刻意练习来解释,比如,一些象棋大师本身就有天赋成分。实践无疑是影响专长的一个重要因素,但并不是唯一的决定因素。

4. 专长的原型观

Sternberg 和 Horvath(1995)开创的专长原型观认为,个体能否被称为专家,应视其与专长原型的多种特征而非个别属性的相似性而定,最好应被视为一种概要性质的表征。Sternberg 等(1998)概述了八种与专长概念有关的观点:一般过程观强调了专家与新手在信息加工活动中的一般认知过程的速度与精确性等方面的差异;知识量观认为专长是专家获得大量知识的必然结果;知识组织观强调专家优良的知识结构和组织是导致专长的原因;自动化观强调了技能的自动化使专家能熟练、快速地解决问题;分析能力的获得与专家的专门领域知识和高级认知执行过程的获得有关;创新能力;社会实践能力;专家社会标记。Sternberg 认为,前四种观点是专长的标准观点,已在众多专长心理学研究中得到体现,后四种观点来自他本人所提出的成功智力理论。他认为,培养个体的成功智力是获得专长的有效途径。整体来看,这种观点其实弱化了训练和经验对专长的影响。

5. 理论的应用

专长理论为我们理解人类杰出能力的本质提供了有益的启发。胡谊(2004)探索了专长的实质,认为整体上,专家的知识结构有两个特征:限制化和精致化。如果将整个问题解决过程视为一系列产生式集合,则专家的产生式系统的"条件"部分会受到更多限制且已经自动化了,因此有更多认知资源来进行计划和监控等活动,而他们产生式系统的"行动"部分则具有更多精致化的复杂公式,使得他们的解题速度更快。

本书认为,各个理论的侧重点不一样,知识观强调了专长结构的独特特征,技能观强调了专家技能的自动化形成过程和练习的作用,机制观也强调了练习的重要性,同时突出了专长是对环境的适应,而原型观综合叙述了专长的总体特征,并阐述了专长的社会实践性。

就飞行员的空间能力来看,我们应该关注的是飞行环境对飞行员空间能力的塑造作用以及练习对飞行员空间技能的提升作用。因此,技能观和机制观可以被更多地用来解释飞行员空间能力的可塑性和渗透性。正如 Ericsson(1996)认为专家技能的获得过程可以被看作一个广泛的、涉及一系列生理和认知机制改变的过程，本书关于认知计算的可塑性和渗透性机制的观点与其是吻合的。

（四）专长研究的基本方法

关于专长的研究方法通常有两种：一种是专家-新手对比（expert-novice comparison）研究，这是最常见且使用最多的一种研究方法；另一种是专家案例（case）研究，是专门研究在某一领域内有特殊表现的人群。前一种研究方法所获得的结果更能揭示新手在问题解决过程中存在的不足。

正如本书介绍的空间认知研究，专家-新手对比研究比较侧重专家与新手在解决问题时的差异表现，一般会采取认知实验任务，选择领域专家和新手，除了要研究的特定领域（如空间能力）外，对其他方面，如一般认知能力、学历、年龄、性别、利手性等加以匹配，再选择典型的实验任务，然后观察两组被试在同一任务上的差异表现，以评估专家在相关领域的专业水平及其典型特征。这种研究方法的重点在于比较的效果，可以解释专家和新手群体之间的差异。

需要强调的是专家-新手对比研究中的任务选取。能够展现专家特征的任务是典型任务，典型任务可以捕获典型的专家行为实质。例如，在空间能力研究中，除了空间认知的核心任务外，还要检验那些飞行空间环境对飞行员主要认知能力造成影响的空间任务，这些任务是一类可以促使专家最大限度地发挥自己领域专长的任务。

相对于前一种方法来讲，专家案例研究能更为细致地研究与分析专家在解决问题时的行为表现，不过其结论是基于单个被试，可能难以扩展，研究周期也会比较长。例如，De Groot（1965）关于国际象棋的研究历时五年才得以完成。

二、飞行员空间能力专长

（一）空间能力领域的飞行专长

空间能力作为人类智能的重要组成部分，其专业化发展也必然受到关注。在实验研究发现飞行员比普通被试具有空间能力加工优势的基础上，有必要对飞行员空间知识和空间技能特征进行探讨。第六章和第七章已经展现了飞行员相对于控制组被试的空间能力加工特点，当然，这些研究并不是能体现飞行员加工优势的所有任务，不过，通过这些研究已经可以看到，相对于普通被试来说，飞行员在诸多任务上均表现出了加工优势，这些加工优势可以被视为飞行员的空间能力专长。具体来说，飞行员的空间能力专长同时表现在静态空间领域和动态空间领域。

在静态空间领域，在任务上，飞行员空间能力专长表现在表象旋转任务（Dror et al., 1993；游旭群，杨治良，1999）、数量空间关系判断（Dror et al., 1993；游旭群，杨治良，2002a）、视觉特征提取加工（游旭群，2004）、静态空间定位（刘真等，2016）等任务上。在这些任务中，飞行员在较难测试条件下的反应时和正确率均好于控制组，显示出较强的心理旋转能力、数量（距离）加工优势、较强的视觉特征提取加工能力和在无距离参照下较高的空间定位能力（尤其是双目标协同定位能力）。此外，空间能力子因素往往是通过多个空间任务和空间测验经因素分析后提取出来的，在空间能力子因素上，飞行员空间能力专长表现在多个子因素上，如空间定向能力（刘宁等，1994；刘旭辉等，1994；丹笑颖等，2004）、视觉化能力、空间关系判断能力等。这些都是飞行员通过专门训练和职业训练养成的。

在动态空间能力上，飞行员在多个任务上表现出空间能力专长。在时间任务上，飞行员专长表现在距离判断任务的加工速度上，以及到达时间判断任务的加工速度和准确性上，且对相对运动的运动特征掌握更为精确，对运动客体的运动属性进行优先加工（杨仕云等，2009；晏碧华，游旭群，2015）。在运动轨迹的工作记忆上，飞行员在整体性知觉、记忆、识别上具有专长表现，更多采用整体策略（戴琨等，2010）。在定向动态任务上，飞行员专长表现为采用了动态权衡策略来协调定向判断，定向准确且反应稳定（晏碧华等，2011）。在动态定位任务上，飞行员专长表现为即时建构运动空间的关键表征，并将动态刺激形成整体构型以用于定位，这种专长在多目标动态定位中得以充分体现（刘真等，2016）。总结这些任务，飞行员在动态空间能力中的专长主要表现为在线的运动态势视觉计算专长和运动一段时间后的运动轨迹表征计算专长。

（二）飞行员空间能力专长特征分析

从Bransford等（2000）总结的专长特征看，我们可以通过阐述专长的认知加工特征和外在的发展过程与适应过程来阐述各领域专长的特征。本书认为，飞行员的空间能力加工优势是飞行员的认知计算专长所致，不同的空间能力展现出不同的发展特点，即不同的可塑性，认知渗透性展示了专长的经验过程。

1. 飞行员空间能力的认知计算特征

专长往往伴随着对应的知识框架和更有效的认知处理方式，本书用计算专长来表达飞行员空间能力的有效处理方式，这是一种认知特征。在第六章和第七章中，本书分别就飞行员在各个空间任务上的计算优势予以分析，在此，本书认为，这些空间能力计算专长的实质表现在以下几个方面。

（1）表征质量高

视觉空间能力的核心就是表象表征能力（Kosslyn，1987；游旭群，晏碧华，2004），通常，表象能力越强、表征质量越高，则越有利于空间问题的解决。而飞行员属于表象能力较强的群体（Dror et al.，1993），在完成任务时，他们能形成较高的表征质量。例如，在静态空间能力上，诸如完成心理旋转任务、视觉特征提取任务等都需要较好的表征能力；而在动态空间能力上，完成动态空间运动轨迹任务（BFT）需要更高的 VSSP 质量进而有利于 VSSP 的加工（戴琨等，2010），在完成动态定位任务中，当建构运动轨迹构型用于定位时同样需要较高的表征质量（刘真等，2016）。如果这些任务表象的表征质量较差，那么个体是难以顺利完成空间判断的，而飞行员能较好完成正是由于其具有较高的空间表征质量。

（2）表象/表征操作能力强

表象操作是在头脑里表象性地控制、旋转、折叠、反转二维或三维度图画的能力（McGee，1979），也就是在心理上对空间信息进行操作。在静态空间，这种表象操作主要表现为视觉化能力和定向判断，按照 Uttal 等（2013）的分类标准，这种心理操作在内部信息上可以分为静态的心理操作和动态的心理操作。例如，心理旋转任务除了要求有较高的表征质量外，还需要有较好的对静止信息的动态心理操作能力，这样才能在头脑中将图形进行旋转，进而将两个图形进行匹配判断。飞行员在完成心理旋转任务时，在涉及方位表征变化的加工上具有明显优势（游旭群，杨治良，1999），说明飞行员的表象操作能力较强。在一些较为简单的表象控制任务上，飞行员也表现出较好的表象控制能力，例如，数量空间关系判断需要被试在头脑里保持标准线段的长度，以将之与呈现刺激进行比较判断，结果发现，飞行员对标准线段的保持能力较好（游旭群，杨治良，2002a）。在动态空间能力上，运动表征的操作主要表现为在线的运动态势表征操作和运动一段时间后的运动轨迹表征操作。例如，在动态定位任务中，个体需要将运动刺激的运动轨迹表征形成整体构型以用于定位，在这个过程中，要在表象中完成精确定位任务，也需要飞行员具有较强的表征控制能力（刘真等，2016）。在静态与动态定向过程中，同样需要飞行员具有较好的表象控制能力与操作能力。

(3) 整体策略的使用

在第二章和第三章我们已经知道,在空间问题的解决中,使用整体策略的被试会比使用分析策略的被试绩效更好(Lohman,Kyllonen,1983;Law et al.,1993;Gluck,Fitting,2003)。在心理旋转任务中,将图形看作一个单元进行心理旋转的效果将会更好(Carpenter,Just,1978)。依据刺激信息的不同,这种整体策略表现在多个方面:①将图形看作一个单元而不是将其分解,如心理旋转任务;②在分散的信息中感知客体、路径或空间构型,知觉全局,提取出整体构型或形成整体表象,如视觉特征提取任务(游旭群,2004);③在动态空间中,整体策略既体现在对运动态势的整体策划与权衡上,如动态空间定向任务(晏碧华等,2011),也体现在对运动客体运动轨迹的累加表征的整体性知觉、记忆、识别的掌握上,如动态空间运动轨迹任务(BFT)(戴琨等,2010);④在导航任务中,整体策略主要表现为定向策略而不是地标策略等。在计算机化的①②③任务中,都可发现飞行员的专长表现,即飞行员在空间任务中使用整体策略使其更顺利地完成了任务。

按照专长理论推理,飞行员空间问题整体策略的使用正是基于其特有的信息模块的组织方式。在飞行员的优势任务上,长期的飞行实践和训练使其对某些空间知识形成有组织和有意义的信息模式,也使飞行员对这些知识模式有较强的模式识别能力,以引导其对空间问题的表征和解决。飞行员所具备的领域特殊的空间知识模块是其优势绩效和专长的基础。

2. 飞行员高可塑性空间能力特征

正如第五章对可塑性研究的论述,可塑性研究通常涉及认知行为可塑性和脑可塑性。对专长可塑性的探讨可以明确专长的实质及其发展特点。

(1) 涉及多个子能力的复杂任务功能较强

在空间能力的可塑性上,可塑性较高的空间任务通常涉及空间能力多个子系统的协同加工(Kosslyn,1991)。例如,在心理旋转任务中,一共有多个加工子系统参加了判断加工,即形状编码、形状确认、表征位置转换、空间关系监控、位置查询等,而飞行员的心理旋转能力较强正是这几种子能力功能较强和协同作用较强的表现(游旭群,杨治良,1999)。在数量空间关系判断中,由于数量空间关系以类别关系加工为基础(晏碧华等,2008),数量空间关系内隐地包含类别空间关系(游旭群,李晶,2010),显示数量空间关系比类别空间关系更为复杂,而飞行员在复杂的数量空间关系上表现出优势(游旭群,杨治良,2002a)。同样,视觉特征提取要借助复杂表象加工对图形进行完形加工,需要多个空间子能力的协同加工,飞行员同样表现出这种协同优势(游旭群,2004)。在动态空间能力上,总体来看,个体除了需要对运动空间背景,如客体信息、运动背景进行认知处理外,还需要对刺激的运动特征,如方向、距离、时间、速度等进行有效加工,这些都涉及对多个运动空间子能力的综合处理功能,而飞行员在这些综合运动任务,如 RAT(晏碧华,游旭群,2015)、BFT(戴琨等,2010)、SODT-R(晏碧华等,2011)、动态定位任务(刘真等,2016)中都表现出特定的加工优势。从运动复杂性来看,飞行员在高阶(二阶、三阶)运动空间任务上都比普通被试表现出更好的绩效,显示出综合运动任务的高认知可塑性特征。

(2)涉及较大神经网络的空间任务加工更好

在脑可塑性上,虽然不同的空间认知加工子系统具有不同的练习效应,在神经网络上表现出的可塑性是不平衡的(Kosslyn,1987),但是,上述涉及多个子系统或模块协同加工的任务通常激活的神经网络区域也较大,因此,也就可以说,高认知可塑性任务激活的神经网络区域也较大。正如 Faubert(2002)的"衰老的加工复杂性假设"认为的那样,当加工过程涉及更大的神经网络时,相应的,在越高级的空间加工中,老年人的表现越差且衰老得越快。在游旭群等(1999,2002a,2004)的研究中,老年人在涉及右脑加工的复杂任务上都表现较差,如表象旋转、数量关系判断、视觉特征提取等,而年轻人表现较好,这些任务也正是经过飞行训练的飞行员比普通个体表现较好的任务。在动态空间,"衰老的加工复杂性假设"同样得到高阶运动空间模式的支持(Habak,Faubert,2000)。二阶和三阶运动涉及更大的神经网络,更容易产生年龄效应,也更容易因训练而得以巩固。可见,不管是静态空间还是动态空间,飞行员在加工更大神经网络的空间任务时表现更好。飞行员的高可塑性空间认知能力由于受到飞行实践和训练的影响,复杂空间任务加工得以反复强化,同时这种训练与强化又使其相应的较大神经网络区域的功能增强,脑可塑性反过来又使其在空间认知加工上表现出较强优势。这是一个认知可塑与脑可塑相互产生良好回馈的过程。

3. 飞行员空间能力专长的高认知渗透性

如果说专长可塑性论述的是专长空间任务的实质(复杂任务具有高可塑性)及其脑基础发展特点,那么专长的认知渗透性则需要更多阐明专长的适应性,展示专长的经验过程。按照 Bransford 等（2000）对专长特征的描述，本书将专长认知的"灵活性与自动化""结构良好""特定条件情境""适应性"等视为一种认知渗透的综合表现。

（1）认知加工的灵活性与自动化

在认知加工过程上，本书第八章已经明确，认知渗透这个概念体现了人类自上而下的认知加工特点。在视觉空间，个体的高层次认知加工对于解决不确定空间问题有促进作用。高水平的认知加工，如空间推理、预期、同构等会自动化渗透到空间知觉与运动空间知觉任务中，使专长个体能快速、灵活地完成认知任务。这是一种认知加工过程的适应性。例如，在心理旋转任务中，飞行员的反应速度和正确性受加工量改变的影响较低（游旭群，杨治良，1999），也就是说，不管心理旋转任务的难度如何，飞行员都能顺利完成判断，呈现出心理旋转认知功能的自动化特点，表现出高度灵活性。在动态空间，飞行员对运动客体的运动特征掌握也已经达到自动化程度。飞行员对 RAT 的判断已经脱离了客体方向的影响，能精确加工速率较小任务，并且不受运动条件改变的干扰作用（晏碧华，游旭群，2015），飞行员的"运动优先"加工特征也展现出较好的灵活性。

（2）结构良好的知识特征

在认知内容的组织上，与新手相比，专家往往能够更加准确地把握问题的信息特征，建立合理的问题空间，而这些通常是来自专家所具备的知识经验的积累。空间知识在静态空间是指关于物理空间或心理空间二维或三维客体的方向、朝向、大小、形状、方位、距离参照坐标系等相关信息，在动态空间是指关于运动客体的运动时间、距离、速度、方向、运动轨迹、运动模式等信息，另外还有空间背景或运动背景知识。专家技能养成的根基在于知识，虽然关于专长的结构化已早有研究，但对于专长的养成而言，更为重要的是这些知识是如何发生的，又是如何形成良好的组织结构的。

本书认为，在谈到飞行员相对于普通人具有不同的空间知识结构与作用时，可以从以下几个方面进行理解。

1）专家图式。图式是对外在事物的结构性认识，以信息模块的形式储存在记忆中，以可预测的系统范畴来组织知识。飞行专家通常有足够的、适宜的图式，这些图式与某些特定的空间问题解决步骤相联系，并且可以在不需要高度注意的情况下进行自动化处理。

2）隐性知识（tacit knowledge）。隐性知识解释了个体行为中隐性的、意会的部分,这种知识往往具有不易表达的特征。专长更具有隐性知识的特征(Polanyi,1958)。这是个人经验性的、有特殊背景的知识,依赖于体验、直觉和洞察力,并包含着探求问题的规则和解决问题的思路。

3)程序性知识。程序性知识具有引导个体"怎么做"的程序化和操作性特点,即自动化的心智技能,主要以产生式和产生式系统表征。产生式是"条件—行动"的规则,这里的条件是加工的信息,行动是心理活动或运算。Tulving(1985)认为,程序性知识使机体能快速对外部环境做出反应,反映了过往经验导致的行为改变。经过训练的专家更能熟练地应用程序性知识。飞行员的空间能力是在飞行训练与实践中得以强化的,这是特定场景中的经验与隐性知识,并表现出程序化特点。同时,程序性知识还包括认知策略,被用来调节和控制加工活动。专家策略通常是该领域最相适宜的策略,在空间认知领域,飞行员通常采用的整体策略正是该领域最适宜的认知策略。

4)空间技能是认知技能。技能是经过训练、遵循最简单原则的目标导向且组织优化的行为,包括动作技能和认知技能。空间能力中的空间技能属于认知技能。认知技能的范畴较广,包括从建立刺激—反应联系到解决问题甚至驾驶战斗机,认知技能的熟练主要表现为内隐的认知操作活动。虽然复杂任务往往是多种技能的集合或极大地依赖于背景知识,但是通过对反应选择这一最简单认知技能的研究,可以使问题变得简化许多。训练使得认知技能将复杂任务分解成更基础的"条件—行动"反应单元,从而提高完成任务的效率。

上述四个方面相互关联,强调了专家知识的程序性、内隐性和自动化特征。本书的观点是,虽然在空间能力领域也存在陈述性知识,如空间属性的相关概念,但空间能力专长研究应更多关注专家的程序性知识,即空间问题得以解决的知识组织与发生过程,这些组织与发生过程有助于飞行员完成空间认知操作。从飞行员解决空间问题的认知灵活性和自动化来看,在空间程序性知识和产生式形成后,只要给予线索,个体就能立即提取信息。专家与新手之间的差距首先体现在自动化操作上。在解决问题时,专家往往能觉察问题条件中的隐含关系,而新手只注意到问题的显著特征,例如,低空间能力者在运动空间判断中往往采取"距离优先"判断策略,忽视了速度、时间与距离的整合信息(Fischer et al.,1994),这里的"距离"就是显著特征,而飞行员通常不会采用这种策略。

(3)情境化与适应性

专长的认知过程渗透和认知内容渗透的功能表现就是专长的情境化和适应

性。专长是适应性的知识与认知加工过程，既能应对旧情境，也能弹性地处理新情境。从专家视角看，在面对已有条件时，专家会推论出限制该问题情境的关系条件，将头脑中已有的功能性知识直接与当前问题结构进行联系，从而较快地得出解题方法或步骤。而从情境需求的角度看，专长的形成正是适应性的表现。例如，我们的研究总体上显示了飞行员的心理旋转、定向能力、数量空间关系判断、视觉特征提取、运动特征加工、运动时间判断、运动轨迹形成、动态空间定向与定位能力高于普通人，这正是在长期的飞行实践中飞行环境提出的特定要求，飞行员只有在这些方面具有较高的能力，才能满足顺利完成飞行任务的要求。而在一些认知功能较稳定的能力上，如表象扫描，飞行员只要有普通人的水平就可以完成飞行任务。因此可以说，飞行实践和飞行任务的要求使飞行员的空间能力得到适应性和情境性发展，这种适应性发展也正是飞行员的经验形成过程，使飞行员空间能力呈现出高认知渗透性。

三、情境预测视角下的飞行员空间能力专长

之所以要从情境预测视角专门对飞行员空间能力专长进行论述，是因为一方面飞行员对空间任务的认知加工机制可以使他们在空间任务解决和空间情境预测中表现出专长加工的特点，情境预测和预期功能是专家的显著认知特征和认知功能优势表现；另一方面，由于专家的领域特殊性知识和情境具有高关联，专长的认知加工是自动化的，这种加工方式显示了专家对问题情境有着敏感性和适应性，因此需要再次强调专家在情境化的问题解决过程中所具有的显著特征。

（一）情境预测是专家的显著特征

情境预测是专家的显著特征，预见性是专长特性使然。成功的绩效表现不仅取决于行动的有效执行，还取决于对行为的未来状态的预期。尤其是在复杂的动态环境中，成功的绩效表现通常取决于个体做出准确预测的能力。

知觉预期（perceptual anticipation）（或被译为知觉预测）是指产生实时心理映射的能力，即一个情境如何在即时（此时此刻或几秒）或近期展开（Suss，Ward，2015）。这是知觉领域预测情境即将如何发生的能力。Suss 和 Ward（2015）综述了与预测相关的知觉预期的构造（construct），即生态和任务/目标结构的描述可能会导致成功的知觉预期，这些构造促进了技能的专长表现。他们回

顾了三个领域的研究——体育运动中的知觉预期、动态情境的映射，以及汽车驾驶中的危险感知。例如，知觉预期在动态情境中的研究集中表现在对情境意识的研究上。当情境意识概念第一次出现在人的因素的研究中时，它被用在战斗机飞行员之间的战斗中，强调一名飞行员试图预测对手接下来会做什么，以此作为一种获得战术优势的方法。Endsley（1995）对情境意识的定义是"在一个时间和空间的体积内对环境中元素的感知（1级情境意识）、理解其意义（2级情境意识）、预测其在不久的将来的状态（3级情境意识）"。专家级飞行员已经被证明其思维"飞在飞机前面"（Doane et al.，2004）。预测未来的能力被认为是情境意识的最先进层次水平。

在非动态领域，专家的预测能力也同样表现在对认知过程的监控上。比如，在领域问题上，专家能较为精确地预测新问题的难度，如物理学问题、数学问题等，这是因为专家已经获得该领域的原理性知识，而新手往往是通过问题的熟悉程度来判断问题难度的。De Groot（1965）采用象棋研究发现，与新手相比，专家更详细地考虑了他们高质量的棋步，这是基于对棋局未来可能状态的预测。正是因为具备该领域内丰富的、内隐的知识，专家才能根据原理而非表面特征去预测问题的困难性，进而恰当地进行资源分配来完成任务。专家能有效地调控整个问题解决过程，有较高的自我监控能力，这使得专家也能有效预测领域问题的解决过程。

专家为什么会有情境预测能力？已有几种认知机制被用来解释专家的知觉预期技巧。在汽车驾驶领域，McKenna和Horswill（1999）提出，优越的危险感知是基于个体在驾驶环境中使用了预测心理模型。在情境意识研究领域，Endsley（1995）也指出，个体的情境模型和对外界环境信息的整合是理解当前形势和预期未来的基础。随着动态情况的发展和环境中新信息的出现，当前模型得到更新，以便可以预期未来的检索需求，并有效地执行、监控和控制。除了基于环境的情境表征和模型外，还要谈到个体在知觉预期中的主动性，如知觉情境中的视觉搜索，专家可以比新手优先搜索到有效视觉线索，并对有效视觉线索进行视觉分析。这两种机制都承认人们通过使用线索和期望来决定行动方针。知觉预期既受到环境信息结构的限制，也受到个体利用环境信息线索能力的限制（Suss，Ward，2015）。另外，还有长期工作记忆理论模型作为解释高级知觉预期的基础，专家对领域知识记忆较快，记忆内容组织良好，加之专家有较强的自我监控意识，从而使知觉预期发生并得到最优的问题解决。

（二）飞行员完成空间任务中的情境预测

在静态空间判断中，飞行员的知觉预测表现在对空间知觉过程的监控上。比如，飞行员拥有比较精确的图形识别，以及物理空间客体的大小、形状、方位和距离等知识，能预测新问题的难度，掌握了空间判断中较为高效的策略，进而能较好地完成任务。

在动态空间判断中，客体刺激具有运动特性，在一定时间内，刺激之间发生了有关联的组合，飞行员在运动空间中的加工优势可被归为其运动情境知觉和预测优势。飞行员能够准确掌握运动空间的运动态势，并具备相应的高认知、判断和决策能力。这样的高能力得益于长期在飞行实践中形成的对飞行情境的认知，包括对地空目标、飞行状态、位置以及自身与飞行环境之间空间关系的识别和判断，还包括对飞行情境中各种信息的注意、识别、存储、加工等。这其实就是飞行员的动态空间情境预测。

杨仕云（2009）认为，对动态空间能力的加工受到个体情境意识的影响，对动态空间能力水平的评价应该是情境意识评价的一部分。飞行员在长期的飞行实践中形成了优于常人的情境意识水平，这种高水平情境意识使之能够动态地、整体地掌握情境中的变化。在动态空间能力中，飞行员的判断已经能够脱离客体大小与方向因素以及运动空间背景因素的影响，能够较为独立地提取客体的空间信息和运动信息，形成客体的空间和运动的关键特征以及特征组合。Endsley（1995）提出的3级情境意识水平对应的是预测功能，在动态空间能力中，这就是指预测运动客体和运动场景在即将到来的时刻的状态。

在飞行员的动态空间判断中，由于飞行员已经将这种动态情境预测能力迁移到空间任务中，因此在完成计算机化任务时，飞行员也可以表现出这种情境知觉预测能力。可以认为，飞行员动态空间能力里面包含着动态情境预测的子能力。因为是动态刺激，个体的知觉过程需要持续一段时间，知觉/判断研究需要强调对动态情境的获取与保持，以有利于准确预测与判断。高水平的准确预测与判断就是飞行员在动态空间领域中表现出来的专长，也就是专家水平的绩效。

第二节　飞行员空间能力专长的养成与训练

是不断的学习与练习还是先天的基因条件决定了某些人会变成专家？Ericsson

和 Charness（1994）认为，训练带来的生理改变和认知过程改变更大，专家和非专家之间的区别是由训练导致的，而非初始能力导致的。本书认为，先天遗传因素和后天练习与训练对专家的作用占比取决于不同领域的限制。就空间能力来讲，个体差异一方面取决于个人禀赋，另一方面又受到环境、练习和训练的影响。本节内容包括飞行员空间能力专长选拔、飞行员空间能力专长训练的作用与机制、空间能力训练的方法学问题、飞行员空间能力训练方法与建议。

一、飞行员空间能力专长选拔

在第二章中，我们就个体空间能力个体差异（主要是性别差异）的制约因素进行了分析，着重探讨了空间能力分数变异的两方面来源：生物学因素和环境因素。

就空间能力来讲，先天因素在个体差异中占据比较重要的地位。Chase 和 Simon（1973）认为，训练是技能获得过程中的主要影响变量，但他们还是在某种程度上认为天赋能力上的个体差异预示了个体在不同领域成功的可能性。这是具有代表性的观点，既承认天生倾向的作用，也强调个体差异主要反映了由经验导致的特殊知识差异。如果将飞行员的职业训练视为专门训练，那么在专门训练之前的飞行员选拔阶段注重的就是飞行员候选者的先天能力优势，也就是选拔在空间能力上有一定天赋的候选者。选拔时，候选者的空间能力优势可能来源于两方面：生物学因素和成长过程中的经验积累。其中，后者是指空间经验更多的个体，其空间能力更强（Uttal et al.，2013），例如，个体在成长过程中，如在游戏、设计、拆装玩具等活动中会积累经验。可见，不能否认个人先天能力差异和早期经验对专家技能获得的影响，如果仅仅强调后天专门训练，可能就会磨灭个体自我选择和主动从事相关练习所带来的影响。因此，空间能力领域专家水平的养成最终还是要受制于个人的基本资质。

在飞行员选拔之初，选拔系统就已经对候选者的空间能力进行了检测和筛选（第一章），这是对飞行员候选者空间能力的初步检测，淘汰了空间能力表现较差而不能满足飞行要求的候选者，大部分选拔系统对静态空间能力的高水平加工进行了初步筛查，如图形识别、长度判断、视角转换、简单旋转等。而更高水平的静态空间能力中的动态操作，如动态旋转与翻转、身体姿势和空间判断的协调性，以及动态空间能力的训练等都需要在专门训练中完成。

二、飞行员空间能力专长训练的作用与机制

（一）训练的作用

对于飞行员空间能力来说，在选拔的基础上，是飞行训练和职业训练最终养成了飞行专家。虽然我们说个体先期经验的积累有一定的作用，但是简单的经验积累不能必然带来专业能力的提升。训练学家认为，几乎没有经验性证据支持可依据基本的、天生的能力预测专家的成就或杰出行为。专家的最终杰出行为不是由所谓的天生能力决定的（Ericsson，Charness，1994；郝宁，2006）。在日常生活中，我们也可以看到很多专家在一开始的时候并没有在相关领域显现出异于常人的优势，而是在后期通过长期训练获得的。

练习是专家技能习得的关键因素，可以优化专家的表现，那么，在不断的练习中一定有某种学习机制，使得专家技能的习得成为可能。这不是简单地暴露在训练环境中进行训练那么简单，而是涉及主动的、有意识的训练。哪些因素可以促进训练效果呢？基于长久以来的大量研究，至少应该有以下几个因素：个体的高强度行为动机水平，相同或相似的任务练习，有效反馈机制来纠正学习效果，个体学习者已有任务相关知识。在这些因素中，动机水平是基本保障，而有效反馈机制可以促进个体使用策略的优化，个体一旦明确这一点，就会选择更好的任务解决策略。例如，Chase和Ericsson（1981）在对数字广度练习效果的研究中发现，那些一直采用复述策略的被试的行为表现只有微小进步，而采用编码策略的被试却获得了显著进步。

Healy等（2014）总结提出了一些培养专家技能的培训原则：在专长的获取中，学习反馈的安排是非常重要的；在专长的保留和储存过程中，必须对项目进行重新组块和深度加工；在专门知识的转移上，注意提供多样的实践；等等。

（二）专门训练的作用

在训练领域提出突出观点的是专长的机制观，其开创者Ericsson等（1993）提出了"专门训练"（deliberate practice）理论（又被译为刻意训练理论），用于解释不同领域的专长获得。该理论认为，某些基本技能或认知机制上的适应性改变，是导致杰出行为出现的支配性因素，并将专门训练作为导致和促进这种机制变化的主要变量。专门训练是指那些专门设计用以改进个体当前的行为水平、对个体最终成就起决定作用的长期的、特殊的训练活动。专门训练不是一种训练方

式，而是一系列特殊训练活动。

专门训练理论与传统训练观不同的是，传统训练观认为，个体只要有足够的训练便可达到最高行为水准和杰出水平。在 Ericsson（1996）看来，许多研究者质疑训练的作用便基于传统训练观，一旦这些研究者发现持续训练并不能很快使个体获得高水准行为，他们便宣称证实了训练对行为水平的影响是微乎其微的，就会转而支持天生倾向对行为水平的决定作用。事实上，如果仅通过简单的重复训练，技能的发展只能限定在一个相对较高的水平而达不到最高水平，技能的持续提高需要个体对技能进行有意识的重新建构，这是需要付出努力的训练活动（Ericsson，1996）。可见，就训练抑或经验积累来讲，广度的时间积累和深度的知识与技能的重构都是必不可少的，在这种条件下，专家才能迅速捕获问题解决的关键信息，寻找更为合理的问题解决策略。

Ericsson 等（1993）基于专门训练理论提出了杰出专门行为发展的四阶段理论：开始训练、专门训练、专注训练、追求卓越。在这个长期的连续发展过程中，专门训练起着关键性作用，直接决定个体的行为水平。个体之所以能成为专家，是因为其在长时准备期全身心投入专门设计的训练活动中。

（三）飞行员的职业训练

1. 飞行员的职业训练是专门训练

在飞行领域，训练历来都被作为提高飞行技能的一种重要手段，这里就包括飞行员的空间能力。飞行员的飞行技能训练通常是在模拟机上完成的，研究者开发出了各种训练系统来提升飞行学员的飞行技能。从动机上看，因为安全无小事，训练者的动机水平较高；严格的训练程序也注重对训练结果的即时反馈；在训练过程中，飞行学员注重对空间智慧技能的掌握和认知策略的训练，也就是注重任务的良好完成，这些都可以保证训练的有效性。总体上，非真实条件下的职业训练都可被视为实验室训练。在专家养成过程上，探讨在实验室进行专长培训，以使新手实现高水平的绩效表现是非常重要的，因为实验室训练可以控制和操纵那些对专家获取知识的过程至关重要的变量，关注重复学习和迁移效应对训练的影响。由此，制定高效的培训方案才成为可能。特别是当前各种可视化技术的发展创设了更有感知力的丰富环境，可以为知觉学习训练带来新的契机。

在飞行实践中，飞行员在多样化的飞行环境中完成空间任务，这些飞行环境和任务情境是独有的、专门的、具有飞行特殊领域性的，完成任务的过程促进了飞行员空间知识和空间技能的专门化，也可被视为有效的专门训练。

2. 飞行员职业训练对空间能力的作用

空间技能可以通过飞行实践得以提升，不过，这种提升并不是针对所有的空间能力的。

就小尺度空间能力的职业训练作用看，本书第六章、第七章重点探查了飞行员小尺度空间能力的职业影响优势，显示飞行员并非在所有的空间任务上都具有优势，此处不再赘述。总体来看，飞行员的飞行经验能提升其获得的空间技能，这些优势技能可以对飞行实践产生积极的影响。

就大尺度空间能力的飞行职业训练作用看，飞行员也表现出认知优势。导航能力是具有代表性的大尺度空间能力，飞机的成功导航是一项复杂的认知技能，要求飞行员规划从一点到另一点的路线，并能够在紧急情况下快速规划备用路线。这种寻路的基础是飞行员在飞行中不断了解飞机相对于地标和其他物体的即时位置。这是一种心理"鸟瞰"能力。而导航中的视点采择是指使用类似地图的记忆来快速计算路线，需要了解物体相对于飞机以及彼此之间的当前位置，并具备从心理上转换这些关系以适应新航向的能力。Sutton等（2014）发现，在年龄和游戏经验均匹配的情况下，早期的民航飞行员比控制组被试对新的虚拟现实环境形成了更准确的认知地图。为了确定认知地图的准确性是否与飞行员的飞行经验有关，Keller和Sutton（2018）调查了飞行经验与小尺度空间技能（即计算机化任务）以及大尺度空间能力（该实验中是基于地面虚拟现实环境的认知地图能力）的相关性，结果发现，飞行经验的增强可以提高观点采择能力，进而可以提高记忆中认知地图的存储和检索的精度。

在大尺度空间能力上，另有研究证明，飞行经验的增加可能会提高飞行员在巡航中的空间工作记忆。空间工作记忆除了在导航观点采择中具有视觉化作用外，还可能在更新、存储和检索空间信息以形成精确的认知地图方面发挥作用。Wen等（2011）使用记忆干扰范式发现，优秀的领航员依靠语言和空间工作记忆来存储认知地图知识，而糟糕的领航员只使用语言工作记忆来存储认知地图知识。

训练可以提高飞行员的空间技能，比较和尝试优化不同的训练方法可能是未来研究的一个重点。而这种优化训练的过程应以不同训练的作用机制为研究重点。本章第一节在对飞行员空间能力专长进行特征分析时，已经从认知计算特性、可塑性和渗透性方面谈到了飞行员空间能力因职业训练养成的认知机制，有利于理解训练对认知加工过程与脑处理的影响。

三、空间能力训练的方法学问题

（一）空间能力训练的常用研究设计

空间能力可通过空间活动和训练得以改进。空间能力的即时训练研究可以采用三种设计方法：①对单组进行简单的前测和后测设计，可以将其标记为只包含被试内设计；②在训练组接受训练后，将训练组与对照组、控制组进行测试比较，这种方法被称为被试间设计；③混合设计，在这种设计中，对训练组和对照组都采取了前测和后测的措施，改进的程度由每个组取得的成果之间的差异决定。

需要强调的是，虽然从定义上讲，对照组没有接受明确的训练，但他们在前测、后测中均参加了与训练组相同的空间能力测试。由于再次测试的效果不同且空间技能是一种能力测试而非主观评价的情绪人格测评，那么，两组的表现都可能会提高——多次测试本身会导致改善。Salthouse和Tucker-Drob（2008）提出，对于空间能力的测量，再测试的效果可能特别大。因此，一个不包含对照组的设计可能会收到一种非常强的训练效果，但这个结果会与再测试效果混淆。同样，与由于再测试效果而得到显著改善的对照组相比，一种看起来非常显著的训练效果可能会变得不显著。因此，考虑控制组训练的存在和表现是至关重要的。

在长期训练效应上，Baltes和Kliegl（1992）提出了极限检测法，该研究范式把影响训练的显性因素加以恒定或优化，在此基础上评价个体通过训练形成的某种特定认知技能。游旭群等（1998，1999，2002，2004）认为，在空间能力可塑性水平的研究上，便于操作的两个显性因素是年龄因素和训练水平，两个因素和自动加工之间的关系如下所示。

可塑性水平高⇒认知功能易变⇒难以自动加工⇒表现出系统训练效应和年龄效应

可塑性水平低⇒认知功能稳定⇒易于自动加工⇒不能表现出系统训练效应和年龄效应

进一步，游旭群等（1998，1999，2002，2004）根据这种设计，系统探索了多个空间任务飞行员职业训练效应和年老化效应，即将飞行员与普通被试进行对照研究，将老年人和年轻人进行对照研究，进而获取了飞行员在多个空间任务上的加工优势和可塑性特征，以及年轻人相对于老年人的空间任务解决优势。当然，年龄效应也可以是儿童和成人在有关空间任务上的对比，其结果也可以展示空间能力的发展情况和成长效应。

（二）视觉空间能力的训练方式

除了长期的职业训练效应外，我们也可以探查空间能力的短期或即时训练效应。Uttal等（2013）将空间能力的即时训练归纳为三种类型，见表9-1。在这三种类型中，课程和视频游戏形式的空间技能训练属于间接训练，而空间任务训练属于具体的特定训练。

表9-1 空间训练类型特征

训练类型	描述	性质
课程训练	一学期的空间相关课程，用来提高空间推理能力	间接训练
视频游戏训练	训练过程中，用于提高空间推理能力的电子游戏	间接训练
空间任务训练	训练使用空间任务来改进空间推理能力	特定训练

资料来源：Uttal D H, Meadow N G, Elizabeth T, et al. 2013. The malleability of spatial skills: A meta-analysis of training studies. Psychological Bulletin, 139（2）：352-402.

1. 课程训练

在课程训练上，对空间能力的常规训练通常是通过实施一定的教学手段来实现的，传统的手段一般是通过草图、立体构成、投影图、三维物理模型等训练学生的空间造型和思维能力。空间视觉化能力在工程、数学、化学和艺术设计等领域受到广泛关注，这种建立心理表象并能在心理上进行操作和处理的能力，对于诸如数学、几何、物理、化学等学科的学习，或建筑、机械、工程设计、医学影像、医学解剖等专业技术的表现具有重要意义。在工程教学中，改进学生的空间能力（主要是空间视觉化能力）将有利于学生的职业发展和提高职业竞争力。例如，Braukman和Pedras（1993）发现，18个小时的工程图教学能够显著改进学生的空间视觉化能力，画法几何学和计算机图形学课程能够提高学生的空间技能。McAuliffe（2003）发现，在标准课程中（如高中物理）增加具有空间挑战性的活动可以进一步提高学生的空间技能。他在为期2天的物理课上训练学生使用二维和三维图片或场景进行展示，然后要求他们阅读地形图——一个对空间要求很高的任务，后测是在训练结束后的第二天进行可视化地形测试。McAuliffe发现，整体效应大小为0.64。可见，通过在传统课程中实施相对简单的空间训练是有效的。

随着计算机图形技术和网络技术的发展，为探究三维虚拟环境对空间能力培养的影响，不少研究者往往结合具体专业的空间能力要求，应用计算机辅助设计（computer aided design，CAD）、虚拟现实、计算机游戏等手段训练学习者的空间能力；或辅以数据手套、立体眼镜、头盔等外围设备，帮助学习者更好地观察、体验学习对象，以增强对空间环境的认知和对象识别能力。与传统的空间能力训练方法相比，这为改进学习者的空间能力和提高空间学习效果提供了更多机会和可能。

西班牙拉古纳大学自 2004 年便设立了提高空间能力的课程，对空间能力训练展开了一系列研究。例如，Martín-Gutiérrez 等（2015）开发了基于增强现实和工程学图形内容的训练课程，设计了一个基于现实世界的基准标记且使用计算机视觉技术整合视觉对象的工具。学生可以在增强现实中可视化三维模型，并检查他们的手绘草图与他们正在观看的三维虚拟模型是否相匹配。他们运用 Bloom 分类方法将空间能力训练分为五个包含多种练习的不同级别：级别一，学生必须识别表面和顶点在正投影和轴侧三维虚拟物体的视图；级别二，学生需识别虚拟三维模型的正投影视图；级别三，学生致力于识别对象之间的空间关系，比如，要求学生识别有多少物体与选定目标相连；级别四，根据模型的俯视图与侧视图画出缺失的正视图，或使用虚拟模型作为唯一的输入画出所有的正视图；级别五，学生在头脑中将客体的三个投影视图与模型匹配，再独立绘制透视图。级别越高，其要求的空间能力越高。西班牙拉古纳大学关于空间能力课程训练的一系列研究证明了基于真实环境和虚拟环境的训练的有效性。

在国内，习海旭（2006）选取初中数学新课标中与几何空间能力相关的内容进行实践研究，并设计了简易的虚拟几何学习系统，发现虚拟几何学习系统在提高初中生的心理折叠、展开和旋转能力上存在明显的效果。张雪芳（2014）在综述三维空间和虚拟环境对于提升学生空间理解能力的积极作用的基础上，融合三维虚拟环境和问题式学习方法构建新型学习模式，采用对照组实验验证了三维虚拟环境下的学习模式对大学生空间视觉化能力发展的有效性，结果验证了基于三维虚拟环境开展的空间学习活动能够促进学生空间视觉化能力的发展。可见，课程训练可以在一定程度上系统提升学习者的空间能力。由于篇幅所限，在此不一一列举。

2. 视频游戏训练

视频游戏对提高空间能力也有较为重要的作用。在 Uttal 等（2013）的元分析中，在 206 项研究中，有 24 项研究使用电子游戏来提高空间能力，并且电子游戏的训练效果大小为 0.54。例如，Feng 等（2007）研究了电子游戏对空间技能的影响，包括对心理旋转任务的影响，总共进行了 4 周 10 小时的培训，发现训练组比控制组被试的表现好得多，平均效应大小为 1.19。这一结果表明，视频游戏可以大大提高空间思维能力。动态空间能力其实也充分体现在电子游戏中。De Lisi 和 Wolford（2002）采用三维客体电子视频游戏，发现这些游戏均可以提高学生的空间能力。Shute 等（2015）使用经典的 Portal 2（《传送门 2》）作为训练工具进行研究，这是一款由第一人称视角完成的益智平台视频游戏，由于其独特的三维环境要求玩家以复杂的方式解决问题，从而具有提高空间能力的潜力。研究结果表明，在玩完该游戏 8 个小时后，被试的心理旋转成绩以及虚拟空间导航评估成绩均有显著提高。

可见，在适度前提下，电子游戏将是提高空间能力的重要手段。当然，游戏训练只能针对青少年和成人。虽然小学生也会玩电子游戏，但提高小学生空间能力的方法是多种多样的，包括积木游戏、拼图游戏、家长和老师对空间语言的使用以及手势的使用等（Newcombe，2010）。

3. 空间任务训练

空间任务训练是特定训练。不同的领域会选取不同的任务进行训练。如前所述，在工程设计、医学影像领域，视觉化能力和心理旋转能力的训练非常重要。游戏训练任务，尤其是视频游戏训练任务更多促进了个体心理旋转能力的提升，虚拟环境任务训练对空间导航有积极影响。可以说，当选择了特定的训练方式时，我们也就选择了特定的训练任务，完成这些任务必定会对某些空间能力维度有积极训练效应。在航空航天领域，空间定向障碍的训练与克服是非常重要的，这是针对飞行员的专门训练。

四、飞行员空间能力训练方法与建议

除了了解专家是如何通过专门训练来提高水平并达到专长水平外，每个领域还应该开发恰当的训练内容和训练程序以帮助更多的专业人员提高绩效。空间能力领域同样如此，专门的训练程序和训练结构可以提升被训练者的空间认知能力。

（一）飞行员的空间定向训练

对于飞行员来讲，虽然诸如模拟机可以较为全方位地训练飞行员的静态空间能力（如视觉化、空间关系、定向能力），也可以训练其动态空间能力（如对距离、方位、方向的判断）等，但我们仍然要着重强调的是空间定向能力，这是飞行领域空间能力的核心要素。本书第一章中已对飞行空间定向进行了专门介绍，并且已经谈到空间定向障碍训练的重要性和效果，此处再次简要论及相关训练措施。

针对飞行学员空间定向能力的培养尤为重要。2000年，美国空军的空间定向研究的 5 年发展规划中，重点强调了三个方面问题：显示技术的研究、空间定向机制研究、教育与训练。我国空军在空间定向的模拟训练方面经过多年的研究，建立了一套从地面到空中涵盖绝大多数错觉种类的模拟训练方法，而且在航空兵部队得到了较好的推广和应用，有效地预防和减少了错觉事故的发生。目前可以开展模拟训练的错觉种类主要包括各种形式的躯体旋转错觉、Coriolis 加速度错觉、躯体重力错觉、超 G 错觉、眼重力错觉、眼旋转错觉、相对运动错觉等。我国空军针对当代高性能战斗机的空间定向特点，开展了对超 G 错觉、Coriolis 加速度错觉和倒飞错觉等严重飞行错觉的模拟训练，诱发率很高，为高性能战斗机飞行员的训练提供了依据。

飞行人员空间定向能力主要采用的是器械训练和仪器训练。模拟训练设备经历了从20世纪60年代进口的 Barany 电动转椅，到20世纪80年代我国自主研制的国产电动转椅，再到20世纪80年代后期从美国引进的 GL-2000 型高级空间定向障碍模拟器等，有效促进了训练的发展。不过，空间定向能力最终是要在飞行实践中提高的。通常在飞行学员的基础教育阶段，主要通过在航空体育教学中实施针对性的训练来提高其空间定向能力（廖建路，2010）。目前，我国飞行院校用来提高飞行学员空间定向能力的训练项目主要有以下三种。

1）辅助体操。这种项目是指对飞行学员进行头部转动、原动转动、转体、跳转等体操动作的训练，通过增加转速、连续睁闭眼转换、停止后直线行走、辨别方向等方法逐步提升难度。目前基础教育阶段的此类练习项目是平衡操。

2）专门器械体操。目前采用的专门器械体操有旋梯、固定滚轮、活动滚轮、四柱秋千等。这些项目可使飞行学员的前庭功能训练与其身体素质的全面提高相结合，巩固效果较好，消退速度较慢。

3）仪器训练。常用仪器有离心机、电动转椅以及最新型的微机化动态平衡仪等。我国著名航空医学教授于立身用间断累加Coriolis加速度法对飞行学员进行了实验，取得了积极效果。

（二）航天员的空间定向训练

在航天领域，尤其是空间站等具有复杂三维结构的大型航天器领域中，空间障碍严重影响了航天员的工作效率甚至会导致事故的发生，而适应性训练将减少空间定向障碍的发生。空间定向适应性训练传统上通常是通过模拟失重仿真来完成的。失重仿真即在地面条件下进行失重仿真，主要分为三大类（李孟钰，2013）：①对实际失重环境中物理条件的仿真，包括落塔、落管模拟方法、失重飞机抛物线飞行模拟方法、中性浮力模拟方法和气浮等；②使用医学方法对人在失重环境下的生理效应的仿真，如头低位卧床模拟方法、转椅翻滚诱发空间运动等；③应用虚拟现实技术对失重条件下的运动与操作特性的仿真。上述方法中，传统的物理条件模拟方法的训练成本很高，模拟的失重时间很短，甚至可能对航天员的健康构成威胁。生理效应模拟方法源于航天医学的研究，目前，头低位 $-6°$ 卧床是普遍认为最有效的失重模拟方法，使用这种方法时，人体产生的各项生理指标与实际失重环境最为接近，但该方法主要被用于研究航天员长期在轨飞行导致的生理和心理的变化。应用虚拟现实技术对失重条件下的运动与操作特性的仿真，可提供视觉、听觉、力刺激、力反馈等综合信息，能够对空间的运动、操作以及环境的交互进行仿真，使受训航天员感受到更加逼真的飞行任务环境，体验逼真的碰撞与交互。

虚拟现实技术也被用于定向训练系统。美国、俄罗斯等将虚拟现实技术应用于航天员训练，已经取得了显著的效果。为帮助航天员在短时间内适应失重环境下的定向，国家航空航天局（National Aeronautics and Space Administration，NASA）约翰逊航天中心研制了一种飞行前适应训练器——定向和运动环境设备（device for orientation and motion environments，DOME）。该设备可以给航天员提供视觉、前庭（内耳）和其他感觉器官刺激，让航天员体验类似太空失重环境下的感觉，尤其是视觉上的变化，旨在帮助他们提前适应新的感官刺激并改变人体对这些刺激的反应。通过在DOME中训练，当航天员由地面环境进入空间环境时，其空间失定向现象无论在强度上还是持续时间上都得到改善，减轻了航天员在地面环境与太空环境转换时运动感觉上的失调，增强了其在失重环境下的视觉定向能力。

虚拟现实技术还被用于空间站内定向导航的训练仿真。空间站内的导航是指从所在舱段出发到达视野外目标舱段的过程。训练的目的是使航天员熟悉空间站的整体结构、舱内布局，并能在火灾等意外发生时迅速完成应急处理和逃生。虚拟环境中的导航训练可以使航天员模拟以不同的身体姿态和视觉角度在空间站中穿行，熟悉各舱段布局和定向参考标记，通过鼠标、数据手套或其他交互设备进行交互导航，了解空间站的工作环境和移动路径（Ruddle et al., 1997）。麻省理工学院人机互动实验室长期进行空间站舱内定向问题的研究，在导航问题的研究中，该团队以国际空间站为原型，建立了虚拟空间站的各舱段模型，设计了虚拟空间站舱内导航训练系统（Aoki et al., 2007）。在导航训练过程中，航天员佩戴头盔显示器，使用三维鼠标进行运动控制，可以使用任意的身体姿态在空间站内漫游，观察空间站布局。航天员通过大量的导航训练获取地标与路线知识，最终形成认知地图。

我国研究人员以"神七"任务中的出舱活动级载荷回收为应用背景，针对空间站舱内定向与人机交互问题，建立了飞船、星空、载荷等物体模型，生成了逼真的太空虚拟环境，设计了一个基于虚拟现实的空间定向与操作训练系统（刘相等，2016），该系统建立了多舱段、视觉垂向不一致的虚拟空间站模型，用以帮助航天员在漫游过程中掌握依赖视觉信息进行空间定向的技能，并能实现训练航天员在低能见度条件下的逃生技能。该系统为后续更为复杂的航天员空间操作任务提供了新的训练方式，也为我国空间站任务提供了工效分析、工程设计和验证的仿真平台。

（三）空间能力认知加工可塑性与渗透性的训练建议

1. 复杂任务训练

从空间能力的可塑性视角看，人类的神经系统，无论是在进化过程还是发展过程中，都能够自适应外界环境，根据所感受到的信号特性来调节自己的行为，本书第四章的"视觉加工系统的动态特性"部分也已谈到了这一观点。然而，输入信号是多种多样、千差万别的，感知系统能够更有效地处理那些最常出现的信号。也就是说，感知系统的信息处理过程与外界信号的统计特性密切相关（罗四维等，2010）。在飞行实践和训练过程中，空间问题，如定位和定向是常出现的需要解决的问题，飞行员由于长期暴露在这样的环境中，形成了认知加工优势。

并且，人脑对外界信息的有效编码说明了人脑的神经元能够有效地"去除"外界刺激的冗余信息，从而可以利用较少的资源来尽可能有效地处理更多的信息，而长期的暴露、训练与实践可以增强这种有效编码，使认知加工过程更加精准。

同时，神经系统中对信息的编码和处理在很大程度上是通过由大量神经元构成的集群协同活动完成的，按照视觉空间加工的"复杂性假设"（Faubert，2002），不管是静态空间能力还是动态空间能力，当涉及复杂的神经机制或需要更大的神经网络时，加工过程越容易受到年龄和训练因素的影响，而涉及复杂的神经机制或需要更大的神经网络才能完成的任务，通常是较高复杂水平的空间认知任务。认知行为研究同样证实了复杂任务往往表现出练习效应，如心理旋转任务（游旭群，杨治良，1999）。这些研究结果带来的训练启示是，训练时采用复杂任务训练不仅可以在更大程度上提升任务的自动化加工水平，也可以在更大范围内，在脑与神经基础上让训练成果得以固化，从而表现出训练效益的稳定性和持久性。

2. 生态任务训练

随着科学技术的发展，关于人类空间能力的研究将越来越注重生态性，空间能力训练也必然越来越注重综合性生态任务的开发和实践，注重训练提升个体在真实情境中的实时处理能力，这样的训练无疑可以促进空间能力训练的生态效度。生态性训练任务的实现可以从两个方面进行：任务设置的生态性和仿真技术的运用。

在任务设置的生态性上，设计出更为生动的检测和训练程序将成为一个重要的研究方向。传统的静态空间能力和动态空间能力研究的任务设置往往是比较简单和抽象的（第六章和第七章），当然，这是空间能力认知加工本质特性探寻的需求。不过，我们同时也知晓在个体的认知加工过程中，个体会根据以往的经验知识去理解空间场景的意义（第八章），个体的高级认知过程也会渗透和参与到个体的整体反应中。可见，相比于传统任务，在生态性训练的任务设置上，一方面需要考虑设置生态刺激，即用生动客体或真实客体替代抽象空间刺激；另一方面需要设置真实复杂场景下的空间任务或逼真程度较高的仿真任务进行训练，以达到提高训练效益的目的。

在仿真技术的运用上，我们看到现有训练研究已经开始广泛使用虚拟现实技术，未来研究将进一步拓展各种仿真技术和模拟训练。运用虚拟现实技术设计生态效度较高的空间能力检测任务，可以检测飞行员在逼真环境下的空间能力，并可以寻求到虚拟现实中预测效度较高的核心生态空间能力。例如，在空间能力及其影响因素的研究中，利用虚拟现实技术研究最多的就是距离知觉，许多研究结果显示，相对于现实场景中，人们在虚拟环境中低估了距离（Ziemer et al.，2009），显示出距离估计在虚拟场景反应中的重要性。另外，在寻路任务的空间更新中，可以利用由虚拟现实技术创设的高仿真虚拟现实场景来考察经历路径巡航后的视图合并内在加工机制，可以通过分离场景中的不同空间属性（位置信息和特征信息）来进一步考察不同因素对视图合并的影响，并考察位置信息和特征信息影响效应的协同与分离。可以预想，这些研究结果可以促进虚拟条件下的空间能力训练。

最后，依据本章对飞行员空间能力专长的特征分析，结合第六章和第七章中飞行员空间能力专长内容与表现，以及带来的训练启示，可以用图9-1整体表示飞行员空间能力专长特征。

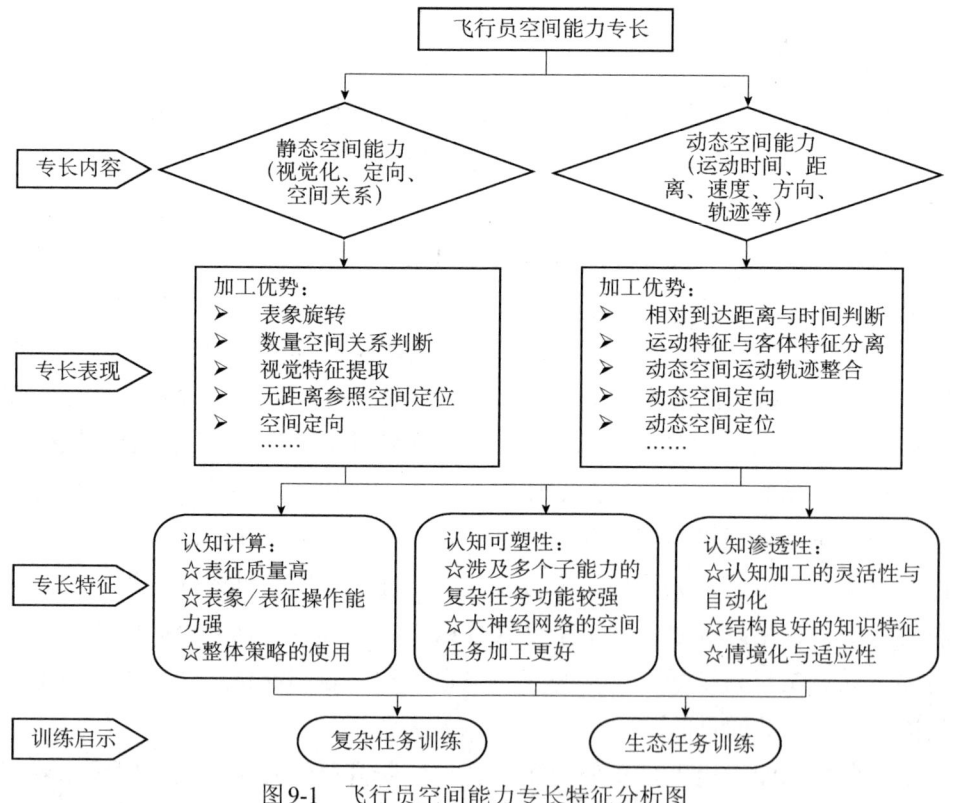

图9-1　飞行员空间能力专长特征分析图

参 考 文 献

Gal R, Mangelsdorff A D. 2004. 军事心理学手册. 苗丹民, 王京生等译. 北京: 中国轻工业出版社

Gazzaniga M S. 1998. 认知神经科学. 沈政等译. 上海: 上海教育出版社

Hoermann H J. 1999. 民航飞行员选拔方法的建立: 中德飞行员能力测验分数的比较. 心理科学, 22: 26-29

Marr D. 1988. 视觉计算理论. 姚国正, 刘磊, 汪云九译. 北京: 科学出版社

别列戈沃伊等. 1985. 航空航天实验心理学. 薛胜, 张彪译. 北京: 人民军医出版社

陈婷婷, 蒋长好, 丁锦红. 2012. 视觉运动追踪的加工过程. 心理科学进展, 20 (3): 354-364

陈毅媛. 2016. 语言和空间信息加工脑功能模式的性别差异. 苏州大学硕士学位论文

丹笑颖, 万憬, 庄开颜等. 2004. 飞行员基本认知能力的特点. 中华航空航天医学杂志, 15 (2): 114-115

戴琨, 晏碧华, 杨仕云等. 2010. 飞行员动态空间表征建构的策略研究. 心理科学, 33 (1): 87-91

董明皓. 2013. 基于磁共振成像的针灸师大脑可塑性研究. 西安电子科技大学博士学位论文

董蕊. 2015a. 表征动量的朝向效应. 心理学报, 47 (2): 190-202

董蕊. 2015b. 速度知识对表征动量的影响. 心理科学, 38 (3): 569-573

傅双喜. 2000. 飞行员心理选拔测评系统研究. 中国信息导报, 1: 23-26

郭瑞芳, 彭聃龄. 2005. 脑可塑性研究综述. 心理科学, 28 (2): 409-411

郝宁. 2006. 专长的获得: 刻意训练理论及实证研究. 华东师范大学博士学位论文

郝宁, 吴庆麟. 2004. VB 编程领域知识的专家与新手比较. 计算机时代, 11: 7-8

胡谊. 2004. 专长的实质: 限制与精致. 华东师范大学博士学位论文

胡谊, 吴庆麟. 2003. 专长的心理学研究及其教育含义. 华东师范大学学报 (教育科学版), 4: 80-85

黄希庭. 1991. 心理学导论. 北京: 人民教育出版社

黄希庭. 2004. 简明心理学字典. 合肥：安徽人民出版社

黄希庭，梁建春. 2002. 内隐时间表征的实验研究. 心理学报，34（3）：235-241

黄端，张侃. 2008. 碰撞时间估计的影响因素研究. 心理科学，31（6）：1284-1286

姬鸣. 2016. 飞行员人因失误的心理机制研究. 北京：科学出版社

荆其诚，焦书兰，纪桂萍. 1987. 人类的视觉. 北京：科学出版社

鞠成婷，游旭群. 2013. 空间能力测验及其研究应用. 心理科学，36（2）：463-468

李德明，刘昌，李贵芸. 2001. "基本知识能力测验"的编制及标准化工作. 心理学报，33（5）：453-460

李洪玉，林崇德. 2005. 中学生空间认知能力结构的研究. 心理科学，28（2），269-271

李良明. 1993. 军事飞行员选拔. 心理科学，（5）：44-49

李孟钰. 2013. 基于VR技术的空间站舱内寻路模拟系统的设计与研究. 哈尔滨工业大学硕士学位论文

李文馥，徐凡，郗慧媛. 1989. 3—7岁儿童空间表象发展研究——并与8—13岁儿童空间表象特点比较. 心理学报，21（4）：85-93

廖建路. 2010. 航空体育中心理训练对飞行学员空间定向能力的影响. 东北师范大学硕士学位论文

林仲贤，张增慧，韩布新. 2002. 儿童、中青年及老年人心理旋转能力的比较研究. 心理科学，25（3）：257-259

刘海燕，李玲玲. 2006. 脑的可塑性研究探析. 首都师范大学学报（社会科学版），（1）：115-118

刘浩强. 2014. 目标运动归因对表征动量的影响. 首都师范大学博士学位论文

刘玲. 2016. 德雷斯克与知觉的认知可渗透性问题. 哲学研究，（11）：123-126

刘宁，游旭群，皇甫恩等. 1994. 飞行学员空间认知特征与飞行能力的关系. 中华航空医学杂志，5（1）：21-24

刘相，刘玉庆，朱秀庆. 2016. 载人航天空间定向障碍及虚拟环境下的适应性训练. 航天医学与医学工程，（1）：73-78

刘旭辉，皇甫恩，苗丹民等. 2004. 空间能力与心理旋转变量的关系研究. 中国行为医学科学，13（1）：55-56

刘真，晏碧华，李瑛等. 2016. 静止与动态定位任务中飞行员视觉空间模板的表征计算. 心理科学，39（4）：814-819

罗四维等. 2010. 视觉信息认知计算理论. 北京：科学出版社

罗晓利. 2003. 德国宇航中心飞行员纸笔测试系统的修订. 中华航空航天医学杂志，14（4）：213-216

苗丹民，刘旭峰. 2010. 航空航天心理学. 西安：第四军医大学出版社

齐建林，刘旭峰，皇甫恩等. 2003. 五项空间能力测验的结构效度分析. 第四军医大学学报，24（21）：1993-1995

祁乐瑛. 2009. 表象表征：心理旋转的实证探索. 华东师范大学博士学位论文

乔善勋. 2018. 空难启示录：谁是航空安全的金钥匙. 北京：中国民航出版社

陕西省行为与认知神经科学重点实验室，中国南方航空股份有限公司航空卫生管理部. 2008. 航线飞行员心理选拔分析与评价系统. 技术研究报告

宋丽波，张厚粲，蔡文. 2003. 应用表象训练技术提高弱智儿童表象清晰度和表象记忆实验研究. 中国特殊教育，（1）：77-83

田志强. 1998. 空间认知研究及其在航空航天领域中的应用. 航天医学与医学工程，1998（6）：464-468

万憬，丹笑颖，庄开颜等. 2006. 29例改装飞行员基本认知能力评估. 中华行为医学与脑科学杂志，15（3）：268

王辉，孟宪惠，武国城等. 1992. 空军飞行学员心理学"筛选-控制"选拔体系. 航天医学与医学工程，（4）：271-276

王坤峰，苟超，王飞跃. 2016. 平行视觉：基于ACP的智能视觉计算方法. 自动化学报，42（10）：1490-1500

王甦，汪安圣. 1992. 认知心理学. 北京：北京大学出版社

王亚鹏，董奇. 2007. 脑的可塑性研究：现状与进展. 北京师范大学学报（社会科学版），3：39-45

王永刚，李苗. 2015. 飞行员的空间能力与其安全绩效的关系研究. 中国安全科学学报，25（8）：141-145

沃建中，罗良，林崇德等. 2005. 客体与空间工作记忆的分离：来自皮层慢电位的证据. 心理学报，37（6）：729-738

乌日娜，杨伊生. 2014. 高中生认知风格、空间能力发展与数学成绩的关系研究. 内蒙古师范大学学报（教育科学版），27（12）：46-50

吴丽杰. 2018. 逻辑推理能力、空间能力对STEM学业表现的影响. 华东师范大学硕士学位论文

武国城. 1995. 以认知心理学观点评定飞行能力. 中华航空航天医学杂志，6（2）：120-124

武国城. 2002. 军事飞行员心理选拔研究进展. 航空军医，30（3）：129-132

武国城，兰青，徐奎浩等. 2000. 歼（强）击机飞行员心理品质测量方法研究. 中华航空航天医学杂志，11（2）：18-22

武慧娟，孙鸿飞. 2018. 基于认知计算与情境感知的个性化信息自适应推荐模式框架研究. 情报科学，36（5）：114-118

习海旭. 2006. 利用虚拟现实技术培养初中生几何空间能力的研究. 南京师范大学硕士学位论文

徐凡，施建农. 1992. 4—5年级学生的空间表征与几何能力的相关性研究. 心理学报，（1）：20-27

徐志梅. 2011. 中学生地理空间能力及其培养研究. 东北师范大学博士学位论文

许燕, 张厚粲. 2000. 小学生空间能力及其发展倾向的性别差异研究. 心理科学, 23（2）: 160-164

晏碧华, 陈云云, 张雅静等. 2019. 运动空间定向判断中的方向偏差及飞行惯性. 心理科学, 42（3）: 556-562

晏碧华, 刘晓敏, 刘浩哲. 2018. 飞行场景中表征动量的地标吸引效应和排斥效应. 心理学报, 50（7）: 703-714

晏碧华, 游旭群. 2008. 心理模拟对陆军士兵构建沙盘表征的增强效应. 心理与行为研究, 6（3）: 182-186

晏碧华, 游旭群. 2015. 相对到达时间任务中飞行员对客体特征与运动特征的分离. 心理学报, 47（2）: 212-223

晏碧华, 游旭群, 屠金路. 2008. 视觉空间关系判断的分离与协同. 心理科学, 31（1）: 113-116

晏碧华, 游旭群, 杨仕云. 2011. 飞行员在空间定向动态任务中的加工优势. 人类工效学, 17（4）: 5-8

晏碧华, 游旭群, 杨仕云. 2012. 飞行员优势空间能力研究现状及展望. 航天医学与医学工程, 25（2）: 152-156

杨仕云. 2009. 飞行员动态空间表征建构的实验研究. 陕西师范大学博士学位论文

杨仕云, 晏碧华, 游旭群. 2009. 民航飞行员、飞行学员动态空间能力加工水平检测. 心理科学, 32（1）: 71-73

杨雄里. 2002. 脑科学和素质教育刍议. 教育理论与实践,（2）: 1-10

游旭群. 2004. 视觉特征提取加工中的认知可塑性. 心理科学, 27（1）: 46-50

游旭群, 姬鸣. 2008. 航线飞行能力倾向选拔测验的编制. 心理研究, 1（1）: 43-50

游旭群, 李晶. 2010. 基于参数表征的数量空间关系加工. 心理学报, 42（12）: 1097-1108.

游旭群, 刘宁, 任建军等. 1994. 飞行错觉水平评定方法的初步研究. 心理科学, 17（3）: 133-136

游旭群, 苗丹民. 1991. 空间认知技能在选拔军事飞行员中的重要作用. 心理科学,（4）: 35-38

游旭群, 王荣根, 刘宁等. 1995. 认知特征与飞行错觉水平关系的初步研究. 中华航空航天医学杂志,（2）: 80-83

游旭群, 晏碧华. 2004. 视觉空间能力的认知加工特性. 陕西师范大学学报（哲学社会科学版）, 33（2）: 102-107

游旭群, 晏碧华, 李瑛等. 2008. 飞行管理态度对航线飞行驾驶行为规范性的影响. 心理学报, 40（4）: 466-473

游旭群, 杨治良. 1998. 表象运动推断加工子系统特性的实验研究. 心理科学,（21）3: 231-233, 225, 287-288

游旭群, 杨治良. 1999. 表象旋转加工子系统特性的初步研究. 心理学报,（4）: 377-382

游旭群，杨治良. 2002a. 视觉空间关系识别中的认知加工特性. 心理学报，34（4）：344-350

游旭群，杨治良. 2002b. 视觉表象扫描加工可塑性水平的研究. 心理科学，25（1）：18-21

游旭群，于立身. 2000. 认知特征、场独立性与飞行空间定向关系的研究. 心理学报，32（2）：158-163

于立身. 1994. 飞行中空间定向障碍研究现状和未来. 中华航空航天医学杂志，（1）：5-9

詹文杰. 2016. 论柏拉图早期对话录中的"专家知识"概念. 哲学研究，7：74-79

张为威，黄建平，宛小昂. 2019. 预期对路径整合的影响. 心理学报，51（11）：1219-1228

张雪芳. 2014. 应用三维虚拟环境支持空间能力发展的新型学习模式研究. 浙江大学博士学位论文

张宇，游旭群. 2008. 类别空间关系加工系统和数量空间关系加工系统的分离——来自多领域的研究证据. 心理科学进展，（6）：844-854

周荣刚，张侃. 2004. 基于线索的视觉空间关系判断. 心理学报，36（2）：127-132

宗玉国，游旭群. 1997. 认知特征与飞行技术水平关系的初步研究. 中华航空航天医学杂志，（3）：179-180

左婷婷，胡清芬. 2015. 空间认知风格及其与空间能力的关系. 心理科学进展，23（6）：959-966

Alderton D L. 1989. Development of Evaluation of Integrating Details：A Complex Spatial Problem Solving Test. California：San Diego

Allard J，Lagacé-Nadon S，Faubert J. 2013. Feature tracking and aging. Frontiers in Psychology，4：12-19

Allen L，Folk J C，Thompson H S. 2000. The Hole in My Vision：An Artist's View of His Own Macular Degeneration. Iowa City：Penfield Press

Anderson J R. 1990. The Adaptive Character of Thought. Hillsdale：Erlbaum

Aoki H，Oman C M，Natapoff A. 2007. Virtual-reality-based 3D navigation training for emergency egress from spacecraft. Aviation，Space，and Environmental Medicine，78（8）：774-783

Ayres P，Paas F. 2007. Can the cognitive load approach make instructional animations more effective？Applied Cognitive Psychology，21：811-820

Baenninger M，Newcombe N. 1989. The role of experience in spatial test performance：A meta-analysis. Sex Roles，20（5-6）：327-344

Baddeley A D. 1992. Working memory. Science，255：556-559

Baddeley A D. 2000. The episodic buffer：A new component of working memory？Trends in Cognitive Sciences，4：417-423

Baddeley A D，Hitch G J. 1974. Working memory. In G H Bower（Ed.）. The Psychology of Learning and Motivation（Vol.8，pp.47-89）. New York：Academic Press

Baker D P，Chabris C F，Kosslyn S M. 1999. Encoding categorical and coordinate spatial relations without input-output correlations: New simulation models. Cognitive Science, 23 (1): 33-51

Balaj B, Lewkowicz R, Francuz P, et al. 2018. Spatial disorientation cue effects on gaze behaviour in pilots and nonpilots. Cognition Technology and Work, 21 (3): 1-14

Ball K, Pearson D G, Smith D T. 2013. Oculomotor involvement in spatial working memory is task-specific. Cognition, 129: 439-446

Baltes P B, Kliegl R. 1992. Further testing of limits of cognitive plasticity: Negative age differences in a mnemonic skill are robust. Developmental Psychology, 28: 121-125

Baltes P B, Lindenberger U, Staudinger U M. 1998. Life-span theory in development psychology. In W Damon, R M Lerner (Eds.). Handbook of Child Psychology: Theoretical Models of Human Development (Vol.1, pp.1029-1143). New York: Wiley

Barlow H. B. 1961. Possible principles underlying the transformation of sensory messages. Sensory Communication, 1, 217-234

Barsam H F, Simutis Z M. 1984. Computer-based graphics for terrain visualization training. Human Factor, 26: 659-665

Baurès R, Oberfeld D, Hecht H. 2010. Judging the contact-times of multiple objects: Evidence for asymmetric interference. Acta Psychologica, 134: 363-371

Baurès R, Oberfeld D, Hecht H. 2011. Temporal-range estimation of multiple objects: Evidence for an early bottleneck. Acta Psychologica, 137: 76-82

Bednarek H, Truszczyński O, Wutke K. 2013. Cognitive determinants of pilots' effectiveness under a false horizon illusion. The International Journal of Aviation Psychology, 23 (3): 267-287

Bellenkes A H, Wickens C D, Kramer A F. 1997. Visual scanning and pilot expertise: The role of attentional flexibility and mental model development. Aviation Space and Environmental Medicine, 68 (7): 569-579

Benson A J. 1999. Spatial disorientation-general aspects. In J Ernsting, A N Nicholson, D J Rainford (Eds.). Aviation Medicine (pp.419-436). Oxford: Butterworth-Heinemann

Bertamini M. 1993. Memory for position and dynamic representations. Memory Cognition, 21 (4): 449-457

Biederman I. 1987. Recognition-by-components: A theory of human image understanding. Psychological Review, 94 (2): 115-147

Blätter C, Ferrari V, Didierjean A, et al. 2011. Representational momentum in aviation. Journal of Experimental Psychology: Human Perception Performance, 37 (5): 1569-1577

Blätter C, Ferrari V, Didierjean A, et al. 2012. Role of experise and action in motion extrapolation from real road scenes. Visual Cognition, 20 (8): 988-1001

Boeing. 1998. Statistical summary of commercial jet airplane accidents: Worldwide operations 1959-

1997. Seattle: Boeing Commercial Airplane Group

Boer L C. 1991. Spatial ability and orientation of pilots. In R Gal, A D Mangelsdorff (Eds.). Handbook of Military Psychology (pp.103-114). Chichester: Wiley

Bolton M L, Bass E J. 2008. Using relative position and temporal judgments to identify biases in spatial awareness for synthetic vision systems. The International Journal of Aviation Psychology, 18 (2): 183-206

Bouchard T, McGee M G. 1977. Sex differences in human spatial ability: Not an X-linked recessive gene effect. Social Biology, 24 (4): 332-335

Boucheix J M, Schneider E. 2009. Static and animated presentations in learning dynamic mechanical systems. Learning and Instruction, 19: 112-127

Bransford J D E, Brown A L E, Cocking R R E. 2000. How People Learn: Brain, Mind, Experience, and School (Expanded edition). Washington: National Academy Press

Braukmann J, Pedras M J. 1993. A comparison of two methods of teaching visualization skills to college students. Journal of Industrial Teacher Education, 30 (2): 65-80

Broadbent H J, Farran E K, Tolmie A. 2014. Object-based mental rotation and visual perspective-taking in typical development and Williams syndrome. Developmental Neuropsychology, 39 (3): 205-225

Brockmole J R, Logie R H. 2013. Age-related change in visual working memory: A study of 55, 753 participants aged 8-75. Frontiers in Psychology, 4: 7-11

Brosseau-Lachaine O, Gagnon I, Forget R, et al. 2008. Mild traumatic brain injury induces prolonged visual processing deficits in children. Brain Injury, 22 (9): 657-668

Buonomano D, Merzenich M. 1998. Cortical plasticity: From synapses to maps. Annual Review of Neuroscience, 21 (1): 149-186

Burr D, Thompson P. 2011. Motion psychophysics: 1985—2010. Vision Research, 51: 1431-1456

Burton L J, Fogarty G S. 2003. The factor structure of visual imagery and spatial abilities. Intelligence, 31: 289-318

Butler T, Imperato-McGinley J, Pan H, et al. 2006. Sex differences in mental rotation: Top-down versus bottom-up processing. NeuroImage, 32 (1): 445-456

Calabro F J, Beardsley S A, Vaina L M. 2011. Different motion cues are used to estimate time-to-arrival for frontoparallel and looming trajectories. Vision Research, 51: 2378-2385

Campbell F W, Robson J G. 1968. Application of Fourier analysis to the visibility of gratings. The Journal of Physiology, 197 (3): 551-566

Carpenter P A, Just M A. 1978. Eye fixations during mental rotation. In J W Senders, D F Fisher and R A Monty (Eds.). Eye Movements and the Higher Psychological Processes (pp.329-345).

Hillsdale：Erlbaum

Carretta T R, Ree M J. 1995. Air force officer qualifying test validity for predicting pilot training performance. Journal of Business and Psychology, 9（4）：379-388

Carroll J B. 1993. Human Cognitive Abilities：A Survey of Factor-Analytic Studies. New York：Cambridge University Press

Casey M B. 1996. Understanding individual differences in spatial ability within females：A nature/nurture interactionist framework. Developmental Review, 16（3）：241-260

Cavanagh P. 2011. Visual cognition. Vision Research, 51（13）：1538-1551

Chabris C F, Kosslyn S M. 1998. How do the cerebral hemispheres contribute to encoding spatial relations? Current Directions in Psychological Science, 7（1）：8-14

Chase W G, Ericsson K A. 1981. Skilled memory. In J R Anderson（Ed.）. Cognitive Skills and Their Acquisition（pp.141-189）. Hillsdale：Erlbaum

Chase W G, Simon H A. 1973. Perception in chess. Cognitive Psychology, 4（1）：55-81

Cheung O S, Gauthier I. 2014. Visual appearance interacts with conceptual knowledge in object recognition. Frontiers in Psychology, 5：53-63

Chi M T H, Glaser R, Farr M J. 1988. The nature of expertise. Hillsdale：Erlbaum

Clark J B, Rupert A H. 1992. Spatial disorientation and dysfunction of orientation/equilibrium reflexes：Aeromedical evaluation and considerations. Aviation, Space, and Environmental Medicine, 49：340-345

Cocchi L, Schenk F, Volken H, et al. 2007. Visuo-spatial processing in a dynamic and a static working memory paradigm in schizophrenia. Psychiatry Research, 152：129-142

Colom R, Contreras M J, Botella J, et al. 2002. Vehicles of spatial ability. Personality and Individual Differences, 32（5）：903-912

Colom R, Contreras M J, Shih P, et al. 2003. The assessment of spatial ability through a single computerized test. European Journal of Psychological Assessment, 19：92-100

Contreras M J, Colom R, Shih P, et al. 2001. Dynamic spatial performance：Sex and educational differences. Personality and Individual Differences, 30：117-126

Contreras M J, Rubio V, Pena D, et al. 1998. Dynamic computerized tests for the assessment of spatial orientation and spatial visualization. Technical Report. Madrid：Autonomous University of Madrid, 50-87

Contreras M J, Rubio V, Pena D, et al. 2007. Sex differences in dynamic spatial ability：The unsolved question of performance factors. Memory Cognition, 35（2）：297-303

Cooper L A, Mumaw R J. 1985. Spatial aptitude. In D. F. Dillon, R. R. Schmeck（Eds.）. Individual Differences in Cognition（pp.67-94）. New York：Academic Press

Cooper L A, Shepard R N. 1973. Chronometric studies of the rotation of mental images. In W. G. Chase (Ed.). Visual Information Processing (pp.75-176). New York: Academic Press

Cornoldi C, Rigoni F, Venneri A, et al. 2000. Passive and active processes in visuo-spatial memory: Double dissociation in developmental learning disabilities. Brain and Cognition, 43 (1-3): 117-120

Courtney S M, Ungerleider L G, Keil K, et al. 1996. Object and spatial visual working memory activate separate neural systems in human cortex. Cerebral Cortex, 6: 39-49

Das C. 1975. Supply and redistribution rules for two-location inventory systems: One-period analysis. Management Science, 21 (7): 765-776

De Groot A D. 1965. Thought and Choice in Chess (1st ed.). The Hague: Mouton

De Lisi R, Wolford J L. 2002. Improving children's mental rotation accuracy with computer game playing. The Journal of Genetic Psychology, 163 (3): 272-282

Dekker S W. 2007. Doctors are more dangerous than gun owners: A rejoinder to error counting. Human Factors, 49 (2): 177-184

Delgado A R, Prieto G. 1996. Sex differences in visuospatial ability: Do performance factors play such an important role? Memory & Cognition, 24 (4): 504-510

DeLucia P R. 1991. Pictorial depth cues and motion-based information for depth perception. Journal of Experimental Psychology: Human Perception and Performance, 17: 738-748

DeLucia P R. 2004. Chapter 11 Multiple sources of information influence time-to-contact judgments: Do heuristics accommodate limits in sensory and cognitive processes? Advances in Psychology, 135: 243-285

DeLucia P R. 2008. Critical roles for distance, task, and motion in space perception: Initial conceptual framework and practical implications. Human Factors The Journal of the Human Factors and Ergonomics Society, 50 (5): 811-820

DeLucia P R. 2013. Effects of size on collision perception and implications for perceptual theory and transportation safety. Current Directions in Psychological Science, 22: 199-204

DeLucia P R. 2015. Perception of collision. In R R Hoffman, P A Hancock, M W Scerbo, et al (Eds.). Cambridge Handbooks in Psychology. The Cambridge Handbook of Applied Perception Research (Vol.1, pp.568-591). New York: Cambridge University Press

DeLucia P R, Meyer L E. 1999. Judgments about the time to contact between two objects during simulated self-motion. Journal of Experimental Psychology: Human Perception and Performance, 25 (6): 1813-1833

DeLucia P R, Warren R. 1994. Pictorial and motion-based depth information during active control of self-motion: Size-arrival effects on collision avoidance. Journal of Experimental Psychology:

Human Perception and Performance, 20: 783-798

Didierjean A, Ferrari V, Blättler C. 2014. Role of knowledge in motion extrapolation: The relevance of an approach contrasting experts and novices. In B H Ross (Ed). The Psychology of Learning and Motivation (Vol.61, pp.215-235). Burlington: Academic Press

Didierjean A, Marmeche E. 2005. Anticipatory representation of visual basketball scenes by novice and expert players. Visual Cognition, 12 (2): 265-283

Doane S M, Sohn Y W, Jodlowski M T. 2004. Pilot ability to anticipate the consequences of light actions as a function of expertise. Human Factors, 46: 92-103

D'Oliveira T C. 2004. Dynamic spatial ability: An exploratory analysis and a confirmatory study. The International Journal of Aviation Psychology, 14 (1): 19-38

Drasgow F, Nye C D, Carretta T R, et al. 2010. Factor structure of the air force officer qualifying test forms: Analysis and comparison with previous forms. Military Psychology, 22 (1): 68-85

Dretske F. 2015. Perception versus conception. In J Zeimbekis, A Raftopoulos (Eds.). The Cognitive Penetrability of Perception: New Philosophical Perspectives (pp.165). Oxford: Oxford University Press

Dror I E, Kosslyn S M, Waag W L. 1993. Visual-spatial abilities of pilots. Journal of Applied Psychology, 78 (6): 763-773

Eliot J, Smith I M. 1983. An International Directory of Spatial Tests. Windsor: NFER-Nelson.

Endsley M R. 1995. Toward a theory of situation awareness in dynamic systems. Human Factors, 37: 32-64

Endsley M R, Bolstad C A. 1994. Individual differences in pilot situation awareness. The International Journal of Aviation Psychology, 4 (3): 241-264

Engle R W, Tuholski S W, Laughlin J E, et al. 1999. Working memory, short-term memory, and general fluid intelligence: A latent variable approach. Journal of Experimental Psychology: General, 128: 309-331

Ericsson K A. 1996. The acquisition of expert performance: An introduction to some of the issues. In K A Ericssor. The Road to Excellence: The Acquisition of Expert Performance in the Arts and Sciences, Sports and Games (pp.1-50). Mahwah: Lawrence Erlbaum Associates

Ericsson K A, Charness N. 1994. Expert performance: Its structure and acquisition. American Psychologist, 49 (49): 725-747

Ericsson K A, Krampe R T, Tesch-Römer C. 1993. The role of deliberate practice in the acquisition of expert performance. Psychological Review, 100 (3): 363-406

Fanti C, Zelnik-Manor L, Perona P. 2005. Hybrid models for human motion recognition. In 2005 IEEE Computer Society Conference on Computer Vision and Pattern Recognition. San Diego,

1166-1173

Faubert J. 2002. Visual perception and aging. Canadian Journal of Experimental Psychology, 56 (3): 164-176

Feng J, Spence I, Pratt J. 2007. Playing and action video game reduces gender differences in spatial cognition. Psychological Science, 18 (10): 850-855

Fink G R, Marshall J C, Weiss P H, et al. 2000. "Where" depends on "what": A differential functional anatomy for position discrimination in one-versus two-dimensions. Neuropsychologia, 38 (13): 1741-1748

Finke R A, Freyd J J, Shyi G C. 1986. Implied velocity and acceleration induce transformations of visual memory. Journal of Experimental Psychology: General, 115 (2): 175-188

Fischer S C, Hickey D T, Pellegrino J W, et al. 1994. Strategic processing in dynamic spatial reasoning tasks. Learning & Individual Differences, 6 (1): 65-105

Fleishman E A. 1964. The Structure and Measurement of Physical Fitness. Englewood Cliffs: Prentice-Hall

French J W. 1951. The Description of Aptitude and Achievement Tests in Terms of Rotated Factors. Chicago: University of Chicago Press

Freyd J J, Finke R A. 1984. Representational momentum. Journal of Experimental Psychology: Learning, Memory, & Cognition, 10: 126-132

Freyd J J, Finke R A. 1985. A velocity effect for representational momentum. Bulletin of the Psychonomic Society, 23 (6): 443-446

Freyd J J, Jones K T. 1994. Representational momentum for spiral path. Journal of Experimental Psychology: Learning, Memory, & Cognition, 20: 968-976

Freyd J J, Miller G F. 1992. Creature motion. Paper presented at the 33rd Annual Meeting of the Psychonomic Society, St. Louis

Freyd J J, Pantzer T M. 1995. Static patterns moving in the mind. In S M Smith, T B Ward, R A Finke (Eds.). The Creative Cognition Approach (pp.181-204). Cambridge: MIT Press

Frings M, Dimitrova A, Schorn C F, et al. 2006. Cerebellar involvement in verb generation: an fMRI study. Neuroscience Letters, 409 (1): 19-23

Fukuda K, Vogel E, Mayr U, et al. 2010. Quantity, not quality: The relationship between fluid intelligence and working memory capacity. Psychonomic Bulletin Review, 175: 673-679

Furman M, Gur M. 2012. And yet it moves: Perceptual illusions and neural mechanisms of pursuit compensation during smooth pursuit eye movements. Neuroscience Biobehavioral Reviews, 36 (1): 143-151

Gardner H. 1985. Frames of mind: The theory of multiple intelligences. Quarterly Review of

Biology, 4 (3): 19-35

Gawron V. 2004. Psychological factors. In F H Previc, W R Ercoline (Eds.). Spatial Disorientation in Aviation (pp.143-145). Lexington: American Institute of Aeronautics and Astronautics

Gaydos S J, Harrigan M J, Bushby A J. 2012. Ten years of spatial disorientation in US Army rotary-wing operations. Aviation, Space, and Environmental Medicine, 83 (8): 739-745

Gaylord S A, Marsh G R. 1975. Age differences in the speed of a spatial cognitive process. Journal of Gerontology, 30 (6): 674-678

Gibb R, Ercoline B, Scharff L. 2011. Spatial disorientation: Decades of pilot fatalities. Aviation, Space, and Environmental Medicine, 82 (7): 717-724

Gluck J, Fitting S. 2003. Spatial strategy selection: Interesting incremental information. International Journal of Testing, 3 (3): 293-308

Goldstein G, Shelly C. 1981. Does the right hemisphere age more rapidly than the left? Journal of Clinical and Experimental Neuropsychology, 3 (1): 65-78

Gordon H W. 1986. The cognitive laterality battery: Tests of specialized cognitive function. International Journal of Neuroscience, 29 (3-4): 223-244

Gordon H W, Leighty R. 1988. Importance of specialized cognitive function in the selection of military pilots. Journal of Applied Psychology, 73 (1): 38-45

Gordon H W, Silverberg-Shalev R, Czernilas J. 1982. Hemispheric asymmetry in fighter and helicopter pilots. Acta Psychologica, 52 (1-2): 33-40

Goldman-Rakic P S. 1994. Working memory dysfunction in schizophrenia. Journal of Neuropsychology and Clinical Neuroscience, 6: 348-357

Goldstein D, Haldane D, Mitchell C. 1990. Sex differences in visual-spatial ability: The role of performance factors. Memory & Cognition, 18 (5): 546-550

Goodale M A, Milner A D. 1992. Separate visual pathways for perception and action. Trends in Neurosciences, 15: 20-25

Gordon H G, Levelt R. 1998. Importance of specialized cognitive function in the selection of military pilots. Journal of Applied Psychology, 73 (1): 38-45

Graziano M S, Gross C G. 1993. A bimodal map of space: Somatosensory receptive fields in the macaque putamen with corresponding visual receptive fields. Experimental Brain Research, 97 (1): 96-109

Gresty M A, Golding J F, Le H, et al. 2008. Cognitive impairment by spatial disorientation. Aviation, Space, and Environmental Medicine, 79 (2): 105-111

Guay R B, McDaniel E D. 1976. The Visualization of Viewpoints. West Lafayette: The Purdue Research Foundation

Guay R B, McDaniel E D. 1977. The relationship between mathematics achievement and spatial abilities among elementary school children. Journal for Research in Mathematics Education, 8(3): 211-215

Guilford J P. 1952. When not to factor analyze. Psychological Bulletin, 49(1): 26-37

Guilford J P. 1956. The Guilford-Zimmerman aptitude survey. Journal of Counseling & Development, 35(4): 219-223

Guillermo C, Connors M H, Merim B, et al. 2015. Psychological perspectives on expertise. Frontiers in Psychology, 6: 258

Guttman R, Epstein E E, Amir M, et al. 1990. A structural theory of spatial abilities. Applied Psychological Measurement, 14(3): 217-236

Guttman R, Shoham I. 1979. Intrafamilial invariance and parent-offspring resemblance in spatial abilities. Behavior Genetics, 9(5): 367-378

Habak C, Faubert J. 2000. Larger effect of aging on the perception of higher-order stimuli. Vision Research, 40(8): 943-950

Hagen S, Tanaka J. 2015. Perceptual Learning and Expertise. In R. R. Hoffman, P. A. Hancock, M. W. Scerbo, et al (Eds.). Cambridge Handbooks in Psychology. The Cambridge Handbook of Applied Perception Research (Vol.1, pp.733-749). New York: Cambridge University Press

Halpern D F. 1986. A different answer to the question, "Do sex-related differences in spatial abilities exist?" American Psychologist, 41(9): 1014-1015

Hambrick D Z, Libarkin J C, Petcovic H L, et al. 2012. A test of the circumvention-of-limits hypothesis in scientific problem solving: The case of geological bedrock mapping. Journal of Experimental Psychology: General, 141(3): 397-403

Harris L J. 1981. Sex-related variations in spatial skill. In L S Liben, A H Patterson, N. Newcombe (Eds.). Spatial Representation and Behavior Across the Life Span (pp.83-125). New York: Academic Press

Hartman B O, Secrist G E. 1991. Situational awareness is more than exceptional vision. Aviation, Space, and Environmental Medicine, 62(11): 1084-1089

Hasher L, Zacks R T. 1979. Automatic and effortful processes in memory. Journal of Experimental Psychology: General, 108(3): 356-388

Hasher L, Zacks R T. 1984. Automatic processing of fundamental information: The case of frequency of occurrence. American Psychologist, 39(12): 1372

Hayhoe M M. 2009. Visual memory in motor planning and action. In J R Brockmde (Ed.). The Visual World in Memory (pp.117-139). Hove: Psychology Press

Healy A F, Kole J A, Bourne L E. 2014. Training principles to advance expertise. Frontiers in

Psychology, 5: 166-169

Hebb D O. 1949. The Organization of Behavior (Vol.65). New York: Wiley

Hedge J W, Bruskiewicz K T, Borman, W C, et al. 2000. Selecting pilots with crew resource management skills. The International Journal of Aviation Psychology, 10 (4): 377-392

Hegarty M, Montello D R, Richardson A E, et al. 2006. Spatial abilities at different scales: Individual differences in aptitude-test performance and spatial-layout learning. Intelligence, 34 (2): 151-176

Hinton G, Deng L, Yu D, et al. 2012. Deep neural networks for acoustic modeling in speech recognition: The shared views of four research groups. IEEE Signal Processing Magazine, 29 (6): 82-97

Hoermann H J. 1998. Fundamentals of Selection. In K M Goeters (Ed.). Aviation Psychology: A Science and A Profession (pp.47-62). Aldershot: Ashgate Publishing Ltd.

Holmes S R, Bunting A, Brown D L, et al. 2003. Survey of spatial disorientation in military pilots and navigators. Aviation, Space, and Environment Medicine, 74 (9): 957

Hubbard T L. 2005. Representational momentum and related displacements in spatial memory: A review of the findings. Psychonomic Bulletin and Review, 12 (5): 822-851

Hubbard T L. 2006. Computational theory and cognition in representational momentum and related types of displacement: A reply to Kerzel. Psychonomic Bulletin and Review, 13 (1): 174-177

Hubbard T L. 2008. Representational momentum contributes to motion induced mislocalization of stationary objects. Visual Cognition, 16 (1): 44-67

Hubbard T L. 2010. Approaches to representational momentum: Theories and models. In J Müsseler, G Aschersleben (Eds.). Space and Time in Perception and Action (pp.338-365). New York: Cambridge University Press

Hubbard T L. 2013a. Phenomenal causality i: Varieties and variables. Axiomathes, 23 (1): 1-42

Hubbard T L. 2013b. Phenomenal causality ii: Integration and implication. Axiomathes, 23 (3): 485-524

Hubbard T L. 2014. Forms of momentum across space: Representational, operational, and attentional. Psychonomic Bulletin Review, 21 (6): 1371-1403

Hubbard T L. 2017. Toward a general theory of momentum-like effects. Behavioral Processes, 141: 50-66

Hubbard T L, Bharucha J J. 1988. Judged displacement in apparent vertical and horizontal motion. Perception and Psychophysics, 44 (3): 211-221

Hubbard T L, Blessum J A, Ruppel S E. 2001. Representational momentum and michotte's

(1946/1963) "launching effect" paradigm. Journal of Experimental Psychology: Learning, Memory, and Cognition, 27 (1): 294-301

Hubbard T L, Ruppel S E. 1999. Representational momentum and the landmark attraction effect. Canadian Journal of Experimental Psychology, 53 (3): 242-256

Hubbard T L, Ruppel S E. 2000. Spatial memory averaging, the landmark attraction effect, and representational gravity. Psychological Research, 64 (1): 41-55

Hubbard T L, Ruppel S E. 2013. Ratings of causality and force in launching and shattering. Visual Cognition, 21 (8): 987-1009

Hubbard T L, Ruppel S E. 2017. Perceived causality, force, and resistance in the absence of launching. Psychonomic Bulletin Review, 24 (2): 591-596

Hubel D H, Wiesel T N. 1959. Receptive fields of single neurons in the cat's striate cortex. Journal of Physiology, 148: 574-591

Hugdahl K, Thomsen T, Ersland L. 2006. Sex differences in visuo-spatial processing: An fMRI study of mental rotation. Neuropsychologia, 44 (9): 1575-1583

Hund A M, Minarik J L. 2006. Getting from here to there: Spatial anxiety, wayfinding strategies, direction type, and wayfinding efficiency. Spatial Cognition & Computation, 6 (3): 179-201

Hunt E B, Pellegrino J W, Frick R W, et al. 1988. The ability to reason about movement in the visual field. Intelligence, 12 (1): 77-100

Hunter D R. 2003. Measuring general aviation pilot judgment using a situational judgment technique. The International Journal of Aviation Psychology, 13 (4): 373-386

Hunter D R. 2005. Measurement of hazardous attitudes among pilots. The International Journal of Aviation Psychology, 15 (1): 23-43

Hunter D R, Burke E F. 1994. Predicting aircraft pilot-training success: A meta-analysis of published research. The International Journal of Aviation Psychology, 4 (4): 297-313

Hutchinson C V, Arena A, Allen H A, et al. 2012. Psychophysical correlates of global motion processing in the aging visual system: A critical review. Neuroscience Biobehavior Review, 36 (4): 1266-1272

Itti L, Koch C, Niebur E. 1998. A model of saliency-based visual attention for rapid scene analysis. IEEE Transactions on Pattern Analysis & Machine Intelligence, (11): 1254-1259

Jacobs R A, Kosslyn S M. 1994. Encoding shape and spatial relations: The role of receptive field size in coordinating complementary representations. Cognitive Science, 18 (2): 361-386

Jager G, Postma A. 2003. On the hemispheric specialization for categorical and coordinate spatial relations: A review of the current evidence. Neuropsychologia, 41 (4): 504-515

Jansma J M, Ramsey N F, Slagter H A, et al. 2001 Functional anatomical correlates of controlled and automatic processing. Journal of Cognitive Neuroscience, 13 (6): 730-743

Johnson E S, Meade A C. 1987. Developmental patterns of spatial ability: An early sex different. Child Development, 58 (3): 725-740

Johnson J F, Barron L G, Carretta T R, et al. 2017. Predictive validity of spatial ability and perceptual speed tests for aviator training. The International Journal of Aerospace Psychology, 27 (3-4): 109-120

Johnson M K, McMahon R P, Robinson B M, et al. 2013. The relationship between working memory capacity and broad measures of cognitive ability in healthy adults and people with schizophrenia. Neuropsychology, 27: 220-229

Jonides J, Smith E E, Koeppe R A, et al. 1993. Spatial working memory in humans as revealed by PET. Nature, 363: 623-625

Jordan J S. 1998. Recasting Dewey's critique of the reflex-arc concept via a theory of anticipatory consciousness: Implications for theories of perception. New Ideas in Psychology, 16 (3): 165-187

Jueptner M, Weiller C. 1998. A review of differences between basal ganglia and cerebellar control of movements as revealed by functional imaging studies. Brain: A Journal of Neurology, 121 (8): 1437-1449

Just M A, Carpenter P A. 1985. Cognitive coordinate systems: Accounts of mental rotation and individual differences in spatial ability. Psychological Review, 92 (2): 137-172

Kallai J, Makany T, Karadi K, et al. 2005. Spatial orientation strategies in Morris-type virtual water task for humans. Behavioural Brain Research, 150 (2): 187-196

Kallus K W, Tropper K, Boucsein W. 2011. The importance of motion cues in spatial disorientation training for VFR-pilots. The International Journal of Aviation Psychology, 21 (2): 135-152

Kassubek J, Schmidtke K, Kimmig H, et al. 2001. Changes in cortical activation during mirror reading before and after training: An fMRI study of procedural learning. Cognitive Brain Research, 10 (3): 207-217

Keller M, Sutton J E. 2018. Flight experience and mental representations of space. The International Journal of Aerospace Psychology, 28 (3-4): 76-83

Kelly M H, Freyd J J. 1987. Explorations of representational momentum. Cognitive Psychology, 19: 369-401

Kent-Davis J, Cochran K F. 1989. An information processing view of field dependence-independence. Early Child Development and Care, 51 (1): 31-47

Keshavarz B, Landwehr K, Baurès R, et al. 2010. Age-correlated incremental consideration of velocity information in relative time-to-arrival judgments. Ecological Psychology, 22 (3):

212-221

Kimura D. 2000. Sex and Cognition. London: MIT Press

King R E, Carretta T R, Retzlaff P, et al. 2013. Standard cognitive psychological tests predict military pilot training outcomes. Aviation Psychology & Applied Human Factors, 3 (1): 28

Klauer K C, Zhao Z M. 2004. Double dissociations in visual and spatial short-term memory. Journal of Experimental Psychology: General, 133: 355-381

Koch C, Ullman S. 1985. Shifts in selective visual attention: Towards the underlying neural circuitry. Human Neurobiology, 4 (4): 219-227

Kosslyn S M. 1987. Seeing and imagining in the cerebral hemispheres: A computational approach. Psychological Review, 94 (2): 148-175

Kosslyn S M. 1991. Chapter 23 A cognitive neuroscience of visual cognition: Further developments. Advances in Psychology, 80 (8): 351-381

Kosslyn S M, Chabris C F, Marsolek C J, et al. 1992. Categorical versus coordinate spatial relations: Computational analyses and computer simulations. Journal of Experimental Psychology Human Perception & Performance, 18 (2): 562-577

Kosslyn S M, Flynn R A, Amsterdam J B, et al. 1990. Components of high-level vision: A cognitive neuroscience analysis and accounts of neurological syndromes. Cognition, 34 (3): 203-277

Kosslyn S M, Ganis G, Thompson W L. 2001. Neural foundations of imagery. Nature Reviews Neuroscience, 2 (9): 635-642

Kosslyn S M, Koening O, Barrett A, et al. 1989. Evidence for two types of spatial representations: Hemispheric specialization for categorical and coordinate relations. Journal of Experimental Psychology: Perception and Performance, 15: 723-735

Kosslyn S M, Thompson W L, Gitelman D R, et al. 1998. Neural systems that encode categorical versus coordinate spatial relations: PET investigations. Psychobiology, 26 (4): 333-347

Kozhevnikov M, Hegarty M. 2001a. Impetus beliefs as default heuristics: Dissociation between explicit and implicit knowledge about motion. Psychonomic Bulletin Review, 8 (3): 439-453

Kozhevnikov M, Hegarty M. 2001b. A dissociation between object manipulation spatial ability and spatial orientation ability. Memory & Cognition, 29 (5): 745-756

Kozhevnikov M, Motes M A, Rasch B, et al. 2006. Perspective-taking vs. mental rotation transformations and how they predict spatial navigation performance. Applied Cognitive Psychology, 20 (3): 397-417

Kozhevnikov M, Thornton R. 2006. Real-time data display, spatial visualization ability, and learning force and motion concepts. Journal of Science Education and Technology, 15 (1):

111-132

Kramer A F, Madden D J. 2008. Attention. In F I M Craik, T A Salthouse (Eds.). The Handbook of Aging and Cognition (pp.189-249). New York: Psychology Press

Kveton P, Jelinek M, Voboril D. 2014. Testing of spatial ability: Construction and evaluation of a new instrument. Studia Psychologica, 56 (3): 233-252

Kyllonen P C, Christal R E. 1990. Reasoning ability is (little more than) working-memory capacity? Intelligence, 14 (4): 389-433

Lachapelle J, Ouimet C, Bach M, et al. 2004. Texture segregation in traumatic brain injury—A VEP study. Vision Research, 44 (24): 2835-2842

Larson G E. 1996. Mental rotation of static and dynamic figures. Perception & Psychophysics, 58: 153-159

Law D J, Pellegrino J W, Mitchell S R, et al. 1993. Perceptual and cognitive factors governing performance in comparative arrival-time judgments. Journal of Experimental Psychology: Human Perception Performance, 19: 1183-1199

Lawton C A. 1996. Strategies for indoor wayfinding: The role of orientation. Journal of Environmental Psychology, 16 (2): 137-145

Legault I, Allard R, Faubert J. 2013. Healthy older observers show equivalent perceptual-cognitive training benefits to young adults for multiple object tracking. Frontiers in Psychology, 4: 29-35

Legault I, Troje N F, Faubert J. 2012. Healthy older observers cannot use biological-motion point-light information efficiently within 4 m of themselves. i-Perception, 3 (2): 104-111.

Li Y, O'Boyle M W. 2008. How sex, native language, and college major relate to the cognitive strategies used during 3-D mental rotation. Psychological Record, 58 (2): 287-300

Linn M C, Petersen A C. 1985. Emergence and characterization of sex differences in spatial ability: A meta-analysis. Child Development, 56 (6): 1479-1498

Linn M C, Petersen A C. 1986. A meta-analysis of gender differences in spatial ability: Implications for mathematics and science achievement. The Psychology of Gender: Advances Through Meta-analysis, 67-101

Linton P. 2017. The Perception and Cognition of Visual Space. Switzerland: Springer International Publishing AG

Liu T W, Chen W F, Xuan Y M, et al. 2009. The effect of object features on multiple object tracking and identification. Engineering Psychology and Cognitive Ergonomics, 17: 6-212

Logie R H. 1995. Visuo-spatial Working Memory. Hove: Lawrence Erlbaum Associates Ltd

Logie R H, Pearson D G. 1997. The inner eye and the inner scribe of visuo-spatial working memory: Evidence from developmental fractionation. European Journal of Cognitive Psychology,

9: 241-257

Lohman D F. 1979. Spatial ability: A review and reanalysis of the cor relational literature (Technical Report No.8). Stanford: Stanford University, Aptitude Research Project, School of Education, 2-10

Lohman D F. 1988. Spatial abilities as traits, processes and knowledge. In R J Sternberg (Ed.). Advances in the Psychology of Human Performance (pp.181-248). Hillsdale: Lawrence Erlbaum Associates

Lohman D F, Kyllonen P C. 1983. Individual differences in solution strategy on spatial tasks. Individual Differences in Cognition, 1: 105-135

Lowe D G. 1999. Object recognition from local scale-invariant features. Proceedings of the Seventh IEEE International Conference on Computer Vision (ICCV). Corfu, Greece

Lubinski D. 2010. Spatial ability and stem: A sleeping giant for talent identification and development. Personality and Individual Differences, 49 (4): 344-351

Lubinski D, Benbow C P. 2000. States of excellence. American Psychologist, 55 (1): 137-150

Mano Y, Chuma T, Watanabe I. 2003. Cortical reorganization in training. Journal of Electromyography Kinesiology, 13 (1): 57-62

Maroco J, Rui B R. 2013. Selection of air force pilot candidates: A case study on the predictive accuracy of discriminant analysis, logistic regression, and four neural network types. The International Journal of Aviation Psychology, 23 (2): 130-152

Marr D. 1982. Vision. San Francisco: WH Freeman

Marr D, Nishihara H K. 1978. Representation and recognition of the spatial organization of three-dimensional shapes. Proceedings of the Royal Society B: Biological Sciences, 200 (1140): 269-294

Marsolek C J. 1999. Dissociable neural subsystems underlie abstract and specific object recognition. Psychological Science, 10 (2): 111-118

Martinussen M. 1996. Psychological measures as predictors of pilot performance: A meta-analysis. The International Journal of Aviation Psychology, 6 (1): 1-20

Martín-Gutiérrez J, Contero M, Alcañiz M. 2015. Augmented reality to training spatial skills. Procedia Computer Science, 77: 33-39

Mast F W, Kosslyn S M. 2002. Visual mental images can be ambiguous: Insights from individual differences in spatial transformation abilities. Cognition, 86 (1): 57-70

Mathewson J H. 1999. Visual-spatial thinking: An aspect of science overlooked by educators. Science Education, 83 (1): 33-54

McAuliffe C. 2003. Visualizing topography: Effects of presentation strategy, gender, and spatial ability (Doctoral dissertation). Arizona: Arizona State University

McClelland J L, Rumelhart D E. 1988. An interactive activation model of context effects in letter perception: I. An account of basic findings. Psychological Review, 88 (5): 375-407

Mcgee M G. 1979. Human spatial abilities: Psychometric studies and environmental, genetic, hormonal, and neurological influences. Psychological Bulletin, 86 (5): 889-918

McKenna F P, Horswill M S. 1999. Hazard perception and its relevance for driver licensing. Journal of the International Association of Traffic and Safety Sciences, 23: 26-41

Michotte A. 1963. The perception of causality (T. R. Miles E. Miles, Trans.). New York: Basic Books (original work published 1946)

Mishkin M, Ungerleider L G, Macko K A. 1983. Object vision and spatial vision: Two cortical pathways. Trends in Neuroscience, 6: 414-441

Mix K S, Cheng Y L. 2012. The relation between space and math. developmental and educational implications. Advances in Child Development and Behavior, 42, 197-243

Miyake A, Friedman N P, Rettinger D A, et al. 2001. How are visuospatial working memory, executive functioning, and spatial abilities related? A latent-variable analysis. Journal of Experimental Psychology: General, 130: 540-621

Nagai M, Yagi A. 2001. The pointedness effect on representational momentum. Memory and Cognition, 29 (1): 91-99

National Research Council. 2015. Measuring Human Capabilities: An Agenda for Basic Research on the Assessment of Individual and Group Performance Potential for Military Accession. Washington: National Academy Press

Neisser U. 1967. Cognitive Psychology. New York: Appleton-Century-Crofts

Newcombe N S. 2010. Picture this: Increasing math and science learning by improving spatial thinking. American Educator, 34 (2): 29-35, 43

Newcombe N S, Dubas J S. 1992. A longitudinal study of predictors of spatial ability in adolescent females. Child Development, 63 (1): 37-46

Newcombe N S, Huttenlocher J. 2003. Making Space: The Development of Spatial Representation and Reasoning. London: MIT Press

Oberfeld D, Hecht H, Landwehr K. 2011. Effects of task-irrelevant texture motion on time-to-contact judgments. Attention, Perception, & Psychophysics, 73: 581-596

O'Connor P, O'Dea A, Melton J. 2007. A methodology for identifying human error in US Navy diving accidents. Human factors, 49 (2): 214-226

Oksama L, Hyönä J. 2008. Dynamic binding of identity and location information: A serial model of multiple identity tracking. Cognitive Psychology, 56 (4): 237-283

Olea M M, Ree M J. 1994. Predicting pilot and navigator criteria: Not much more than g. Journal of Applied Psychology, 79 (6): 845-851

Parmet A J, Gillingham K K. 2002. Spatial orientation. In R L DeHart, J R Davis (Eds.). Fundamentals of Aerospace Medicine (pp.184-244). Philadelphia: Lippincott Williams & Wilkin

Pearson D, Sahraie A. 2003. Oculomotor control and the maintenance of spatially and temporally distributed events in visuo-spatial working memory. Quarterly Journal of Experimental Psychology, 56: 1089-1111

Pellegrino J W, Hunt E B. 1989. Computer-controlled assessment of static and dynamic spatial reasoning. In R F Dillon, J W Pellegrino (Eds.). Testing: Theoretical and applied perspectives (pp.174-198). New York: Praeger

Pellegrino J W, Hunt E B. 1991. Cognitive models for understanding and assessing spatial abilities. In H A H Rowe (Ed.). Intelligence: Reconceptualization and Measurement (pp.203-225). Hillsdale: Lawrence Erlbaum Associates

Peña D, Contreras M J, Pei C S, et al. 2008. Solution strategies as possible explanations of individual and sex differences in a dynamic spatial task. Acta Psychologica, 128 (1): 1-14

Pickering S J, Gathercole S E, Hall M, et al. 2001. Development of memory for pattern and path: Further evidence for the fractionation of visuo-spatial memory. Quarterly Journal of Experimental Psychology, 54 (2): 397-420

Piponnier J C, Forget R, Gagnon I, et al. 2016. First-and second-order stimuli reaction time measures are highly sensitive to mild traumatic brain injuries. Journal of Neurotrauma, 33 (2): 242-253

Platz F, Kopiez R, Lehmann A C, et al. 2014. The influence of deliberate practice on musical achievement: A meta-analysis. Frontiers in Psychology, 5: 151-163

Polanyi M. 1958. Personal Knowledge. London: Routledge and Kegan Paul

Postma A, Winkel J, Tuiten A, et al. 1999. Sex differences and menstrual cycle effects in human spatial memory. Psychoneuroendocrinology, 24 (2): 175-192

Previc F H. 2004. Visual illusions in flight. In F H Previc, W R Ercoline (Eds.). Spatial Disorientation in Aviation (pp.283-322). Reston: American Institute of Aeronautics and Astronautics

Pylyshyn Z W. 1986. Computation and cognition: Toward a foundation for cognitive science. DBLP

Pylyshyn Z W. 1999. Is vision continuous with cognition? The case for cognitive impenetrability of visual perception. Behavioral Brain Sciences, 22 (3): 341-423

Pylyshyn Z W. 2001. Visual indexes, preconceptual objects, and situated vision. Cognition, 80:

127-158

Pylyshyn Z W, Storm R W. 1988. Tracking multiple independent targets: Evidence for a parallel tracking mechanism. Spatial Vision, 3 (3): 179-197

Quinn J G, McConnell J. 1996. Irrelevant pictures in visual working memory. Quarterly Journal of Experimental Psychology, 49: 200-215

Reed C L, Vinson N G. 1996. Conceptual effects on representational momentum. Journal of Experimental Psychology: Human Perception and Performance, 22: 839-850

Riesenhuber M, Poggio T. 1999. Hierarchical models of object recognition in cortex. Nature Neuroscience, 2 (11): 1019-1025

Rizzo M, Barton J J S. 2005. Central disorders if visual function. In N R Miller, J N Newman, V Biousse, et al. (Eds.). Walsh and Hoyt's Clinical Neuro-Ophthalmology (Vol.1, pp.575-645). Philadelphia: Lippincott Williams and Wilkins

Rizzo M, Nawrot M, Sparks J, et al. 2008. First and second-order motion perception after focal human brain lesions. Vision Research, 48 (26): 2682-2688

Rodieck R W. 1965. Quantitative analysis of cat retinal ganglion cell response to visual stimuli. Vision Research, 5 (12): 583-601

Roudaia E, Bennett P J, Sekuler A B. 2008. The effect of aging on contour integration. Vision Research, 48: 2767-2774

Roudaia E, Bennett P J, Sekuler A B. 2013. Contour integration and aging: The effects of element spacing, orientation alignment and stimulus duration. Frontiers in Psychology, 4: 152-169

Ruddle R A, Payne S J, Jones D M. 1997. Navigating buildings in "desk-top" virtual environments: Experimental investigations using extended navigational experience. Journal of Experimental Psychology: Applied, 3 (2): 143-159

Ruppel S E, Fleming C N, Hubbard T L. 2009. Representational momentum is not (totally) impervious to error feedback. Canadian of Experimental Psychology, 63 (1): 49-58

Saccuzzo D P, Craig A S, Johnson N E, et al. 1996. Gender differences in dynamic spatial abilities. Journal of Personality and Individual Differences, 21: 599-607

Salthouse T A, Babcock R L, Skovronek E, et al. 1990. Age and experience effects in spatial visualization. Developmental Psychology, 26 (1): 128-136

Salthouse T A, Tucker-Drob E M. 2008. Implications of short-term retest effects for the interpretation of longitudinal change. Neuropsychology, 22 (6): 800-811

Santacreu J. 1999. SODT-R and SVDT-R. Dynamic computerized test for the assessment of spatial ability (revised versions). Technical Report. Madrid: Autonomous University of Madrid

Saucier D, Bowman M, Elias L. 2003. Sex differences in the effect of articulatory or spatial dual-task interference during navigation. Brain and Cognition, 53 (2): 346-350

Schmidt B K, Vogel E K, Woodman G F, et al. 2002. Voluntary and automatic attentional control of visual working memory. Perception Psychophysics, 64: 754-763

Sells S B, Bebrry C A. 1961. Human Factors in Jet and Space Travel: A Medical-Psychological Analysis. New York: Ronald Press

Serre T, Wolf L, Poggio T. 2005. Object Recognition with Features Inspired by Visual Cortex. IEEE Computer Society

Shepard R N, Metzler J. 1971. Mental rotation of three-dimensional objects. Science, 171 (3972): 701-703

Sheridan H, Reingold E M. 2014. Expert vs. novice differences in the detection of relevant information during a chess game: Evidence from eye movements. Frontiers in Psychology, 5: 11-16

Shumway-Cook A, Woollacott M, Kerns K A, et al. 1997. The effects of two types of cognitive tasks on postural stability in older adults with and without a history of falls. The Journals of Gerontology Series A: Biological Sciences and Medical Sciences, 52 (4): 232-240

Shute V J, Ventura M, Ke F. 2015. The power of play: The effects of Portal 2 and Lumosity on cognitive and noncognitive skills. Computers Education, 80: 58-67

Siegel S. 2012. Cognitive penetrability and perceptual justification. Noûs, 46 (2): 201-222

Smith E E, Jonides J, Koeppe R A, et al. 1995. Spatial versus object working memory: PET investigations. Journal of Cognitive Neuroscience, 7: 337-356

Spearman C. 1923. The Nature of "Intelligence" and the Principles of Cognition. London: Macmillan

Spiegel D P, Reynaud A, Ruiz T, et al. 2016. First- and second-order contrast sensitivity functions reveal disrupted visual processing following mild traumatic brain injury. Vision Research, 122: 43-50

Sternberg R J, Horvath J A. 1995. A prototype view of expert teaching. Educational Researcher, 24 (6): 9-17

Sternberg R J, Torff B, Grigorenko E. 1998. Teaching for successful intelligence raises school achievement. The Phi Delta Kappan, 79 (9): 667-669

Sternberg R J, Wagner R K, Williams W M, et al. 1995. Testing common sense. American Psychologist, 50 (11): 912-927

Stiles J, Reilly J S, Levine S C, et al. 2012. Neural Plasticity and Cognitive Development: Insights from Children with Perinatal Brain Injury. Oxford: Oxford University Press

Stiles-Davis J, Kritchevsky M, Bellugi U, et al. 1988. Spatial cognition: Brain bases and development. Hills dale: L. Erlbaum Associates

Stoet G. 2010. Sex differences in the processing of flankers. Quarterly Journal of Experimental Psychology, 63 (4): 633-638

Stott J R, Benson A J. 2016. Spatial orientation and disorientation in flight. Ernsting ori's Aviation and Space Medicine, (17): 281-319

Stróżak P, Francuz P, Lewkowicz R, et al. 2018. Selective attention and working memory under spatial disorientation in a flight simulator. The International Journal of Aerospace Psychology, 28 (1-2): 31-45

Suss J, Ward P. 2015. Predicting the future in perceptual-motor domains: Perceptual anticipation, option generation and expertise. In R Hoffman, P Hancock, M Scerbo, et al. (Eds.). The Cambridge Handbook of Applied Perception Research (pp.951-976). Cambridge: Cambridge University Press

Sutton J E, Buset M, Keller M. 2014. Navigation experience and mental representations of the environment: Do pilots build better cognitive maps? PLoS One, 9 (3): e90058

Tang Y Y, Ma Y, Wang J, et al. 2007. Short-term meditation training improves attention and self-regulation. Proceeding of National Academy of Sciences, 104 (43): 17152-17156

Terlecki M S, Newcombe N S, Little M. 2008. Durable and generalized effects of spatial experience on mental rotation: Gender differences in growth patterns. Applied Cognitive Psychology, 22 (7): 996-1013

Thomas N J T. 1999. Are theories of imagery theories of imagination? An active perception approach to conscious mental content. Cognitive Science, 23 (2): 207-245

Thompson M B, Tangen J M, Searston R A. 2014. Understanding expertise and non-analytic cognition in fingerprint discriminations made by humans. Frontiers in Psychology, 5: 105-107

Thorndike E L. 1921. The psychology of drill in arithmetic: The amount of practice. Journal of Educational Psychology, 12 (4): 183-194

Thornton L, Hayes A. 2004. Anticipation action in complex scenes. Visual Cognition, 11: 341-370

Thurstone L L. 1936. The factorial isolation of primary abilities. Psychometrika, 1 (3): 175-182

Thurstone L L. 1938. Primary Mental Abilities. Chicago: University of Chicago Press

Thurstone L L. 1950. Some primary abilities in visual thinking. Proceedings of the American Philosophical Society, 94 (6): 517-521

Tirre W C, Raouf K K. 1994. Gender differences in perceptual-motor performance. Aviation, Space, and Environmental Medicine, 65 (S5): 49-53

Tirre W C, Raouf K K. 1998. Structural models of cognitive and perceptual-motor abilities. Personality and Individual Differences, 24 (5): 603-614

Treisman A M, Gelade G. 1980. A feature integration theory of attention. Cognitive Psychology, 12 (1): 97-136

Tresilian J R. 1995. Perceptual and cognitive processes in time-to-contact estimation: Analysis of prediction-motion and relative judgment tasks. Perception & Psychophysics, 57: 231-245

Tropper K, Kallus K W, Boucsein W. 2009. Psychophysiological evaluation of an antidisorientation training for visual flight rules pilots in a moving base simulator. The International Journal of Aviation Psychology, 19 (3): 270-286

Tsang P S, Johnson W W. 1989. Cognitive demands in automation. Aviation, Space, and Environmental Medicine, 60 (2): 130-135

Tulving E. 1985. How many memory systems are there? American Psychologist, 40 (4): 385-398

Tzuriel D, Egozi G. 2010. Gender differences in spatial ability of young children: The effects of training and processing strategies. Child Development, 81 (5): 1417-1430

Uttal D H, Meadow N G, Elizabeth T, et al. 2013. The malleability of spatial skills: A meta-analysis of training studies. Psychological Bulletin, 139 (2): 352-402

Voyer D, Postma A, Brake B, et al. 2007. Gender differences in object location memory: A meta-analysis. Psychonomic Bulletin & Review, 14 (1): 23-38

Voyer D, Voyer S, Bryden M P. 1995. Magnitude of sex differences in spatial abilities: A meta-analysis and consideration of critical variables. Psychological Bulletin, 117 (2): 250-270

Wai J, Lubinski D, Benbow C P. 2009. Spatial ability for STEM domains: Aligning over 50 years of cumulative psychological knowledge solidifies its importance. Journal of Educational Psychology, 101 (4): 817-835

Wallis N G, Rolls E, Foldiak P. 1993. Learning invariant responses to the natural transformations of objects. International Joint Conference on Neural Networks. IEEE

Webb C M, Estrada III A, Kelley A M. 2012. The effects of spatial disorientation on cognitive processing. The International Journal of Aviation Psychology, 22 (3): 224-241

Wen W, Ishikawa T, Sato T. 2011. Working memory in spatial knowledge acquisition: Differences in encoding processes and sense of direction. Applied Cognitive Psychology, 25 (4): 654-662

White P A. 2007. Impressions of force in visual perception of collision events: A test of the causal asymmetry hypothesis. Psychonomic Bulletin & Review, 14 (4): 647-652

White P A. 2009. Perception of forces exerted by objects in collision events. Psychological Review, 116 (3): 580-601

Whitney D, Cavanagh P. 2002. Surrounding motion affects the perceived locations of moving stimuli. Visual Cognition, 9: 139-152

Wienger E L, David C N. 1988. Human Factors in Aviation. San Diego: Academic Press

Wiesel T N, Hubel D H. 1963. Single-cell responses in striate cortex of kittens deprived of vision in one eye. Journal of Neurophysiology, 26 (6): 1003-1017

Williams M E, Graves L V, DeJesus S Y, et al. 2019. Spatial memory ability during middle age may depend on level of spatial similarity. Learning & Memory, 26 (1): 20-23

Wise L L, McLaughlin D H, Steel L. 1979. The project talent data bank. Palo Alto: American Institutes for Research

Witkin H A, Moore C A, Goodenough D R, et al. 1977. Field-dependent and field-independent cognitive styles and their educational implications. Review of Educational Research, 47 (1): 1-64

Zago M, Lacquaniti F. 2005. Internal model of gravity for hand interception: Parametric adaptation to zero-gravity visual targets on earth. Journal of Neurophysiology, 94 (2): 1346-1357

Ziemer C J, Plumert J M, Cremer J F, et al. 2009. Estimating distance in real and virtual environments: Does order make a difference? Attention, Perception, & Psychophysics, 71 (5): 1095-1106

Zimmer H D, Speiser H R, Seidler B. 2003. Spatio-temporal working-memory and short-term object-location tasks use different memory mechanisms. Acta Psychologica, 114: 41-65